高等职业教育公共基础课系列教材

劳动技能与文化传承

主　编　彭光明　李光武
副主编　李宝贵　王媛莛

科学出版社
北　京

内 容 简 介

本书以《中共中央 国务院关于全面加强新时代大中小学劳动教育的意见》和教育部印发的《大中小学劳动教育指导纲要（试行）》的文件精神为指导，以高职学生、中职学生的认知特点和认知水平为编写基础，通过传统工艺制作、日常生活劳动、工业生产劳动、社会服务劳动、农业生产劳动等五个模块、二十四个项目来启动学习，制订项目计划，指导学生学习项目相关知识与技能，通过劳动项目的实施、总结和总体评价，让学生达到思政教育、科技教育、劳动教育的学习目标。全书文字精练，图文并茂，通俗易懂。

本书可作为高职院校、中职院校劳动教育课程的教材，也可作为相关爱好者的参考用书。

图书在版编目（CIP）数据

劳动技能与文化传承 / 彭光明，李光武主编. -- 北京 : 科学出版社，2024. 9. -- (高等职业教育公共基础课系列教材). -- ISBN 978-7-03-078798-9

Ⅰ. G40-015

中国国家版本馆 CIP 数据核字第 2024BU9092 号

责任编辑：薛飞丽 周春梅 / 责任校对：赵丽杰

责任印制：吕春珉 / 封面设计：东方人华平面设计部

科学出版社 出版

北京东黄城根北街 16 号

邮政编码：100717

http://www.sciencep.com

三河市中晟雅豪印务有限公司 印刷

科学出版社发行 各地新华书店经销

*

2024 年 9 月第 一 版 开本：787×1092 1/16

2024 年 9 月第一次印刷 印张：16 3/4

字数：382 000

定价：65.00 元

（如有印装质量问题，我社负责调换）

销售部电话 010-62136230 编辑部电话 010-62135763-2039

前　言

劳动是人类社会生存和发展的基础，是创造物质财富和精神财富的过程，是人类最基本的实践活动。2020 年 3 月，《中共中央 国务院关于全面加强新时代大中小学劳动教育的意见》（以下简称《意见》）发布；同年 7 月，教育部印发《大中小学劳动教育指导纲要（试行）》（以下简称《纲要》）。为深入贯彻落实新时代党和国家对劳动教育的新要求，充分发挥劳动独特的育人价值，黔西南民族职业技术学院组织编写了《劳动技能与文化传承》教材。

黔西南民族职业技术学院党委高度重视本书编写工作，指定彭光明统筹谋划，提出编写理念，设计编写框架，制定编写模块，组织修订案例等，并组织全院强将精兵结合职业教育和学科专业特点，围绕培养担当民族复兴大任的时代新人的根本任务，把准劳动教育价值取向，遵循教育规律，结合高职学生、中职学生的年龄特点、认知特点和认知水平，充分挖掘地方民族特色、传统工艺、民族文化、工匠精神、生命文化和康养文化中的劳动教育素材，注意课程思政和技术技能融合，强化实践体验，形成劳动教育案例，完成具有实效性的《劳动技能与文化传承》的编写。

本书以《意见》和《纲要》为指导，注重职业体验和产教融合，结合学科专业特点，改进劳动教育方式，培养科学精神，通过传统工艺制作、日常生活劳动、工业生产劳动、社会服务劳动、农业生产劳动五个模块、二十四个项目来启动学习，制订项目计划，指导学生学习项目相关知识与技能，通过劳动项目的实施、总结和总体评价，实现思政教育、科技教育、劳动教育的学习目标。本书将思政元素有机融入劳动教学中，引导学生在参加劳动的同时，树立正确的世界观、人生观、价值观。全书围绕增强学生职业荣誉感和责任感，提高职业技能水平，培育工匠精神，强化诚实劳动意识，积累职业经验，提升就业创业能力，同时注重培育公共服务意识，使学生具有面对重大疫情、灾害等危机主动作为的奉献精神。

本书由彭光明、李光武担任主编，李宝贵、王媛莛担任副主编。具体分工如下：模块一的项目一由崔晨燕、邓洁、魏元菊编写，项目二由余娇、万杨、牟玄编写，项目三由李嫚、张梦真、黄冠编写，项目四由解晓丹、徐雯、林楠编写，项目五由何佳容、马玉雪、彭光明编写；模块二的项目六由韦金爱、李光武编写，项目七由屈桂波、李光武编写，项目八由朱钰、彭光明编写，项目九由黄双凤、于广宝、徐平平编写；模块三的项目十由梁文静、黎倩倩、耿娇娇编写，项目十一由王堃、秦露、贺仕娆编写，项目十二由齐赵敏、罗礼红编写，项目十三由徐家怡、李光武编写，项目十四由于广宝、黄双凤、王媛莛编写；模块四的项目十五由朱思璇、杜真敏、郑维炜编写，项目十六由王自盼、刘雯雯、李昊编写，项目十七由陈洁、王媛莛、高莉编写，项目十八由吴廷兰、刘雯雯、王自盼编写，项目十九由米树文、王自盼、吴廷兰编写；模块五的项目二十由唐莉、梁昊、罗礼红编写，项目二十一由黄蔚、李宝贵、卢声洁编写，项目二十二由熊冬兰、李宝贵、彭琴编写，项目二十三由李景上、张艳、李宝贵编写，项目二十四由卢梅、李宝贵、赵庆亮编写。

诚挚感谢兴义民族师范学院鲁子问教授对本书的认真审定和提出的宝贵意见；在编写本书的过程中，编写组参考了很多著作及有关资料，在此谨对所有作者表示衷心的感谢！

由于编写组初次尝试《劳动技能与文化传承》教材的开发，书中不妥之处在所难免，敬请同行、专家批评指正。

目　录

模块一　传统工艺制作

模块二　日常生活劳动

模块三　工业生产劳动

模块四　社会服务劳动

模块五　农业生产劳动

模块一
传统工艺制作

项目一
中国传统工艺文化传承：国家级非遗扎染制作

思政目标

增强对布依族扎染的独特创造、价值理念、鲜明特色的理解，理解扎染艺术中丰富的民族精神内涵，了解民族生活内容和根植于民族文化深处的审美理想，提高审美能力，丰富民族历史文化知识，增强文化自信和民族认同感，铸牢中华民族共同体意识。

科技目标

掌握布依族扎染的基本原理和传统工艺，理解染色的本质，通过实验、观察和研究探索染色问题，培养格物致知的学习态度，培养科学兴趣和好奇心，培养科学思维能力和科学探究能力，提升科学素养。

劳动目标

掌握扎染工艺的制作方法和技巧，提升劳动技能和实际动手能力，培养合作与团队精神，树立尊重劳动、热爱劳动的价值观。

一、启动学习

扎染，一项古老的非遗技艺，有着悠久历史，起源于黄河流域，在东晋时期就已成熟，是一种中国民间传统的染色工艺，在古代人们通常称之为扎缬、绞缬。扎染是一种将织物在染色时部分捆扎起来使之不能着色的染色方法，织物一般以棉白布或棉麻混纺白布为主，主要染料来自寥蓝、板蓝根、艾蒿等天然植物的蓝靛溶液，尤其是板蓝根。

少数民族居民早期从山上采集野生板蓝根当作染布原料，板蓝根属多年生草本植物，开粉色小花；后来开始自己种植板蓝根，每年的农历三四月长成后收割制成纯植物染料。

扎染的主要步骤有画刷纹样、绞扎、浸泡、染布、蒸煮、晒干、拆线、漂洗、碾布等，其中主要的工序是绞扎、染布，技术关键是绞扎手法和染色技艺。扎染的主要工具有染缸、染棒、晒架、石碾等。

扎染的工艺特点是用麻绳将被印染的织物设计纹样打绞成结后，再进行印染，然后把打绞成结的麻绳拆除。扎结出的每种图案都具有独一无二的效果，染出的成品不会有相同的纹样。扎染技法各有特色，晕色丰富，变化自然，趣味无穷。

扎染在图案艺术、扎结技法、现代印染工艺相结合的基础上，推陈出新，发展出彩色扎染这种新的手工印染技术。彩色扎染突破了传统单色扎染色调的局限，强调多色的配合和色彩的统一。随着市场需求的扩大，扎染的图案也越来越复杂和多样化，同时衍生出扎染包、扎染帽、扎染衣服等琳琅满目的工艺品，如图 1-1～图 1-4 所示。

图 1-1　扎染衣服

图 1-2　扎染生肖布偶

图 1-3　扎染手提包

图 1-4　扎染花束

说一说：扎染的发展、扎染的染料及扎染的主要步骤。

二、项目计划

（1）根据制作的人员需要，自主组建 3～6 人小组，确定每人的具体分工（表 1-1）。

表 1-1　人员分工表

角色	姓名	职责
组长		协调组员活动，撰写作品介绍等文案
纹样设计员		设计作品纹样，并确定染料配比和浸染时间
实验记录员		记录实验过程并完成实验记录单

续表

角色	姓名	职责
扎染操作员		完成扎染作品的制作
摄像摄影师		跟踪拍摄小组操作
……		可根据组内分工进行人员调整

（2）制订项目流程与时间计划（表 1-2）。

表 1-2　项目流程与时间计划表

环节	时间/分	工作	第一责任人	其他参与者
知识学习	20	学习扎染历史发展等知识		
扎染方法学习	45	学习云染、图形染、漩涡染等三种扎染方法和浸染方法		
纹样设计	30	设计作品纹样		
准备材料工具	20	准备扎染工具		
制备染料	60	制备扎染染料		
作品扎制	20	利用工具对作品进行扎制		
作品浸染	15	完成作品浸染		
作品风干	60	在通风处晾干作品		

思考：小组人员分工、项目流程与时间计划是否科学合理？

三、项目知识与技能学习

（一）扎染材料、捆绑图样、浸染图样

扎染材料清单见表 1-3，扎染工具见图 1-5，捆绑图样如图 1-6～图 1-8 所示，浸染纹样如图 1-9～图 1-11 所示。

表 1-3　扎染材料清单

准备主体	材料名称	用途说明	备注
教师、学生	棉白布	用于扎染的织物	寻找含有天然纤维（如棉花）的材料，因为它们更容易被染色
教师	蓝靛染料包	制作染料	将泥块状蓝靛染料与水按照比例混合，缓慢搅拌至糊状，搅拌后加上盖子，将染料放置 30～60 分钟
	还原剂	制作染料	将粉末状还原剂与水按照比例混合，缓慢搅拌，使还原剂完全溶于水
	水缸	用于染色	
	橡胶手套	保护皮肤免受染料的伤害	
	搅拌棒	搅拌染料	

续表

<table>
<tr><th>准备主体</th><th>材料名称</th><th>用途说明</th><th>备注</th></tr>
<tr><td rowspan="4">教师</td><td>橡皮筋</td><td rowspan="5">根据不同的扎染方法，选择对应工具设计扎染纹样</td><td rowspan="5">鼓励发挥想象力，利用身边的材料，设计有创意的扎染纹样</td></tr>
<tr><td>夹子</td></tr>
<tr><td>棉绳</td></tr>
<tr><td>木条、玻璃珠等</td></tr>
<tr><td>学生</td><td>石头、纽扣、塑料瓶、徽章等各种材料</td></tr>
<tr><td>学生</td><td>盆</td><td>浸润布料</td><td></td></tr>
</table>

图 1-5　扎染工具

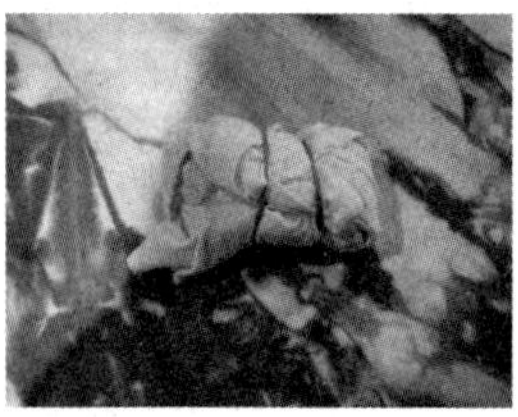

图 1-6　捆绑图样 1

图 1-7　捆绑图样 2

图 1-8　捆绑图样 3

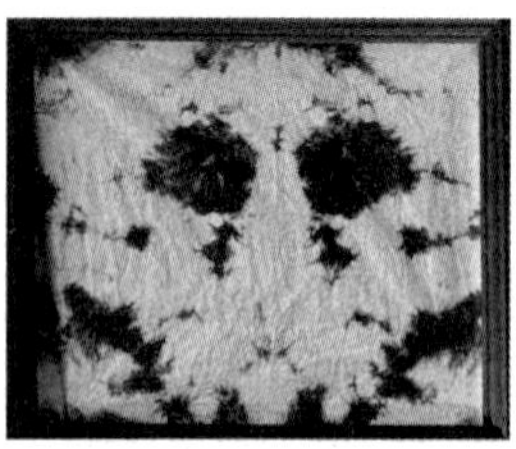

图 1-9　浸染纹样 1

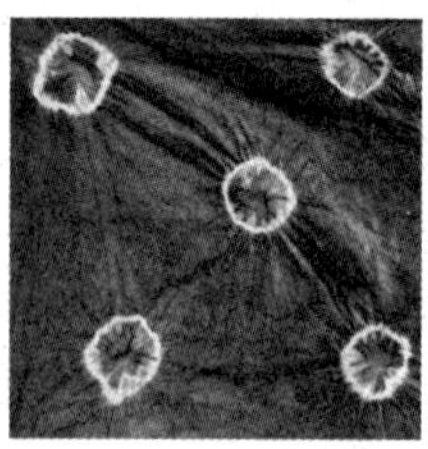

图 1-10　浸染纹样 2

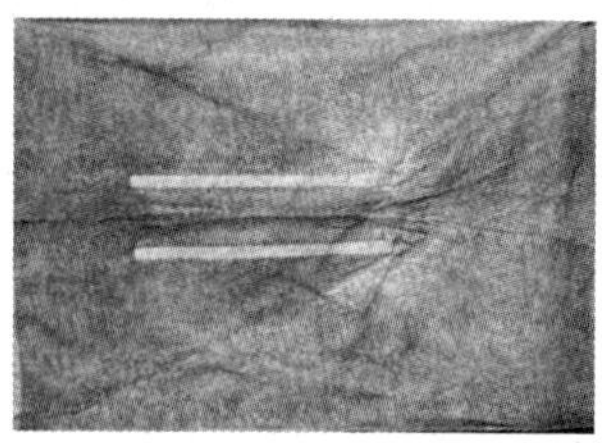

图 1-11　浸染纹样 3

思考：扎染需准备哪些材料？

（二）扎染的扎制工艺和染料与还原剂配比、浸染时间

通过扫描下方二维码，学习扎染的扎制工艺。

不同纹样效果需要不同的染料与还原剂配比、浸染时间，表 1-4 为染料与还原剂配比为 2.5∶1 不同浸染时间的图样。

云染扎制　　图形染扎制一　　图形染扎制二　　漩涡染扎制

表 1-4　（教师对照组）浸染工艺实验记录单

染料：还原剂 =2.5：1			
时间	1 分钟	4 分钟	7 分钟
图样	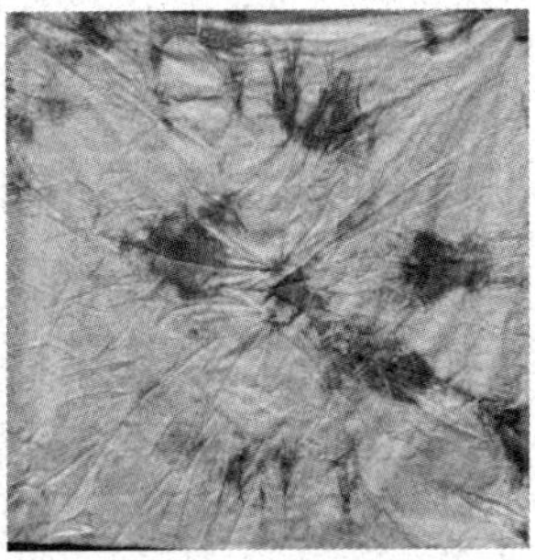	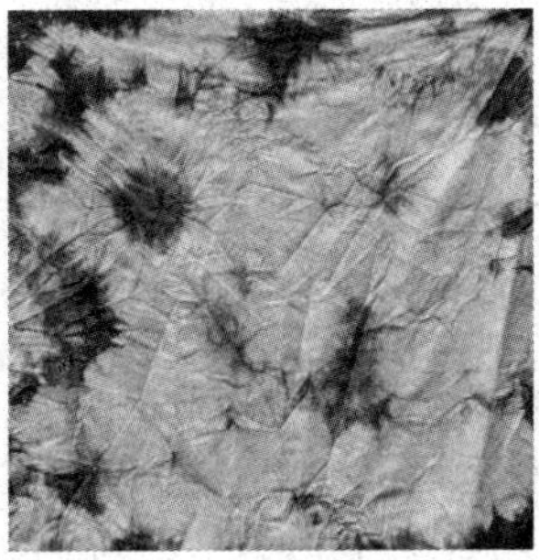	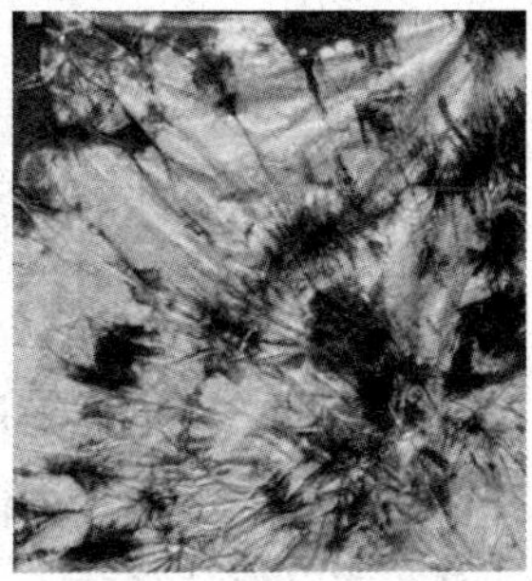

说一说：扎染的扎制方法。

通过教师示范，学生实操，学习扎染扎制与浸染工艺。

实操要求：根据示范，尝试探索利用扎染材料清单中的物品，通过捏、卷、捆等方式，对棉白布进行捆扎，拍摄捆扎图样；将捆扎好的棉白布浸入染料中，拍摄记录浸染后形成的纹样，并填制浸染实验记录单（表 1-5）。

表 1-5　浸染实验记录单

材料与工具	捆绑图样	纹样

思考：生活中还有什么方法可以使布受到挤压？会不会形成纹样？如果会，则会形成什么样的纹样？

（三）浸染工艺实验

实验涉及还原剂浓度和时间 2 个变量，教师示范实验作为对照组，自由设计变量进行实验。结合纹样工艺、浸染工艺和扎制工艺，设计小组设计出纹样，确定浸染时间、染料与还原剂配比，确定扎制工艺，并填制实验记录单（表 1-6）。

表 1-6　扎制与浸染实验记录单

染料：还原剂=			
扎制工艺	浸染时间 1	浸染时间 2	浸染时间 3

思考：如何把握浸染时间？

说一说：准确描述实验结果。

四、项目实施

各小组根据下面的步骤完成扎染作品，并同心协力、发挥想象力，将各小组作品合成班级作品。

第一步：准备材料。

相关要求：参考扎染材料清单，准备本小组作品需要的扎染材料清单。

具体安排：准备扎染作品需要的工具、材料。

第二步：设计纹样。

相关要求：按照前面学过的学习内容，充分利用周围材料和工具进行纹样设计。

具体安排：在白纸上进行作品纹样设计，需要标注清楚每种纹样所用到的工具。

第三步：选择扎制技法。

相关要求：参照前面学过的扎制工艺的相关内容，选择云染、图形染、漩涡染等任一技法或组合，对棉白布进行扎制。

具体安排：根据上一步纹样设计图纸，采用适当的扎制技法和相关的工具对棉白布进行捆扎，注意捆扎松紧程度对最终作品呈现的影响。

第四步：浸染作品。

相关要求：参照前面学过的浸染工艺的相关内容，对捆扎好的白棉布进行浸染。

具体安排：小组可根据自己作品的设计思路自由选择染料与还原剂的配比，自行确定浸染时间，注意染色前需要在清水中将捆扎好的棉白布充分浸湿。

第五步：作品合成。

相关要求：各小组对自己小组的作品进行创意拼接。

具体安排：各小组派代表分享自己的作品设计理念，最后共同讨论，将各小组作品合成一幅班级作品，注意最终合成的作品对于审美层次的体现。

五、项目总结

1. 个人总结

项目	内容
我的学习目标达成度	
我的知识能力学习收获	

续表

项目	内容
我的科学技术学习收获	
我的劳动教育学习收获	
我的中华民族共同体意识发展收获	

2. 小组总结

（1）哪个同学最专注认真？哪个同学操作技能最熟练？哪个同学最有团队协作精神？
（2）本小组制作的优缺点（知识、技能、协作、意识等方面）有哪些？

3. 教师总结

（1）学生最突出的思政素养发展是什么？
（2）学生最突出的科技、劳动素质发展是什么？
（3）各组的劳动成果是什么？
（4）各组制作的优缺点有哪些？
（5）各组的改进目标是什么？

六、项目总体评价

1. 学习过程评价

姓名：　　　　　　　　　　　　　　　　　　　　　　　　小组：

评价维度	评价标准			自评	组评	师评
	一级	二级	三级			
参与程度	积极完成各项作业及讨论活动，主动分担任务，在班级中积极交流、发言	按时完成各项作业，在班级中发言较积极	完成作业不积极，分担任务不主动，不积极交流			
合作情况	积极参与小组讨论，有效地完成自己的任务，通过讨论的方式分享观点和想法，发言积极，内容充实	能够参与小组活动，任务基本明确，但没有很好地完成任务，能围绕一个问题进行讨论，发言较规范	对互动不感兴趣，仅进行简短的交谈，任务不明确，不发言或乱发言			
学习情况	独立思考，自主学习，主动发现问题，提出问题，寻求解决问题的方法	能思考，但不会自主学习，能和小组成员合作发现问题，提出问题	不善于思考，不爱学习，不会发现问题，更不会提出问题			
学习态度	按照学习要求主动学习，帮助他人，宣传积极向上的学习思想	能够按照学习时间完成规定课程，与辅导教师及小组成员沟通少	学习积极性不高，畏难心理严重，以消极言论影响他人			
合理化建议	主动关注学习过程中出现的各类问题，并及时与教师沟通，提出改进意见	关心组员提出的问题，能够参与问题的讨论	只顾自己学习，遇到问题直接寻求帮助，无任何建议			
教师签名		总评				

2. 学习成果评价

姓名：　　　　　　　　　　　　　　　　　　　　　　　　　小组：

<table>
<tr><th>评价项目</th><th colspan="2">评价内容</th><th>自评/分</th><th>组评/分</th><th>师评/分</th></tr>
<tr><td>学习态度</td><td colspan="2">积极主动参与学习，有进取心，学习兴趣浓厚，求知欲强（20 分）</td><td></td><td></td><td></td></tr>
<tr><td rowspan="2">合作探究</td><td colspan="2">积极参与讨论，能与同学互帮互助，共同学习，相互促进（10 分）</td><td></td><td></td><td></td></tr>
<tr><td colspan="2">积极思考问题，能提出创造性解决问题的方案、方法（10 分）</td><td></td><td></td><td></td></tr>
<tr><td rowspan="4">操作技能</td><td colspan="2">扎染基本工具准备的掌握（15 分）</td><td></td><td></td><td></td></tr>
<tr><td colspan="2">扎染纹样的设计搭配（15 分）</td><td></td><td></td><td></td></tr>
<tr><td colspan="2">扎染扎制技法的掌握（15 分）</td><td></td><td></td><td></td></tr>
<tr><td colspan="2">浸染时间的掌握（15 分）</td><td></td><td></td><td></td></tr>
<tr><td>教师签名</td><td></td><td>总评
（自评分占 40%+组评分占 30%+师评分占 30%）</td><td colspan="3"></td></tr>
</table>

3. 评价记录

姓名	文化知识	技能技术	情感价值	其他	备注

项目二
中国漆文化传承：传统漆应用与艺术创作

思政目标

了解传统漆艺的历史、技艺和文化内涵，深入理解和珍视这一重要的文化遗产，并在传承中创新中华优秀传统文化；欣赏和理解漆艺作品的艺术价值，提高审美情趣与文化品位；感受中国漆艺的独特性和国际影响力，增强民族自豪感和爱国情怀。

科技目标

在掌握传统技艺的基础上，进行创新设计，激发创新精神和实践能力；能利用现代科技手段（如数字化技术、材料科学等）来创新漆艺的设计和制作过程，融合现代科技与传统技艺；具备跨学科思维和解决问题的能力（漆艺制作涉及材料学、化学、艺术设计等多学科知识）；掌握漆艺中的科学原理，如漆液的流变性、颜料的光学特性等，理解色彩调配的科学性、合理性以及涂刷过程中的严谨性，探索漆艺的科学原理，提高科学素养。

劳动目标

了解并体验漆艺这一古老手工艺的劳动过程，传承劳动者的精神风貌和劳动文化；掌握漆艺的基本技法和制作流程，增强动手能力和解决实际问题的能力；认识劳动的价值和意义，培养尊重劳动、热爱劳动的观念，树立正确的劳动观；培养细致、专注和坚持到底的工匠精神；增强团队意识和协作能力。

一、启动学习

扫码观看漆工艺作品视频，了解漆艺。

漆工艺作品

思考：视频中介绍的漆工艺作品有哪些？

“漆”是中华民族文化的象征之一。可以说，中国是世界上最早认识“漆”并能将其运用到生活之中、器具之上的国家。跨湖桥遗址出土的7000至8000年前的漆弓，可以说是开启了中国漆器绘画的先河；距今约 4300～5300 年，良渚文化时期的嵌玉漆杯见证了漆艺的迅速发展。

中国是世界上漆艺的文明古国，其漆作品历史之长，品种之多，范围之广，技艺之精，均居世界之首。从浙江余姚河姆渡新石器时期遗址出土的朱漆碗到晋代开始走向衰落的漆器，几千年间，虽然它们曾遭受过许多破坏，但其传承并未断裂，一直延续至今。在商周时期，随着髹饰技术的发展，漆艺进入繁荣时期。春秋战国时期，漆被广泛用于各个领域，漆艺也取得了巨大的进步。在汉代，漆艺作品被广泛用于饮食器具、家具和室内装饰。三国时期，由于青瓷的出现和瓷器的发展，漆艺逐渐淡出日常生活领域，而更多地被用于工艺品制作。元代漆艺在宋代的基础上有所发展，出现了雕漆、犀皮漆等新品种。明代漆艺精湛，品种繁多，如剔红、剔黑、剔彩等。清代漆器则更加华丽繁复。

当今社会面临着多重冲击，包括近代工业文明、信息技术的发展以及外来艺术思潮的涌入。这些因素都对传统文化产生了深远的影响，其中，传统漆艺以及漆器绘画的衰微趋势尤为明显。传统漆艺是一种具有悠久历史和独特工艺的艺术形式。然而，随着工业化生产的兴起，传统漆艺的复杂工艺过程逐渐被简化和替代，导致传统漆艺的传承和发展受到威胁。我们应在继承传统漆艺文化的基础上，吸收现代文明和外来文化的优秀元素，让漆艺传统文化更加丰富多彩，让中国文化更加深厚、自信和开放。

漆艺的应用有利于推动黔西南布依族苗族自治州（简称黔西南州）木材的发展，黔西南州全州林地面积达 1637.77 万亩[①]，森林覆盖率 61.17%，其中用材林面积约 535.36 万亩。黔西南州用材林树种以杉树、桉树、松树为主，其中册亨县用材林面积为 123.78 万亩，位居全州首位（数据源于：中国黔西南）。合理开发应用材林可推动黔西南州林木业的发展。目前，黔西南州木材产品主要以原材料的形式销往外地。对于木材丰富的黔西南州，多形式的木材加工具有重要意义，漆艺在木材加工应用上具有研究意义。合理把漆应用于木材上，可扩大黔西南州木材的应用与开发。

说一说：国内漆艺发展时期情况。

二、项目计划

（1）根据项目人员需要，自主组建 3～6 人小组，确定每人的具体分工（表 2-1）。

表 2-1　人员分工表

角色	姓名	职责
组长		负责小组统筹协调
模具处理员		负责处理模具表层
调漆师		负责选择材料、调漆
图案设计师		负责图案设计
上漆师		负责上漆工艺

① 1 亩≈666.67 平方米。

（2）制订项目流程与时间计划（表 2-2）。

表 2-2　项目流程与时间计划表

环节	时间/分	工作	第一责任人	其他参与者
1	10	模具表层处理		
2	5	调漆		
3	20	上漆		
4	25	图案设计		
5	40	上漆		

思考：小组人员分工、项目流程与时间计划是否科学合理？

三、项目知识与技能学习

（一）生漆

生漆（天然漆），俗称“土漆”，又称“国漆”或“大漆”，是从一种呈羽状复叶的落叶乔木，即漆树身上分泌出来的一种液体，呈乳白色，接触到空气后会氧化，数小时后表面凝固硬化而生成漆皮。生漆与一般的化学漆不同，它是一种健康环保漆，由于它本身就源于植物，所以它与木质的亲和力非常强，不仅绿色无害，而且还可以渗透到木质的深处。同时由于它的天然性，所以生漆没有污染，安全环保，不伤害人体，能够很好地保护家具表面不受损坏。生漆漆膜光亮，色泽耐久，保光性能优，因而具有经久、不会变色、不易污染等优势。例如，红木家具作为高档、贵重的木质家具，比一般的木质家具对涂料的要求要高，涂饰工艺也较为复杂，通常使用生漆工艺来处理家具表面。另外，生漆防潮、防腐蚀性好。生漆在干燥成膜后，具有防腐蚀、耐酸碱、防潮绝缘、耐氧化、耐摩擦、耐高温的特点，而且生漆会将木材的纹理和毛孔更加逼真地表现出来，展现材质的天然美丽。如果再加入可以入漆的颜料，生漆就变成了各种可以涂刷的色漆，经过打磨和推光后，发出一种令人赏心悦目的光泽，因此被广泛应用于涂料、家具、工艺品等领域。

目前，我国生产的生漆种类有以下 4 种。

毛坝漆：产于湖北省利川市毛坝镇，漆为淡黄色，气味酸香。

大木漆：是野生漆树或人工栽培之雌性家漆树所产的生漆，乳白色，气味酸香。

小木漆：是人工栽培的其他品种的漆树所产的生漆，谷黄色，气味清香。

油籽漆：特种小木漆，酱紫色，气味淡。

割漆是个辛苦活儿，未干的生漆不是人人都愿意接触的，因此真正从事割漆工作的人并不多。割漆技艺看似简单，却有着诸多讲究。漆树被斜着割开月牙形的小口后，生漆就会沿着割开的口子边缘流出来。割漆人一般用蚌壳作为容器，把蚌壳插进口子下方，让生漆慢慢流入蚌壳，一两小时后便可收漆。在一棵树上一般每隔 80 厘米左右，可交错开口割漆，口子每周可割一次，每割一次便增大一点，一个口子一年内可割 20 次左右，割开的口子经过三五年又会重新合拢。一棵漆树整个生命周期只能割出 10 千克生漆，3000 棵漆树一次可采集 1000 克生漆。割漆有着严格的制度和方法，稍有不慎就会导致漆树死亡，故有“百里千刀一斤漆”的说法，因此现在市面上的生漆价格较高。

生漆作为我国的一种特产，在世界上素有“涂料之王”的美誉。我们的祖先在栽培、收割、使用生漆等方面积累了丰富的经验。据文字记载，我国先秦时代就已发展种植漆树与用漆技术。《诗经·国风·鄘风·定之方中》载有“定之方中，作于楚宫。揆之以日，作于楚室。树之榛栗，椅桐梓漆”，可见先秦时代，漆树就已是我国常见的栽培经济树种。在使用上，从已发现的古物中，我们也见到了不少先民早期使用生漆的例证，如浙江余姚河姆渡村发掘出土的距今六七千年前的朱漆碗等。

现代化学涂料发展迅速，品类齐全，但在防腐蚀、耐高温、耐老化等方面无法与生漆相比。随着环保意识的不断增强，许多国家开始大力提倡使用绿色、环保的天然漆料，生漆也因此在世界范围内受到了越来越多的关注和青睐。由于生漆的品质与产地、采集季节、制漆方法等有很大的关系，因此要获取优质的生漆并不容易。为了保证品质和效果，传统的制漆工艺依然在很多地方被沿用。这种工艺需要经过多道工序和严格的品质控制，如此才能得到优质的生漆。

现今生漆在很多领域仍然具有不可替代的地位。它的耐久性和美观性使得它在家具、工艺品等领域得到了广泛的应用。

在我国，随着人们对传统文化的重视和保护意识的增强，生漆产业也得到了进一步的发展。一些地方开始加大漆树的种植力度，推广传统的制漆工艺，提高生漆的品质和产量。同时，也有越来越多的企业和个人开始关注生漆产业的发展，探索新的应用领域和市场机会。

总的来说，生漆作为我国的特产和重要资源，具有广阔的市场前景和发展空间。生漆工艺有效保护包括加强教育、推广、培训和国际交流等方面的工作。有效保护传统漆艺使生漆在当今社会中焕发出新的生机和活力。通过加强保护和推广，提高生漆品质和产量，可以更好地满足市场需求，推动相关产业的发展，同时在这个充满挑战和机遇的时代，也能为传承和弘扬我国优秀的传统文化作出贡献，传承历史、开创未来，为我们的民族文化添砖加瓦。

说一说： 小组内探讨为什么生漆工艺需要传承，并说出生漆的 3 个优点。

（二）生漆调色

生漆调色是指透明漆加色粉研磨调色。生漆透明漆并非如化学漆般透明，而是自带咖啡色，故在生漆调色中，往往难以用一种颜色的色粉调出所需要的颜色。生漆所调的颜色往往不如化学漆的颜色鲜艳，其色自成体系，自有魅力，不可追求化学漆之鲜艳华丽。通常漆都是现调现用。

1. 调色所需材料和工具

调色所需材料和工具包括透明漆、牛角刀、各类色粉、过滤布（色漆研磨后再以 400 目棉过滤为最佳，当然一般用量少时，只要研磨得足够细也可以不用过滤）等。

2. 调色说明

生漆调色配方比例（常用色，重量比）如下。

中国红：透明漆∶红色粉＝10∶5。

正黄：透明漆∶黄色粉∶白色粉＝30∶5∶20。

蓝色：透明漆∶蓝色粉∶白色粉＝15∶5∶10。

绿色：透明漆∶绿色粉∶白色粉＝15∶5∶10。

橙色：透明漆∶橙粉∶白色粉＝20∶5∶10。

白色：透明漆∶白色粉＝10∶8。

金粉漆：透明漆∶金粉＝25∶10。

银粉漆：透明漆∶银粉＝25∶5。

由于每个人对颜色的感官不一样，上述比例不能机械参照。通常来讲，主色粉（黄、白、蓝、绿等色粉）加入越多，越接近于本色；白色粉越多主色越浅；漆越多颜色越深。在调色过程中可据此作适当调配以便符合自己的要求。此外，按此比例所调之漆可能比较稠，可依据实际状况加樟脑油稀释后再涂刷。

3. 调色大致过程

（1）将适量的色粉加入适量的透明漆中。

（2）若需加钛白粉调和，则要由少至多慢慢加入。

（3）搅拌均匀。

扫码观看视频，学习生漆调色相关知识。

生漆调色

说一说：调色步骤。

（三）学习上漆工艺知识

扫码观看视频，掌握上漆工艺相关知识。

木盘上漆　　木盘图案上漆

说一说：视频中木盘上漆及木盘图案上漆的工艺过程。

四、项目实施

生漆的工艺过程，包括打底子（也称“做底子”）、刮面漆、磨砂皮、再擦漆等多个步骤。每上一次漆，晾干后都要用砂纸打磨一次，然后再上漆，再打磨，这样的工序需要反复十几次。在此过程中，还需要在一定的湿度和温度下，漆膜才能干透。

（一）对木盘进行简单上漆

对木盘进行简单上漆的主要工艺流程如图 2-1 所示。

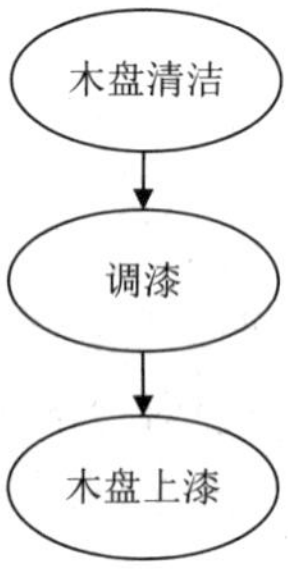

图 2-1　对木盘进行简单上漆的主要工艺流程

1. 木盘清洁

相关要求：木盘表面干净、无尘并磨砂，以获得更好的附着力。
具体安排：准备砂纸、清洁布和刷子，清洁木盘表层。
记录：______________________________

2. 调漆

相关要求：按照生漆调色的比例，调配合理并搅拌均匀。
具体安排：选择透明漆和色粉并按比例调配漆的颜色。
记录：______________________________

3. 木盘上漆

相关要求：将漆均匀地涂抹并附着在木盘表层。
具体安排：取大小不一的刷子，用刷子蘸上少许调配好的生漆，在木盘上反复涂抹均匀。
记录：______________________________

（二）对木盘图案进行上漆

木盘上完漆后，根据自己的喜好进行调色并设计图案，完成木盘图案上漆的操作。

1. 晾干且清洁打磨

相关要求：上漆后的木盘晾干，对其表面进行清理并磨砂，以获得更好的附着力。

具体安排：准备砂纸、清洁布和刷子，清洁上漆后的木盘表层。
记录：________________

2. 调漆

相关要求：按照生漆调色的比例，调配合理并搅拌均匀。
具体安排：根据自己所需图案颜色，选择漆的颜色并按比例调配。

3. 进行图案设计并上漆

相关要求：根据木盘特点合理选择适用图案并绘制。
具体安排：待作品晾干后，利用所调漆进行花纹上色。
记录：________________

4. 清洁并打磨

相关要求：作品表面干净、无尘并磨砂，以获得更好的附着力。
具体安排：准备砂纸、清洁布和刷子，清洁作品表层。
记录：________________

5. 上漆晾干

后续可根据需要继续进行上述1～3的操作，直至达到自己的审美要求。

五、项目总结

1. 个人总结

项目	内容
我的学习目标达成度	
我的知识能力学习收获	
我的科学技术学习收获	
我的劳动教育学习收获	
我的中华民族共同体意识发展收获	

2. 小组总结

（1）哪个同学最专注认真？哪个同学操作技能最熟练？哪个同学最有团队协作精神？
（2）本小组制作的优缺点（知识、技能、协作、意识等方面）有哪些？

3. 教师总结

（1）学生最突出的思政素养发展是什么？
（2）学生最突出的科技、劳动素质发展是什么？
（3）各组的劳动成果是什么？

（4）各组制作的优缺点有哪些？

（5）各组的改进目标是什么？

六、项目总体评价

1. 学习过程评价

姓名： 小组：

<table>
<tr><td rowspan="2">评价维度</td><td colspan="3">评价标准</td><td rowspan="2">自评</td><td rowspan="2">组评</td><td rowspan="2">师评</td></tr>
<tr><td>一级</td><td>二级</td><td>三级</td></tr>
<tr><td>参与程度</td><td>积极完成各项作业及讨论活动，主动分担任务，在班级中积极交流、发言</td><td>按时完成各项作业，在班级中发言较积极</td><td>完成作业不积极，分担任务不主动，不积极交流</td><td></td><td></td><td></td></tr>
<tr><td>合作情况</td><td>积极参与小组讨论，有效地完成自己的任务，通过讨论的方式分享观点和想法，发言积极，内容充实</td><td>能够参与小组活动，任务基本明确，但没有很好地完成任务，能围绕一个问题进行讨论，发言较规范</td><td>对互动不感兴趣，仅进行简短的交谈，任务不明确，不发言或乱发言</td><td></td><td></td><td></td></tr>
<tr><td>学习情况</td><td>独立思考，自主学习，主动发现问题，提出问题，寻求解决问题的方法</td><td>能思考，但不会自主学习，能和小组成员合作发现问题，提出问题</td><td>不善于思考，不爱学习，不会发现问题，更不会提出问题</td><td></td><td></td><td></td></tr>
<tr><td>学习态度</td><td>按照学习要求主动学习，帮助他人，宣传积极向上的学习思想</td><td>能够按照学习时间完成规定课程，与辅导教师及小组成员沟通少</td><td>学习积极性不高，畏难心理严重，以消极言论影响他人</td><td></td><td></td><td></td></tr>
<tr><td>合理化建议</td><td>主动关注学习过程中出现的各类问题，并及时与教师沟通，提出改进意见</td><td>关心组员提出的问题，能够参与问题的讨论</td><td>只顾自己学习，遇到问题直接寻求帮助，无任何建议</td><td></td><td></td><td></td></tr>
<tr><td>教师签名</td><td></td><td colspan="2">总评</td><td colspan="3"></td></tr>
</table>

2. 学习成果评价

姓名： 小组：

<table>
<tr><td>评价项目</td><td colspan="2">评价内容</td><td>自评/分</td><td>组评/分</td><td>师评/分</td></tr>
<tr><td>学习态度</td><td colspan="2">积极主动参与学习，有进取心，学习兴趣浓厚，求知欲强（20 分）</td><td></td><td></td><td></td></tr>
<tr><td rowspan="2">合作探究</td><td colspan="2">积极参与讨论，能与同学互帮互助，共同学习，相互促进（10 分）</td><td></td><td></td><td></td></tr>
<tr><td colspan="2">积极思考问题，能提出创造性解决问题的方法、方案（10 分）</td><td></td><td></td><td></td></tr>
<tr><td rowspan="4">操作技能</td><td colspan="2">生漆调色知识的掌握（15 分）</td><td></td><td></td><td></td></tr>
<tr><td colspan="2">模具打磨知识的掌握（15 分）</td><td></td><td></td><td></td></tr>
<tr><td colspan="2">图案设计与色彩搭配（15 分）</td><td></td><td></td><td></td></tr>
<tr><td colspan="2">生漆图案的制作（15 分）</td><td></td><td></td><td></td></tr>
<tr><td>教师签名</td><td></td><td>总评
（自评分占 40%+组评分占 30%+师评分占 30%）</td><td colspan="3"></td></tr>
</table>

3. 评价记录

姓名	文化知识	技能技术	情感价值	其他	备注

项目三
布依族健康与舞蹈文化传承：艾草糠包制作与舞蹈

思政目标

深入了解和珍视中医药文化和中华舞蹈文化，从而深化对少数民族传统工艺和中药所呈现的中华优秀传统文化的当代价值的认知与认同；欣赏艾草糠包的美学特点和舞蹈的艺术魅力，提高审美和文化素养；培养专注力、耐心和对工作的敬业精神；感受中华民族文化的独特性和国际影响力，增强民族自豪感和爱国情怀。

科技目标

了解民族手工艺的传承特点及艾草的中医药价值，通过对艾草的认知和采摘了解其成长特点、物理特性和医药价值；在艾草糠包制作中探究艾草的药用成分和疗效，提高科学素养。

劳动目标

发展劳动精神、合作意识与勤劳品格，同时提升民族艺术的认知能力；通过实际操作，掌握艾草糠包的基本制作方法和舞蹈的基本技巧，增强动手能力和解决实际问题的能力；认识劳动的价值和意义，培养尊重劳动、热爱劳动的观念；培养团队意识和协作能力。

一、启动学习

扫码观看视频，了解糠包舞。

糠包舞

练一练： 完整且流畅地跳糠包舞的一个八拍。

扫码观看视频，学习艾草糠包制作。

艾草糠包制作

📖**思考**：制作糠包的意义是什么？

1. 糠包故事

关于糠包的由来，有一个美丽的传说。相传古时候，有一个名叫“糠妹”的布依族姑娘，她制作了七个分别装有不同谷物的花包，并最终用装有米糠的花包选中了一个忠厚勤劳的年轻人作为自己的伴侣。这个传说不仅说明了糠包的由来，也反映了布依族人民对诚实与勤劳品质的重视。

如今的打糠包不仅是一项具有娱乐性的民俗活动，更是一种文化传承和社会凝聚的力量，它在加强民族团结、维护社会稳定和铸牢中华民族共同体意识方面发挥着重要作用。这样的传统活动可以帮助人们更好地理解多元一体的民族关系，以及在现代化进程中保持文化的多样性和活力。

2. 糠包介绍

布依族糠包习俗流传于贵州省黔西南州兴仁市和周边各县市及广西壮族自治区的布依族居住区。布依族的糠包由多种彩色花布缝制而成，大小不等，形状多以四方扁圆形为主，四角系有彩穗，内装有棉花或米糠，故名“糠包”，布依语为“dooms”。每逢三月三、六月六等布依族传统节日，贵州望谟布依族青年男女就会齐聚一堂，开展传统民俗活动——打糠包、跳糠包舞。过去，布依族青年男女通过打糠包来传情，以糠包为媒，寻找意中人。如今，打糠包不仅能传情，还成为布依族传统节日里一项重要的文化体育活动。

打糠包时，男女青年若干人，分别站在平地两边。如果对面有自己的意中人，就将糠包抛向对方，接糠包的人如果也有意，就回抛过来；如果另有意中人，则抛向自己的意中人。等相互有意的男女双方都有了糠包，就各显身手，互相抛甩。精彩的时候，空中飞舞的糠包犹如彩蝶一般，令人眼花缭乱。

3. 打糠包的时代性特征

打糠包作为一项传统的民俗活动，具有鲜明的时代性特征。它不仅反映了布依族人民在不同的历史时期的生活方式和生产实践，也映射出社会变迁和文化演进的脉络。

（1）农业时代的体现：打糠包与布依族的农业生产紧密相关，它是在农耕文明背景下形成的。这一活动反映了农业时代布依族人民的生产生活方式，是劳动人民智慧的结晶。

（2）社会发展的产物：随着社会的发展和文化的演变，打糠包作为一种文化现象也在不断地发生变化，从最初的简单娱乐活动逐渐演变成包含社交、娱乐、体育等多重功能的综合文化形态。

（3）新时代的适应：在现代社会，传统的打糠包活动受到现代生活方式的冲击。为了保护和传承这一民俗文化，人们会进行一些适应性的调整，如将其定位为文化旅游项目，或融入现代节庆活动中，以适应新时代的文化需求和社会发展趋势。

（4）文化交流的桥梁：在全球化的背景下，打糠包作为布依族独特的文化符号，可以成为文化交流的媒介，通过文化展演等形式介绍给世界各地，促进民族文化的交流与融合。

（5）科技影响下的变革：随着科技的发展，打糠包活动的传播方式也发生了变化。借助现代媒体和网络技术，这一传统文化可以更广泛地传播到世界各地，吸引更多人的关注和参与。

总之，打糠包作为布依族的一项传统民俗活动，其时代性体现在它能够随着社会的发展和文化的变迁而不断演化，始终保持其生命力和影响力。

4. 保护与传承

打糠包不仅是一种舞蹈，也是布依族文化的重要组成部分，承载着民族的情感和传统文化。在现代社会中，传统的民族文化面临着许多挑战，包括传统活动参与者的减少、现代娱乐方式的冲击、传统文化传承者的老去等。因此，糠包舞的活跃传承和有效保护显得尤为重要。近些年，贵州省文化和旅游厅将糠包舞作为贵州民间传统文化艺术的代表之一进行大力推广，不论是在文旅产品的开发还是文化教育的融入等方面，都不断地传承和发扬糠包的民族文化艺术魅力，希望通过这种方式讲好贵州的故事，传承民间文化。

思考：如何认识评价布依族糠包文化？你对保护传承糠包文化有什么好的建议？

二、项目计划

（1）根据项目人员需要，自主组建 3～8 人小组，确定每人的具体分工（表 3-1）。

表 3-1 人员分工表

角色	姓名	职责
组长		组织协调项目工作
糠包图案设计师		设计糠包图案
材料准备员		采购糠包制作材料
艾草采摘员		艾草的采摘与晾晒
糠包制作师		糠包的缝合制作
糠包舞展示员		两个八拍以上的糠包舞展示

（2）制订项目流程与时间计划（表 3-2）。

表 3-2 项目流程与时间计划表

环节	时间/分	工作	第一责任人	其他参与者
认知学习	10	学习布依族舞蹈的特点和糠包舞的由来，学习糠包制作的构成要素，学习了解艾草的医药价值		
材料准备	10	艾草的采摘与晾晒		

续表

环节	时间/分	工作	第一责任人	其他参与者
作品构思	15	糠包的个性化构思设计		
图纸呈现	30	糠包的个性化图纸呈现		
糠包的制作	45	制作糠包		
糠包舞演练	90	糠包舞的四个八拍的练习和伴奏的排练		

思考：小组人员分工、项目流程与时间计划是否科学合理？

三、项目知识与技能学习

（一）布依族舞蹈文化相关知识

布依族的舞蹈大多是在劳动当中产生并经过人们的精心演绎，不断地发展并沿袭下来的。布依族的舞蹈也大多来自生产劳动和民族习俗。反映生产劳动的舞蹈有织布舞、丰收舞、粑棒舞、刷把舞、竹鼓舞等，反映民族习俗的舞蹈有糠包舞、铜鼓刷把舞、伴嫁舞、玩山舞、花棍舞、龙舞、转场舞、回旋舞、红灯舞、刺锤舞、傩舞等。

布依族舞蹈一般是在节日进行，舞蹈与节日有着紧密的联系。布依族在各个历史阶段对其都有一定的记述。久而久之，这些记述就形成了自己独具民族特色的风俗节日。人们又根据这些节日的来龙去脉编制成朴实优美、富有民族情趣的舞蹈。

说一说：布依族舞蹈的种类和布依族舞蹈形成的特点。

（二）布依族糠包舞

糠包舞，也称花包舞，它不仅是布依族文化中的一项重要舞蹈，也是青年男女表达情感的独特方式。这项舞蹈的特点主要体现在以下几个方面。

节日活动：糠包舞通常在布依族的重大节日（如三月三、六月六等）期间进行，是这些节日中不可或缺的传统活动之一。

独特道具：舞蹈中使用的糠包是一种独特的道具，它由彩色花布或绸缎制成，形状类似于小枕头，并附有流苏，内含糠壳或棉花籽等物。糠包不仅是舞蹈的道具，也是青年男女之间传递感情的媒介。

情感交流：打糠包是传统社会布依族未婚青年男女选择伴侣和表达情感的一种方式。在舞蹈过程中，青年们通过互抛糠包来表达对彼此的爱慕之情，这种互动是他们社交和情感交流的重要途径。

艺术表现：从艺术角度来看，糠包舞的动作优美柔和，充满了民族特色。它是一种集体舞蹈，可以由任意数量的人参与，展现出布依族人民的艺术才能和生活情趣。

此外，制作的糠包本身也是一种手工艺品，姑娘们在节前会精心制作，每个糠包都体现了她们的巧手和心思。糠包的形状多样，有方形、多角形等，象征着纯洁的爱情。

总的来说，糠包舞不仅是一项富有特色的民族舞蹈，还是布依族文化中情感表达和社会交往的重要组成部分。

📖**思考**：糠包舞的特点有哪些？

（三）艾草的功效

艾草的功效如下。

1. 预防流感、湿疹

艾草能起到预防流感、皮肤湿疹等春季流行病的作用。

2. 驱寒除湿

艾草有温经散寒、除湿止痛的作用，对于风湿性关节炎、寒湿腹痛等症状有一定的缓解作用。

3. 抗炎抗菌

艾草中含有的挥发油和黄酮类化合物具有抗炎、抗菌、抗病毒的作用，可以帮助预防和治疗感冒、咽喉炎等疾病。

4. 安神

艾草具有安神的作用，对于失眠、多梦、神经衰弱等症状有一定的改善作用。

📖**思考**：艾草的功效有哪些？

（四）艾草采摘与晾晒

1. 艾草的采摘

工具选择：艾草的叶片柔软且娇嫩，因此在采摘时要选择尖端锋利的剪刀或修剪工具，这样可以避免损伤植株和叶片。

采摘时间：艾草最佳的采摘时间是在端午节前后，因为这个时候艾草的挥发油含量适中，营养成分也最为丰富。如果错过了这个时期，也可以选择在晴朗的天气里，早晨露水未干时采摘，这样养分充足。

采摘方法：在采摘艾草时，应尽可能选择带有根部的艾草，这样可以延长保存时间。同时，避免在雨天或雨后采摘，以防艾草受潮，影响保存效果。

2. 艾草的晾晒

晾晒地点：晾晒艾草需要选择阳光充足、通风良好的地方，可以将艾草平铺在干净的席子上或水泥地上。切记不要堆积在一起晾晒，以免不透气导致发霉。

翻动频率：在晾晒过程中，要经常翻动艾草，确保每一处都能充分干燥。通常需要晾晒3～5天，直到艾草完全干燥。

注意：家里有怀孕的准妈妈或者刚出生的婴儿时，要避免在他们的房间挂新鲜的艾草，也要尽量避免让他们直接接触艾草，因为艾草的独特气味及所含的一些物质可能对他们有影响。

思考：艾草的采摘与晾晒有哪些注意事项？

（五）糠包的制作

糠包制作的具体过程如下。

（1）准备材料：一片正方形布料、针线、流苏、绳子、米糠、棉花、艾草、合适的缝纫针和线。线的选取应与布料颜色相配且适合布料的厚度，如图 3-1 所示。

图 3-1 糠包制作材料

（2）打结：在缝纫线的一端打一个小结，以便开始缝制时固定在布料上。

（3）起针：糠包采用平针缝制，从布料的背面穿出针，在距离边缘约 0.3～0.5 厘米的地方下针。

（4）行针方向：针尖在布的正面，行针方向由右向左，先下后上，保证针脚等距且线路顺直或圆顺。

（5）拉线松紧：向前推动针，拉线时要松紧适宜，以保证布料的表面平整。

（6）结束缝制：当完成缝合后，将线头在布料背面通过几针固定后剪断，以防脱线。

思考：制作糠包的材料有哪些？制作糠包的步骤有哪些？

四、项目实施

分组制作糠包。

（1）准备材料。

（2）制作糠包。

① 把面料对折，找到每个边的中点，在四个中点处分别做一个记号，如图 3-2 所示。

图 3-2　在每个边的中点处做记号

② 把四个流苏放到标记的四个位置上并固定好，如图 3-3 所示。

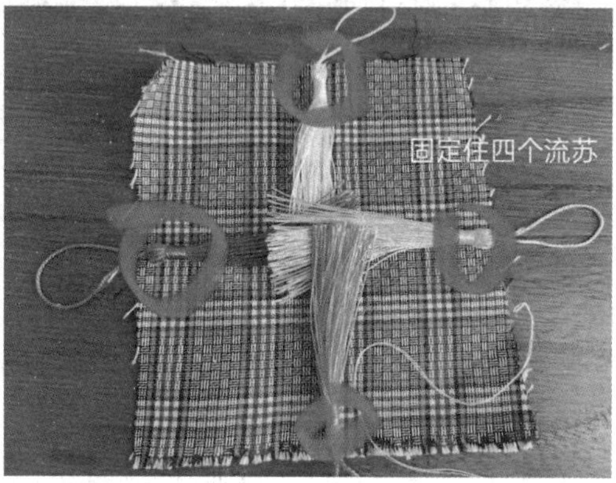

图 3-3　固定流苏

③ 先把布料对折，然后在两条短边分别缝一条直线，一定要把线缝得结实一点，不要漏缝，如图 3-4 所示。

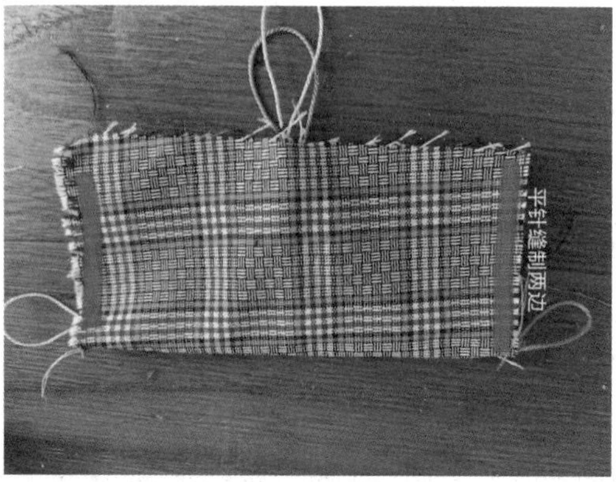

图 3-4　对折后缝直线

④ 中间对折，把绳子放到缝头的中间，绳子的两端对准布的四个顶点，可以用夹子固定一下，如图 3-5 所示。

图 3-5　放绳子

⑤ 将布的另两个边对折并将其中的一边缝制好，另一边先不缝制，如图 3-6 所示。也可以另一边只缝一小部分，留一个反口。

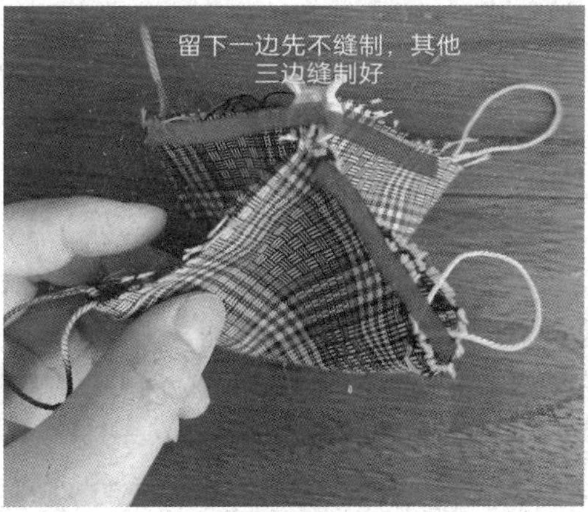

图 3-6　缝制另一部分

⑥ 从开口处慢慢地把正面翻过来，如图 3-7 所示。

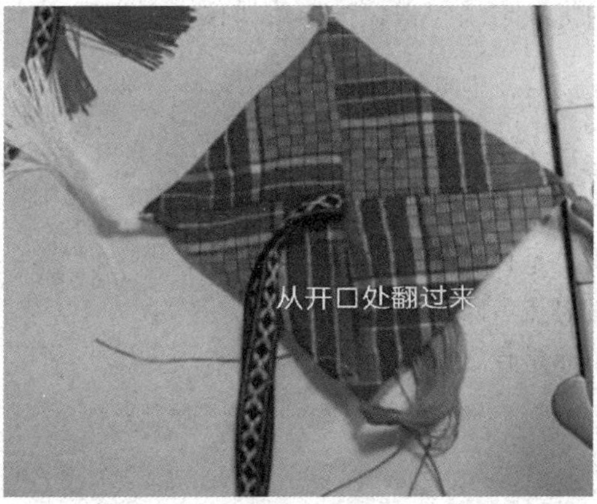

图 3-7　把正面翻过来

⑦ 把棉花和艾草一点点地塞进去。塞好后可能不太饱满，可以用工具把棉花和艾草推到四个角，把四个角填充满。最后将开口处缝制严密即可，如图 3-8 所示。

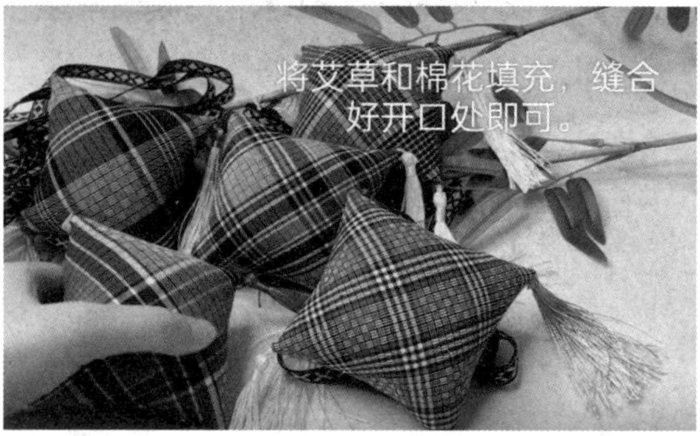

图 3-8　糠包成品

（3）展示、体验。

五、项目总结

1. 个人总结

项目	内容
我的学习目标达成度	
我的知识能力学习收获	
我的科学技术学习收获	
我的劳动教育学习收获	
我的中华民族共同体意识发展收获	

2. 小组总结

（1）哪个同学最专注认真？哪个同学操作技能最熟练？哪个同学最有团队协作精神？
（2）本小组制作的优缺点（知识、技能、协作、意识等方面）有哪些？

3. 教师总结

（1）学生最突出的思政素养发展是什么？
（2）学生最突出的科技、劳动素质发展是什么？
（3）各组的劳动成果是什么？
（4）各组制作的优缺点有哪些？
（5）各组的改进目标是什么？

六、项目总体评价

1. 学习过程评价

姓名：　　　　　　　　　　　　　　　　　　　　　　小组：

评价维度	评价标准			自评	组评	师评
	一级	二级	三级			
参与程度	积极完成各项作业及讨论活动，主动分担任务，在班级中积极交流、发言	按时完成各项作业，在班级中发言较积极	完成作业不积极，分担任务不主动，不积极交流			
合作情况	积极参与小组讨论，有效地完成自己的任务，通过讨论的方式分享观点和想法，发言积极，内容充实	能够参与小组活动，任务基本明确，但没有很好地完成任务，能围绕一个问题进行讨论，发言较规范	对互动不感兴趣，仅进行简短的交谈，任务不明确，不发言或乱发言			
学习情况	独立思考，自主学习，主动发现问题，提出问题，寻求解决问题的方法	能思考，但不会自主学习，能和小组成员合作发现问题，提出问题	不善于思考，不爱学习，不会发现问题，更不会提出问题			
学习态度	按照学习要求主动学习，帮助他人，宣传积极向上的学习思想	能够按照学习时间完成规定课程，与辅导教师及小组成员沟通少	学习积极性不高，畏难心理严重，以消极言论影响他人			
合理化建议	主动关注学习过程中出现的各类问题，并及时与教师沟通，提出改进意见	关心组员提出的问题，能够参与问题的讨论	只顾自己学习，遇到问题直接寻求帮助，无任何建议			
教师签名		总评				

2. 学习成果评价

姓名：　　　　　　　　　　　　　　　　　　　　　　小组：

评价项目	评价内容		自评/分	组评/分	师评/分
学习态度	积极主动参与学习，有进取心，学习兴趣浓厚，求知欲强（20 分）				
合作探究	积极参与讨论，能与同学互帮互助，共同学习，相互促进（10 分）				
	积极思考问题，能提出创造性解决问题的方法、方案（10 分）				
操作技能	布依族糠包舞文化的掌握（15 分）				
	布依族糠包的缝制（15 分）				
	布依族糠包舞的两个八拍的表演（15 分）				
	合作演出的能力（15 分）				
教师签名		总评 （自评分占 40%+组评分占 30%+师评分占 30%）			

3. 评价记录

姓名	文化知识	技能技术	情感价值	其他	备注

项目四
苗族审美与健康文化传承：苗绣香包制作

思政目标

认识苗族文化和苗绣发展，强化“共同创造灿烂文化”意识，深化对苗绣、苗族文化、中华优秀传统文化的当代价值的认知与认同，增强对民族文化的认识和自豪感，培养民族认同和文化自信。

科技目标

通过对苗族刺绣针法、图案设计、手工艺品的学习和制作，对民族文化产品进行创新，培养创新思维；通过对苗绣香包的美学特点和艺术价值的学习，提高审美能力和艺术鉴赏力，培养创造力和艺术表达能力。

劳动目标

学会苗绣香包的制作技能，通过亲身参与制作，体验劳动的艰辛与乐趣，增强对劳动的理解和感受，培养对劳动的尊重，认识到劳动不仅是实现个人价值的手段，也是社会进步的动力。在制作苗绣香包的过程中，培养耐心仔细的行为习惯，树立质量第一的观念和养成精益求精的态度，强调精湛的手工艺技能，培养追求卓越的工匠精神和专业素养。团队分工合作，共同完成苗绣香包的制作，培养团队协作精神和集体主义观念。

一、启动学习

（一）苗绣的特征

扫码观看介绍苗绣的视频，了解苗绣的特色。

说一说：短视频所介绍的苗绣特色。

苗绣的介绍

（二）民族刺绣的相关知识

1. 民族刺绣

中国传统刺绣艺术拥有悠久的历史和源远流长的传统。一提到刺绣，人们往往会想到苏绣、湘绣、粤绣、蜀绣，即“四大名绣”，它们是中国传统刺绣艺术的典型代表。

然而，除了“四大名绣”之外，我国 56 个民族都以其独特的智慧和高超的技艺，创造出了大量精美绝伦、色彩斑斓的刺绣作品。

在各个少数民族的刺绣艺术中，布依族、藏族、傣族、侗族、哈萨克族、满族、蒙古族、苗族、羌族、水族、维吾尔族、瑶族、彝族、壮族等发展出了具有浓郁地方民族特色的刺绣艺术，为中国传统刺绣艺术增添了独特的魅力。

不同民族刺绣，从技艺、纹样、配色等方面都可以相互借鉴和学习。民族文化因交流而多彩，文明因互鉴而丰富。各族人民共同创造了璀璨夺目的刺绣文明，铸就了伟大的中华民族文化。

不同少数民族刺绣示例如图 4-1 和图 4-2 所示。

图 4-1　贵州省黔西南州布依族刺绣

图 4-2　云南省楚雄彝族自治州彝族刺绣

2. 苗绣

苗绣是苗族民间传承的一项刺绣技艺，承载着苗族历史文化的独特表达，是苗族妇女勤劳智慧的结晶。贵州省黔东南地区的苗族在服饰上保留着原汁原味的传统手工艺，苗族服饰的刺绣工艺主要包括双针锁绣、绉绣、辫绣、破纱绣、丝絮贴绣、锡绣等。苗族妇女的刺绣主要体现在服饰上，如袖片花、领花、肩花、围腰花、绣帽、绣鞋、绣荷包等。在没有文字记录的年代，这些刺绣成为苗族文化的重要载体，被誉为穿在身上的“无字史书”。雷山苗绣、花溪苗绣和剑河苗绣还入选第一批国家级非物质文化遗产名录。

思考：刺绣对于发展我国传统文化有什么意义？

二、项目计划

为更好地传承苗绣文化，培养耐心仔细的行为习惯，本项目将从苗绣基础针法入手，从实践中一点一点深入体会和感知苗绣文化的魅力。

（1）根据项目人员需要，自主组建 3～6 人小组，明确每人的具体分工（表 4-1）。

表 4-1 人员分工表

角色	姓名	职责
组长		组织协调项目工作
图形设计师		设计刺绣图形
材料准备员		采购刺绣材料
文创产品设计制作师		设计制作文创产品
图案绣制师		绣制图案

（2）制订项目流程与时间计划（表 4-2）。

表 4-2 项目流程与时间计划表

环节	时间/分	工作	第一责任人	其他参与者
作品构思	10	苗绣作品设计		
图案绘制	20	图案与色彩、针法组合设计		
材料准备	5	作品材料准备		
图案绣制	45	针法与图案结合绣制		
成品制作	10	组装配饰材料		

思考：小组人员分工、项目流程与时间计划是否科学合理？

三、项目知识与技能学习

（一）苗族文化

苗族人口的分布特点是大散居、小聚居，全国各省、自治区、直辖市均有苗族分布，贵州省是我国苗族人口最多的省份。苗语属汉藏语系苗瑶语族苗语支。苗语大致可分为湘西、黔东和川黔滇 3 个大方言，7 个次方言，18 种土语。

1. 苗族服饰

苗族服饰在不同地区有着独特的特点。苗族男装色彩和装饰都较为简单，远不及女装那般鲜艳丰富。据不完全统计，苗族女性服饰超过 130 种不同款式，其头饰、衣服颜色、刺绣图案等均不同。

女装还可分为便装和盛装两类。便装通常是日常穿着的服饰，设计简洁朴素，装饰相对简单，适合日常生活。盛装则是用于节日、婚礼等场合的服装，设计复杂华丽，充分展现了苗族服饰的艺术水平。

2. 苗绣图案文化内涵

苗绣图案常见的元素包括蝴蝶、鸟、龙、鱼、石榴、几何图案等，这些图案不仅美观，而且富含深意。通过刺绣的形式，将这些图案生动地呈现在纺织品上，展现了苗族人民的审美情趣和文化特色。

说一说：苗族服饰文化。

（二）苗绣的基础针法

苗绣基础针法的学习，是苗绣入门的必备步骤。可从一针一线中感知和体会苗绣独特的文化魅力，有效提高注意力、动手能力，培养耐心仔细的行为习惯。

（1）平绣：是苗绣里最基础也最常见的针法之一，通常用于大面积的刺绣区域，如叶子、动物的身体、花瓣等。具体绣法如图 4-3 所示，在 1 出针，在 2 入针，则完成一针。

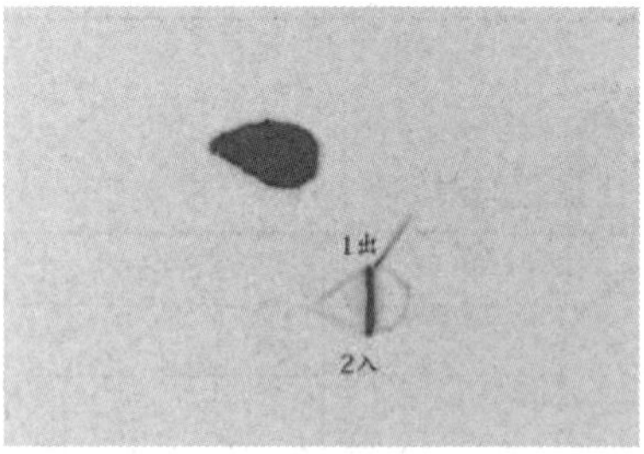

图 4-3　平绣

平绣演示

（2）回针绣：在苗绣中通常用于图案轮廓的绣制和服装的缝制。具体绣法如图 4-4 所示，在 1 出针，在 2 入针，3 再出针，注意 2 到 3 的距离需与 1 到 2 的距离相等。

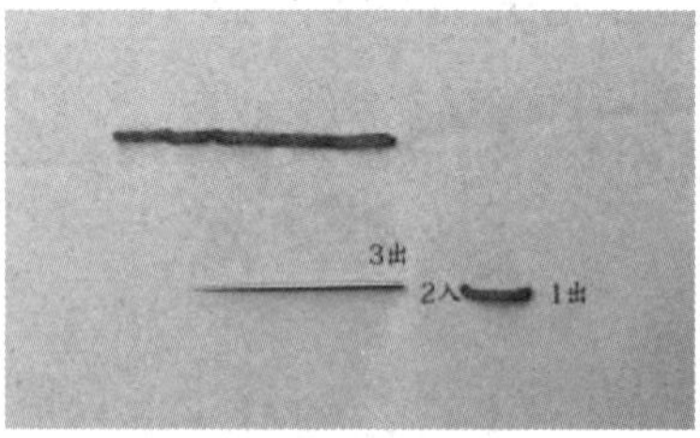

图 4-4　回针绣

回针绣演示

（3）锁绣：在苗绣中通常用于图案轮廓的绣制与填充图案内部。具体绣法如图 4-5 所示，在 1 出针，在 2 入针，1 与 2 在同一位置，最后从 3 出针，3 需要穿过 1 与 2 绕成的线圈，朝上方抽出针，最后拉紧，则完成一针。同理，在 4 入针，4 与 3 在同一位置。

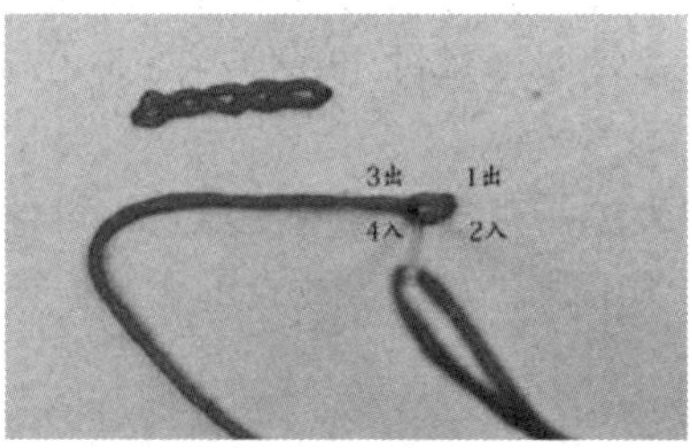

图 4-5　锁绣

锁绣演示

（4）锁边绣：在苗绣中常用于刺绣成品的收口处理。具体绣法如图 4-6 所示，从 1 出针，在 2 入针，在 3 出针，3 与 1、2 之间形成直角，3 需要穿过 1 与 2 绕成的线圈，则完成一针。

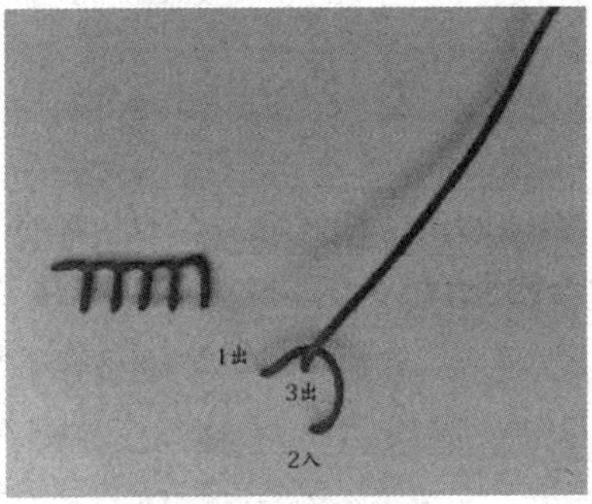

图 4-6　锁边绣

锁边绣演示

（5）打籽绣：用于局部的点缀或图案的填充，在苗绣中起到点睛的作用，如动物的眼睛、花蕊等。打籽绣是苗绣基础针法中偏难的绣法，需两手结合，配合力度与技巧勤加练习，该绣法更利于提升动手能力和专注度。具体绣法如图 4-7 所示，两手结合，在 1 出针，左手拿线，右手拿针，针从上往下绕线一圈，在 2 入针，1 与 2 位置相同，左手把线抽紧，右手抽针，两手结合，得到一个结，则完成一针。

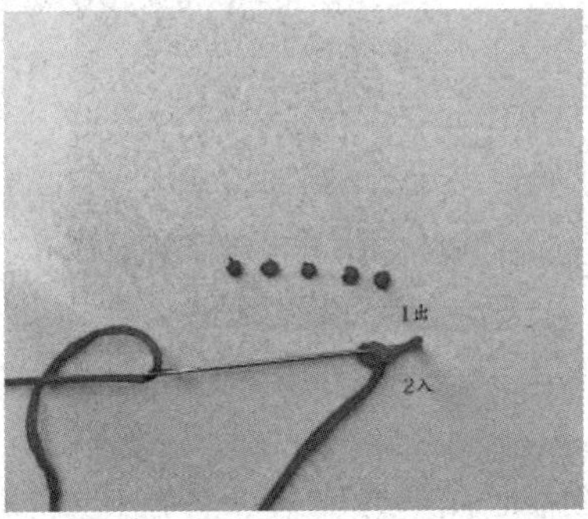

图 4-7　打籽绣

打籽绣演示

（6）定线绣：用于勾画图形的轮廓，突出主体的色彩与绣线的肌理，与其他绣法结合保持图案边缘的平整度。具体绣法如图 4-8 所示，需准备两针两线，针一大一小，线一粗一细。大针穿粗线从 1 出针，然后放至绣布一处；小针穿细线从 2 出针，从 3 入针，将细线拉紧固定粗线，则完成一针。

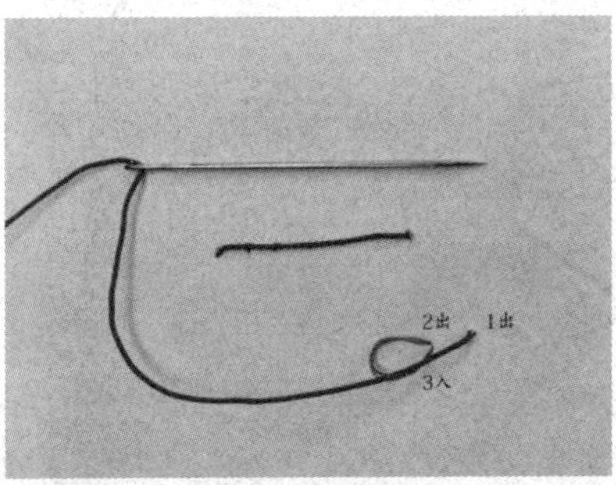

图 4-8　定线绣

定线绣演示

思考：苗绣基础针法有哪些？

（三）刺绣线、刺绣针与刺绣布

1. 刺绣线

苗绣中的刺绣线以真丝线、棉线、人造丝线、梗线最为常见，不同刺绣线可以体现图案不同的风格与肌理，如图 4-9～图 4-12 所示。

图 4-9　真丝线

图 4-10　棉线

图 4-11　人造丝线

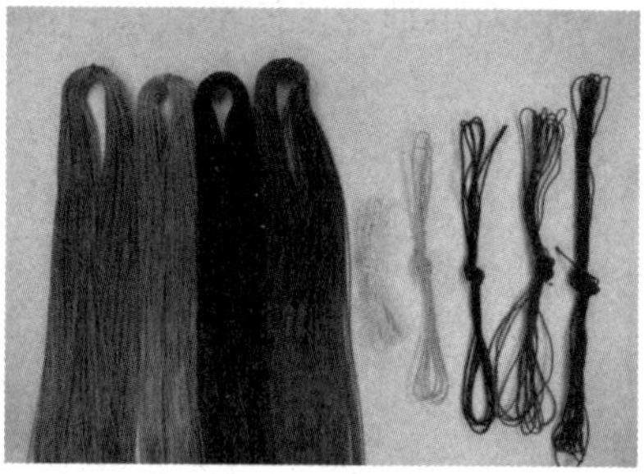

图 4-12　梗线

刺绣线的挑选是设计制作的前期准备工作，是苗绣设计制作前期规划中的重要一环。刺绣线所呈现的光泽感不同，其视觉效果将大大不同，针法与刺绣线搭配精美可大大提升绣品的美感与质感，同时能大大提升审美能力、锻炼想象思维与逻辑能力。

2. 刺绣针

苗绣中常用的针大小不一，可根据不同的针法、刺绣线的粗细与材质选择不同型号的针，如图 4-13 所示。

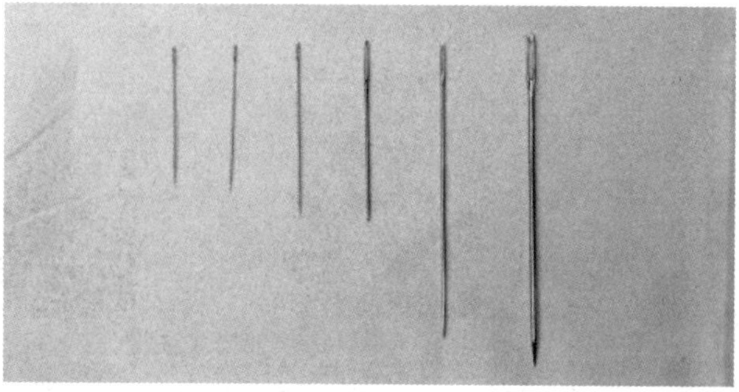

图 4-13　刺绣针

3. 刺绣布

苗绣中的刺绣布（图 4-14）以棉麻材质最为常见，偶尔也用其他面料，绣制完成的刺绣成品常用于服饰装饰点缀当中。

图 4-14　刺绣布

思考：怎样辨认刺绣线的种类？

四、项目实施

本项目是用苗绣绣制一个香包，主题是用醒狮的狮头作为图案。通过设计与制作，亲身体验一件苗绣作品的完整制作过程，更加全面地掌握苗绣针法，体会苗绣的独特魅力与精美之处。

1. 图案文化内涵

狮子自古是我国的瑞兽，醒狮的外形威武雄壮，寓意着吉祥如意和事事平安。

舞狮是融武术、舞蹈、音乐等为一体的我国特有的文化活动。每逢佳节、集会或重要的日子，人们会以舞狮来营造欢乐、喜庆的气氛。醒狮是舞狮这一传统文化中极重要的元素，醒狮以狮头为先，醒狮的狮头具有极强的观赏性、艺术性、文化性，其造型生动醒目，色彩丰富绚丽、五彩斑斓，十分夺目。

将醒狮的狮头造型与苗绣这一文化技艺相结合，一方面可以传播我国舞狮文化；另一方面，醒狮狮头的造型复杂，可融合多种苗绣针法，便于在制作中熟练掌握基础针法，成品制作完成时，便可以掌握一些针法与图案结合的技巧，可用于以后的刺绣作品中。

2. 项目制作

第一步：材料准备。

由于醒狮狮头的色彩较多，所以选择颜色较深的藏青色刺绣布作为底布，藏青色的底色可以衬托狮头五彩斑斓的色彩；刺绣线选择棉线与少量梗线，棉线大面积使用，更突显狮头的质感与立体感；梗线则作为轮廓与点缀使用；还有剪刀、流苏、挂绳等如图 4-15 所示。

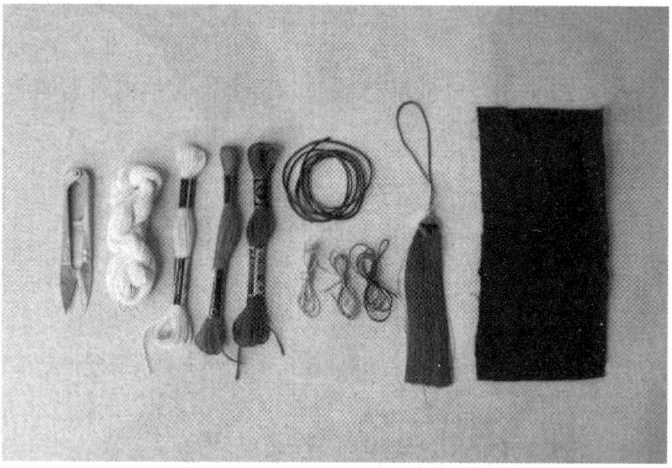

图 4-15　材料准备

第二步：分析、绘制图案。

用铅笔在纸上描绘出醒狮狮头图案造型，由于狮头造型较为方正，且左右对称，所以可先在纸上打一个矩形框作为辅助，将矩形左右对折或在矩形框中间取一条对称轴，先将狮头的一半绘制出来，再将狮头的另一半绘制出来，左右需对称，如图 4-16 所示。

第三步：针法设计。

根据醒狮狮头的图案特点，将多种针法与刺绣线的色彩融合，突出醒狮的面部特色。鼻子两侧的触须采用金线做回针绣，突出触须的飘逸感与精细度；眼圈内圈采用朱红色锁绣绣制，眼睛外圈用柠檬黄棉线平绣绣制，眼珠用高亮度白色线做打籽绣，将色彩亮度集中在眼部，起到点睛的作用；眼睛左右两侧及上方的火焰状毛发则分别用柠檬黄、青色、朱红色线做打籽绣，起到点缀作用，火焰状毛发轮廓则用稍粗的蓝色线做定线绣勾勒出轮廓，更显眼睛的神采；额头两侧的火焰状毛发用银色粗梗线做定线绣勾勒出轮廓，轮廓内部则采用朱红色平绣绣制，此处颜色与眼圈内圈颜色相呼应；额头中心采用平绣绣制围合成圆形花朵状，更显狮头的神采；牙齿与下颌胡须部位则用白色棉线多量堆积，体现胡须的毛流感。针法设计如图 4-17 所示。

图 4-16　绘制图案

图 4-17　针法设计

第四步：图案绣制。

裁剪出图案相应大小的刺绣布，将绘制好的图案用复写纸与复写笔将纸上的狮头图案完整拓印至刺绣布中心位置。

苗绣没有特定的绣制顺序，可从简到繁、从左到右、从内向外等，具体依个人习惯与图案造型而定。

以从内向外的顺序来绣制为例。首先从狮子的两只眼睛入手，从内眼圈开始，向外逐一绣出，狮头的眼睛处于图案的中心位置，且眼角周围最为复杂，是狮头造型最为传神之处，后续绣制鼻翼处，再向外逐一绣出。由于图案是对称图案，要保证两端的对称。狮头的牙齿与胡须需用白色棉线绣制上去，需要先绣出下颌的轮廓，所以将其放到最后一步制作。狮头绣制如图 4-18～图 4-21 所示。

图 4-18　图案绣制 1

图 4-19　图案绣制 2

图 4-20　图案绣制 3

图 4-21　图案绣制 4

图案绣制完成后，沿着狮头最外圈的纹路将多余的刺绣布剪下，与另一片同样外轮廓同材质布叠合，并用红色锁边绣做最外圈的轮廓收口与描边，让香包整体更显立体感，并在收口的同时放入棉花或其他香包内里材料，充盈整个香包，最后收口完毕。

第五步：组装配饰材料。

搭配上与藏青色底色同一色系的蓝色流苏与藏青色蜡绳挂绳，醒狮狮头苗绣香包作品完成。

成品展示如图 4-22 所示。

图 4-22　成品展示

五、项目总结

1. 个人总结

项目	内容
我的学习目标达成度	
我的知识能力学习收获	
我的科学技术学习收获	
我的劳动教育学习收获	
我的中华民族共同体意识发展收获	

2. 小组总结

（1）哪个同学最专注认真？哪个同学操作技能最熟练？哪个同学最有团队协作精神？

（2）本小组制作的优缺点（知识、技能、协作、意识等方面）有哪些？

3. 教师总结

（1）学生最突出的思政素养发展是什么？

（2）学生最突出的科技、劳动素质发展是什么？

（3）各组的劳动成果是什么？

（4）各组制作的优缺点有哪些？

（5）各组的改进目标是什么？

六、项目总体评价

1. 学习过程评价

姓名：　　　　　　　　　　　　　　　　　　　　　　　　　小组：

<table>
<tr><td rowspan="2">评价维度</td><td colspan="3">评价标准</td><td rowspan="2">自评</td><td rowspan="2">组评</td><td rowspan="2">师评</td></tr>
<tr><td>一级</td><td>二级</td><td>三级</td></tr>
<tr><td>参与程度</td><td>积极完成各项作业及讨论活动，主动分担任务，在班级中积极交流、发言</td><td>按时完成各项作业，在班级中发言较积极</td><td>完成作业不积极，分担任务不主动，不积极交流</td><td></td><td></td><td></td></tr>
<tr><td>合作情况</td><td>积极参与小组讨论，有效地完成自己的任务，通过讨论的方式分享观点和想法，发言积极，内容充实</td><td>能够参与小组活动，任务基本明确，但没有很好地完成任务，能围绕一个问题进行讨论，发言较规范</td><td>对互动不感兴趣，仅进行简短的交谈，任务不明确，不发言或乱发言</td><td></td><td></td><td></td></tr>
<tr><td>学习情况</td><td>独立思考，自主学习，主动发现问题，提出问题，寻求解决问题的方法</td><td>能思考，但不会自主学习，能和小组成员合作发现问题，提出问题</td><td>不善于思考，不爱学习，不会发现问题，更不会提出问题</td><td></td><td></td><td></td></tr>
<tr><td>学习态度</td><td>按照学习要求主动学习，帮助他人，宣传积极向上的学习思想</td><td>能够按照学习时间完成规定课程，与辅导教师及小组成员沟通少</td><td>学习积极性不高，畏难心理严重，以消极言论影响他人</td><td></td><td></td><td></td></tr>
<tr><td>合理化建议</td><td>主动关注学习过程中出现的各类问题，并及时与教师沟通，提出改进意见</td><td>关心组员提出的问题，能够参与问题的讨论</td><td>只顾自己学习，遇到问题直接寻求帮助，无任何建议</td><td></td><td></td><td></td></tr>
<tr><td>教师签名</td><td></td><td colspan="2">总评</td><td colspan="3"></td></tr>
</table>

2. 学习成果评价

姓名：　　　　　　　　　　　　　　　　　　　　　　　　　小组：

<table>
<tr><td>评价项目</td><td colspan="2">评价内容</td><td>自评/分</td><td>组评/分</td><td>师评/分</td></tr>
<tr><td>学习态度</td><td colspan="2">积极主动参与学习，求知欲强，有工匠精神（20 分）</td><td></td><td></td><td></td></tr>
<tr><td rowspan="2">合作探究</td><td colspan="2">积极参与项目小组讨论，能与同学分工协作（10 分）</td><td></td><td></td><td></td></tr>
<tr><td colspan="2">积极思考问题，能提出创新性解决方案，熟练使用各种绣法（10 分）</td><td></td><td></td><td></td></tr>
<tr><td rowspan="3">操作技能</td><td colspan="2">制作熟练度（20 分）</td><td></td><td></td><td></td></tr>
<tr><td colspan="2">针法应用（20 分）</td><td></td><td></td><td></td></tr>
<tr><td colspan="2">作品的美观度（20 分）</td><td></td><td></td><td></td></tr>
<tr><td>教师签名</td><td></td><td>总评
（自评分占 40%+组评分占 30%+师评分占 30%）</td><td colspan="3"></td></tr>
</table>

3. 评价记录

姓名	文化知识	技能技术	情感价值	其他	备注

项目五
苗族审美文化传承：银饰创新设计

思政目标

了解不同民族手工艺的价值，促进不同民族之间的文化交流和民族团结，进一步铸牢中华民族共同体意识；在制作过程中进一步强化团结合作和安全生产意识，形成良好的职业行为习惯。

科技目标

了解金属银的属性及特点；了解银饰制作工具及工艺流程，学会对成品质量进行直观评价、后处理等；学习产品设计理念，进一步激发科技创新意识；掌握银饰制作工艺和实践技能，学习创新工艺流程，传承和发展民族银饰文化，对民族银饰工艺品进行发扬和创新。

劳动目标

体验劳动过程，感受劳动带来的成就感和乐趣，进一步增强理解劳动、尊重劳动、尊重劳动人民和劳动成果的意识，形成正确的劳动观；通过实际操作学会民族银饰的制作流程和技巧，掌握相关的劳动技能，在制作过程中遵守制作规程，按时完成任务，增强动手能力和劳动管理能力；分工合作，共同完成三角梅银饰制作，进一步培养合作意识。

一、启动学习

（一）少数民族银饰特点与种类

银饰（图 5-1）作为一种独特的装饰品，在少数民族中有着广泛的应用。银饰的工艺和特点体现了不同民族的文化特色和艺术风格。

银饰的起源可以追溯到古代，当时人们已经开始使用银器作为装饰品。随着时间的推移，银饰的制作工艺逐渐发展成熟。在少数民族中，银饰的制作通常采用传统的制作方法，如铸造、锻造、镶嵌等，在制作过程中需要高超的技艺和经验，才能打造出精美的银饰。

少数民族银饰的造型多样，具有独特的艺术风格，如头饰就有不同造型。不同的民族有着不同的文化背景和审美观念，因此银饰的造型也各具特色。例如，苗族的银饰以繁复的花纹和独特的造型著称，而藏族的银饰则以粗犷豪放为特点。

图 5-1　银饰

银饰的颜色通常以银白色为主，但也可以通过镀金、镶嵌宝石等方式增加色彩。在少数民族中，银饰的色彩运用十分丰富，不同民族有着不同的色彩搭配和运用方式。

少数民族银饰不仅是一种装饰品，还承载着深厚的文化内涵和寓意。不同的民族有着不同的文化信仰和传统习俗，因此银饰的寓意也各不相同。例如，苗族的银饰寓意着祈求平安、幸福和长寿，藏族的银饰则寓意着祈求吉祥、护身和祈福等。

银饰可分为头饰、项饰、耳饰和腕饰等。

头饰是少数民族女性常用的装饰品之一，包括帽子、头巾等。在制作头饰时，通常会使用银片、银丝等材料进行装饰，使头饰更加精美。

项饰是挂在脖子上的装饰品，常见的有项链、项圈等。项饰的制作材料多为银链、银珠等，具有很强的装饰性。

耳饰是挂在耳朵上的装饰品，常见的有耳环和耳坠等。耳饰的制作材料多为银片、银珠等，它可以直接装饰耳朵，展现出个性化的风格。

腕饰是戴在手腕上的装饰品，常见的有手链、手镯等。腕饰的制作材料多为银链、银珠等，具有很强的装饰性。

随着时代的变迁和科技的发展，传统的银饰制作技艺面临着传承和发展的挑战。为了保护和传承这一非物质文化遗产，许多地区开始采取措施加强对传统银饰制作技艺的传承和保护工作。同时，现代设计师也在不断探索和创新，将传统元素与现代设计理念相结合，打造出具有时代感和民族特色的新式银饰。

（二）贵州少数民族银饰特点

贵州是一个多民族共居的地区，它拥有丰富的少数民族文化，其中银饰作为一种独特的艺术形式，在当地具有很高的地位。

贵州少数民族银饰在工艺上具有很高的水准，工匠们使用传统的银饰制作技艺，将银块打造成各种形状和图案，再通过焊接、镶嵌、镂空等工艺，制作出精美的银饰。这些银饰在细节处理上非常精致，线条流畅，图案清晰，展现出工匠们高超的技艺水平。

贵州少数民族银饰的造型非常独特，具有浓郁的民族特色。不同的民族有着不同的银饰风格，如苗族的银角、侗族的银冠、土家族的银锁等，这些银饰在造型上各具特色，充满了浓郁的民族风情。同时，银饰的造型也与当地的生活方式和文化传统密切相关，反映了少数民族人民的生活习俗和审美观念。

贵州少数民族银饰不仅是一种艺术品，更是一种文化的载体。银饰上的图案和造型往往代表着特定的文化含义和象征意义，如龙凤呈祥、花开富贵等。这些图案和造型不仅反映了少数民族人民的信仰和价值观，也体现了他们对美好生活的向往和追求。同时，银饰的制作过程也是一种文化的传承和发展，它需要工匠们掌握一定的技艺和知识，这也是一种非物质文化遗产的传承和保护。

总之，贵州少数民族银饰以其工艺精美、造型独特、色彩丰富和文化内涵丰富等特点而著称于世。这些银饰不仅是少数民族文化的瑰宝，也是中华优秀传统文化的重要组成部分。

📖**思考：**少数民族银饰的特点有哪些？

二、项目计划

（1）根据工艺制作的人员需要，自主组建3～6人小组，确定每人的具体分工（表5-1）。

表5-1　人员分工表

角色	姓名	职责
组长		统筹整个制作过程
材料工程师		材料领取、记录，预处理
艺术设计师		图案测量设计、计算，确定造型图纸
设备调试工程师		准备好要用的工具及设备的调试
工艺工程师		负责工艺规划及实际操作
后处理工程师		检查三角梅银饰的质量、后续处理工作

（2）制订项目流程与时间计划（表5-2）。

表5-2　项目流程与时间计划表

环节	时间/分	工作	第一责任人	其他参与者
开始	5	介绍项目		
选料	10	选取需要的材料		
作图	10	设计出三角梅的图形		
调试设备	10	检查调试设备，确保设备可用		
制作	70	用银制作成三角梅		
检查、后续处理工作	5	检查三角梅银饰的质量、后续处理工作		

📖**思考：**小组人员分工、项目流程与时间计划是否科学合理？

三、项目知识与技能学习

（一）银饰材料选择、银饰制作工具及银饰制作工艺流程

1. 银饰材料选择

银饰的原料主要有足银和925银两种。

足银：含银量千分数不小于990的银，由于过于柔软，不易铸造成心仪的首饰造型，且容易磨损和氧化变黑，一般主要用于制作手镯、银锁等。

925银：含银量千分数不小于925的银，通常是用92.5%的银加入7.5%的铜混合而成。由于掺入了铜，其制成品在打磨后的光泽比足银耀眼美丽，因此经常用作首饰材料和银器皿。

2. 手工制作银饰需要使用的工具和设备

锤子：用于敲打银饰，使其成型。

砧台：用于固定银饰，方便锤子敲打。

切割工具：用于将银块切割成合适的大小和形状。

雕刻工具：用于在银饰上刻出各种图案和文字。

打磨工具：用于将银饰表面磨光，使其更加光滑亮丽。

抛光工具：用于将银饰表面抛光，使其更加闪亮。

焊接设备：用于将银饰焊接在一起，制作出各种复杂的款式。

清洗设备：用于将银饰清洗干净，去除表面的杂质和污渍。

包装设备：用于对制作好的银饰进行包装，使其更加精美。

总之，手工制作银饰需要使用多种工具和设备，这些工具和设备的使用方法和技巧都需要掌握。同时，还需要注意安全问题，避免在制作过程中受伤。

3. 银饰制作工艺流程

银饰制作的原料主要是银块或银丝。在选择银块时，应注意其纯度和颜色。银的纯度越高，其质量和价值就越高。颜色方面，银饰以白亮为佳。同时，还需要考虑银块的大小、形状和纹理等因素。

银饰的设计。银饰的设计需要根据需求和创意进行，设计师需要了解银的特性和加工工艺，根据不同的款式和用途进行设计。设计过程中需要考虑银饰的形状、图案、雕花、镶嵌等因素。

切割和打磨。切割银块需要根据设计要求进行，一般使用专业的切割工具。打磨则需要使用砂纸或磨石等工具，将银饰表面磨光亮。

雕花。雕花是银饰制作的重要步骤之一。雕花需要使用专门的工具，可以根据设计要求进行浮雕或镂空雕等。在雕花过程中需要注意细节和精度，以确保银饰的美观和质量。

焊接。在制作银饰时，有时需要进行焊接。焊接需要使用专业的焊料和工具，将银饰的各个部分连接起来。在焊接过程中需要注意温度和时间，以确保焊接的质量和强度。

抛光。抛光是银饰制作的最后一步，也是关键的一步。抛光需要使用专业的抛光工具和材料，将银饰表面磨光亮。在抛光过程中需要注意力度和方向，以确保抛光的质量和效果。

在制作完成后，需要对银饰进行清洗。清洗可以使用专业的清洗剂或清水进行，将银饰表面的杂质和污渍去除干净。在清洗过程中需要注意保护银饰的表面和细节。

最后需要对银饰进行质量检查。检查包括外观、尺寸、重量、纯度等方面。如果发现有任何问题或缺陷，需要及时进行处理或返工。

思考：足银和925银各有什么用途？手工制作银饰需要哪些工具和设备？

说一说：银饰制作工艺。

（二）三角梅的测量和尺寸的计算

1. 三角梅测量方法与步骤

1）测量工具准备

在进行三角梅测量之前，需要准备以下工具。

直尺或卷尺：用于测量苞片大小等。

记录本：用于记录测量数据。

相机或手机：用于拍摄三角梅照片，以便后续观察和比较。

2）观察三角梅形态

在进行测量之前，需要仔细观察三角梅的形态特征，包括苞片数量、颜色和排列方式，花的特点等。

3）观察苞片大小

选择一些代表性的苞片，用直尺测量苞片的长度和宽度，并记录在记录本上。需要注意苞片的大小和形状，以及是否有异常情况。

4）观察花的特点

花期不同，三角梅的花形状不同，如图5-2所示。观察不同的花特点，测量其长度，并记录在记录本上。本项目制作的银饰为图5-2（a）所示三角梅，其花很像花蕊。

（a）　（b）　（c）

图5-2　三角梅

5）汇总测量数据

在测量完后，将数据汇总到记录本上。可以制作成表格或图表，以便更好地比较和分析数据。

2. 三角梅尺寸与银片尺寸的计算

三角梅花型较大，每3片苞片相聚而成，在手工制作三角梅银饰过程中，我们可以通过三角梅的苞片长轴的尺寸来确定所需银片的尺寸。

三角梅的苞片3片，叶状，紫色或洋红色，卵圆形或椭圆形，长2.5～3.5厘米，宽约2厘米，纸质。

在手工制作三角梅银饰过程中，可将所测得的三角梅的苞片长轴的尺寸作为直径画圆，经裁剪切割可得到需要的尺寸。

3. 三角梅花的选择

花期不同，三角梅的花形状也不同，可以根据个人喜好选择花的形状。

📖**思考：**三角梅苞片长轴与需要切割的银片的直径有什么关系？

（三）三角梅银饰制作技术及制作过程

1. 三角梅银饰制作技术

（1）材料选择与特性。银作为一种贵金属，因其亮丽的色泽和优秀的延展性而被广泛应用于首饰制作中。手工制作民族银饰工艺品时，首先需考虑银的纯度、韧性和抗腐蚀性。高纯度的银虽然色泽纯净，但硬度较低，易于变形，因此常加入一定比例的铜或其他金属使其合金化，以提高其硬度和耐久性。

（2）设计与造型原则。民族银饰的设计往往融合了传统文化元素和当地民族特色，设计师需根据银饰的功能、佩戴者的身份以及当地审美观念进行创作。在造型上，民族银饰注重线条的流畅和形态的和谐，通过巧妙的设计将各种图案和元素结合在一起，展现其独特的艺术魅力。

（3）银的铸造与锻造技术。铸造和锻造是制作银饰的关键步骤。铸造是通过将熔融的银液倒入模具中，待其冷却凝固后形成所需形状的技术。锻造则是通过锤打、拉伸等方式使银材变形，以达到所需形状和尺寸的技术。这些技术需要工匠具备丰富的经验和精湛的技艺，以确保银饰的质量和美观。

（4）雕刻与打磨工艺。雕刻是银饰制作中常用的装饰手法，通过在银饰表面雕刻各种图案和文字，增加其艺术价值。打磨则是对银饰表面进行抛光和磨光，使其更加光滑细腻，展现出银饰的亮丽光泽。

（5）镶嵌与连接技巧。民族银饰中常镶嵌有各种宝石或珍珠等装饰品，以增加其华丽感。工匠需要掌握各种镶嵌技巧，如爪镶、包镶等，确保宝石牢固不脱落。同时，还需要熟练掌握焊接等连接技术，使各个部分紧密相连。

（6）保存与着色方法。银饰在长时间佩戴过程中容易氧化变色，为了保持其美观，需要进行定期的清洁和保养。同时，也可以通过化学氧化或电解着色等方法，给银饰添加各种颜色和纹理，使其更加丰富多彩。

2. 三角梅银饰制作过程

（1）材料准备。将 925 银块放入压片机中，使银块成型为厚薄适中的银片。将另一银块放入熔融碗中在高温下熔融并将银液倒入花蕊模具中，冷却后夹出花。

（2）造型。根据测量所得的三角梅苞片长轴的数据，用笔在图纸上画一个圆形，并设计画出三角梅各苞片的大小及形状，然后将设计好的形状画到银片上，使用切割工具沿着苞片形状轮廓切割银片，得到银苞片。因切割后的银苞片轮廓边缘有毛刺，为避免操作过程中受伤，使用锉刀将银苞片边缘打磨平整，并将银苞片上下平面打磨平整光亮，保证银苞片光亮丝滑。在模具中轻轻敲打银苞片中心使其中心下垂，让银苞片往上扬。待银苞片上扬位置合适后，使用夹钳轻轻夹住银苞片中部，并用力往外翻，使其成型。按此操作再完成另外 2 个银苞片。完成后，可根据设计想法，对银苞片外轮廓进行雕刻。

（3）花与苞片拼接。用钻孔工具根据花尺寸在银苞片底部打孔，将花与银苞片拼接。将三角梅固定，放一小银块在拼接处，将焊枪对准拼接处加热银块，使银块熔融将花与银苞片紧密连接。

（4）扫码学习用银制作花朵。

用银制作花朵

思考： 手工艺品制作中如何保证安全生产？如何养成良好的安全生产意识和职业行为习惯？

四、项目实施

1. 原料准备

相关要求：准备好所需的银材、工具、模具和辅助材料。

具体安排：选择合适的银材，准备需要使用的工具及辅料。

生产记录：填写生产工单。

2. 银片成型

相关要求：将银材原料采用锻打或辊压方法，使棒状或条状银原料成型为片状。若银材原料不是银块，则需先将银材熔融，再将熔融后的液体倒入银块模块，冷却得到银块。

具体安排：将银材原料锻打或辊压成银片。

生产记录：填写生产工单。

3. 图纸设计

相关要求：设计本组三角梅银饰式样。设计过程中需要考虑银饰的形状、图案、雕花、镶嵌等因素。设计师创意构思，绘制出银饰的设计图纸。图纸应详细标注银饰的形状、尺寸、图案等要素，为后续制作提供准确的指导。

具体安排：选择一朵三角梅，测量数据，依据数据设计本组三角梅银饰式样。

生产记录：提供设计图纸。

4. 塑形雕刻

相关要求：根据设计图纸，使用锤子、凿子等工具将银块初步塑造成所需的形状。对于需要雕刻的银饰，使用雕刻刀进行精细的刻画，以实现图案或文字的呈现。

具体安排：根据设计图纸，在银片上画出所需苞片形状，切割出苞片，采用工具塑造苞片形状。将银块熔融后倒入花蕊模具中，冷却后夹出花，再使用雕刻刀进行精细的刻画，塑造花造型，实现创意设计。

生产记录：填写生产工单。

5. 拼接成型

相关要求：对于需要拼接的银饰部件，使用焊剂进行焊接，确保各部分牢固连接在一起。焊缝应平滑、整洁，无明显瑕疵。

具体安排：将花与苞片拼接成型。

生产记录：填写生产工单。

6. 表面处理

相关要求：银饰经过焊接后，需要进行表面处理以提高其美观度和耐久性。表面处理方法包括抛光、镀金、染色等。根据设计需要选择合适的处理方式，使银饰表面光亮如镜或呈现所需的特殊效果。

具体安排：表面进行抛光和清洗处理。

生产记录：填写生产工单。

7. 质量检查

相关要求：在完成表面处理后，进行质量检查以确保银饰符合要求。检查内容包括形状、尺寸、焊缝质量、表面处理效果等。对于不合格的银饰需要进行调整或返工。

具体安排：检查包括外观、尺寸、重量、纯度等方面。如果发现有任何问题或缺陷，需要及时进行处理或返工。

生产记录：填写生产工单。

五、项目总结

1. 个人总结

项目	内容
我的学习目标达成度	
我的知识能力学习收获	
我的科学技术学习收获	
我的劳动教育学习收获	
我的中华民族共同体意识发展收获	

2. 小组总结

（1）哪个同学最专注认真？哪个同学操作技能最熟练？哪个同学最有团队协作精神？

（2）本小组制作的优缺点（知识、技能、协作、意识等方面）有哪些？

3. 教师总结

（1）学生最突出的思政素养发展是什么？

（2）学生最突出的科技、劳动素质发展是什么？

（3）各组的劳动成果是什么？

（4）各组制作的优缺点有哪些？

（5）各组的改进目标是什么？

六、项目总体评价

1. 学习过程评价

姓名：　　　　　　　　　　　　　　　　　　　　　　小组：

评价维度	评价标准			自评	组评	师评
	一级	二级	三级			
参与程度	积极完成各项作业及讨论活动，主动分担任务，在班级中积极交流、发言	按时完成各项作业，在班级中发言较积极	完成作业不积极，分担任务不主动，不积极交流			
合作情况	积极参与小组讨论，有效地完成自己的任务，通过讨论的方式分享观点和想法，发言积极，内容充实	能够参与小组活动，任务基本明确，但没有很好地完成任务，能围绕一个问题进行讨论，发言较规范	对互动不感兴趣，仅进行简短的交谈，任务不明确，不发言或乱发言			
学习情况	独立思考，自主学习，主动发现问题，提出问题，寻求解决问题的方法	能思考，但不会自主学习，能和小组成员合作发现问题，提出问题	不善于思考，不爱学习，不会发现问题，更不会提出问题			
学习态度	按照学习要求主动学习，帮助他人，宣传积极向上的学习思想	能够按照学习时间完成规定课程，与辅导教师及小组成员沟通少	学习积极性不高，畏难心理严重，以消极言论影响他人			

续表

<table>
<tr><td rowspan="2">评价维度</td><td colspan="3">评价标准</td><td rowspan="2">自评</td><td rowspan="2">组评</td><td rowspan="2">师评</td></tr>
<tr><td>一级</td><td>二级</td><td>三级</td></tr>
<tr><td>合理化建议</td><td>主动关注学习过程中出现的各类问题，并及时与教师沟通，提出改进意见</td><td>关心组员提出的问题，能够参与问题的讨论</td><td>只顾自己学习，遇到问题直接寻求帮助，无任何建议</td><td></td><td></td><td></td></tr>
<tr><td>教师签名</td><td></td><td colspan="2">总评</td><td colspan="3"></td></tr>
</table>

2. 学习成果评价

姓名：　　　　　　　　　　　　　　　　　　　　小组：

<table>
<tr><td>评价项目</td><td colspan="2">评价内容</td><td>自评/分</td><td>组评/分</td><td>师评/分</td></tr>
<tr><td>学习态度</td><td colspan="2">积极主动参与学习，求知欲强，有工匠精神（20 分）</td><td></td><td></td><td></td></tr>
<tr><td rowspan="2">合作探究</td><td colspan="2">积极参与项目小组讨论，能与同学分工协作（10 分）</td><td></td><td></td><td></td></tr>
<tr><td colspan="2">积极思考问题，能提出创新性解决方案，熟悉操作流程（10 分）</td><td></td><td></td><td></td></tr>
<tr><td rowspan="3">操作技能</td><td colspan="2">制作熟练度（20 分）</td><td></td><td></td><td></td></tr>
<tr><td colspan="2">技法应用（20 分）</td><td></td><td></td><td></td></tr>
<tr><td colspan="2">作品的美观度（20 分）</td><td></td><td></td><td></td></tr>
<tr><td>教师签名</td><td></td><td>总评
（自评分占 40%+组评分占 30%+师评分占 30%）</td><td colspan="3"></td></tr>
</table>

3. 评价记录

姓名	文化知识	技能技术	情感价值	其他	备注

模块二
日常生活劳动

项目六
中医药文化传承：麦芽生发与麦芽炒制

思政目标

探索中药炮制技术的创新与发展，激发投身继承发扬中华传统中医药事业的责任感和自信心；认识中药材的加工和生态环境的关联性，关注生态环境问题，树立环保意识，践行习近平生态文明思想。

科技目标

学会科学控制大麦发芽的温湿度，掌握炒麦芽的火力、火候等；更加全面和深入地了解麦芽的药理作用和功效，提升科学探究兴趣；培养科学思维和实践能力，提高科学素养。

劳动目标

掌握大麦的选材、麦芽的炮制工艺和品质鉴定等相关知识和技能，提升就业竞争力；培养团队协作意识，感受劳动的快乐和价值；培养专注耐心、一丝不苟、精益求精、勇于创新的精神和劳动创造力，深刻体会劳动的意义，树立正确的劳动态度和观念。

一、启动学习

（一）发芽法概述

发芽法，又称“蘖法”，是指净选后的新鲜成熟的果实或种子，在一定的温度或湿度条件下，萌发幼芽的方法。一般发芽物的芽长为0.5～1厘米时就会产生新的生理活性，使发芽物具有新的功效。

1. 发芽的操作方法

选种：选取新鲜、粒大、饱满、色泽鲜艳的果实或种子。

浸种：将净选后的果实或种子用适量清水浸泡适当时间（春、秋浸泡4～6小时，冬季8小时，夏季4小时）。

发芽：将浸泡适度的果实或种子，平摊于能透气漏水的容器中或已垫好竹席的地面上，上面用湿麻布等盖严，控制温度和湿度。温度一般保持在18～25℃，并每日喷淋清水2～3次，保持湿润，经2～3天即可萌发幼芽，待幼芽长出0.5～1厘米时，停止发芽。

干燥：将发芽后的果实或种子摊开晒干或烘干。

2. 成品质量

发芽制品芽长一般应为 0.5～1 厘米，出芽率不得少于 85%。成品含杂质不得超过 1%，含水分不得超过 13%。

3. 发芽的目的

通过发芽，使果实或种子改变原有的性能，产生新的功效，扩大用药品种。发芽常用的原料有麦、稻、豆类等，其主要含有淀粉、蛋白质、脂肪。当种子或果实吸收水分后，呼吸作用加快，淀粉分解为糊精、葡萄糖及果糖，蛋白质分解成氨基酸；脂肪分解成甘油和脂肪酸，并产生多种消化酶、维生素等成分。这些变化产生新的生理活性，使其具有新的功效。

（二）麦芽的药理作用、临床应用及注意事项

1. 麦芽的药理作用

麦芽的药理作用主要有以下几种。

（1）消化作用：麦芽中的酶类，特别是淀粉酶和蛋白酶，具有促进食物消化的作用。它们能够分解食物中的淀粉和蛋白质，改善胃肠功能，缓解消化不良，常用于食积停滞证。

（2）降血糖效果：麦芽中的一些活性成分可以辅助降低血糖。通过促进胰岛素分泌和提高外周组织对葡萄糖的利用，麦芽在辅助治疗糖尿病方面表现出潜在的应用价值。

（3）抗炎作用：麦芽中的某些成分具有抗炎活性，能够抑制炎症反应，减轻组织损伤，对治疗炎症性疾病有一定的疗效。

（4）抗氧化作用：麦芽中的抗氧化物质可以清除体内的自由基，减少氧化应激损伤，对保护细胞免受外界环境的侵害具有一定的作用。

2. 麦芽的临床应用

麦芽主要应用于以下临床症状。

（1）饮食积滞：麦芽可以促进淀粉性食物的消化，尤其善于消米面薯芋类的积滞。在治疗小儿乳食积滞时，可以单独使用麦芽煎水内服，或者研成末内服；在治疗脾虚食少、食后饱胀的患者时，可以配伍党参、白术等药物一同使用。

（2）妇女断乳以及乳房胀痛：麦芽有回乳的功效，在治疗妇女断乳或者由于乳汁淤积所致的乳房胀痛时，可以单独使用生麦芽或者炒麦芽，煎水内服。

（3）消化不良：麦芽对米、面食积和果积（食水果过多而致的消化不良）有化积开胃的作用，如有胃口不佳，消化力弱、舌苔厚腻，可在治疗方剂内酌加麦芽。

3. 麦芽食用的注意事项

麦芽食用时应注意以下几点。

（1）久食消肾，不可多食。

（2）凡痰火哮喘者及孕妇，切不可用。

（三）麦芽的炮制方法、性状和作用

1. 炮制方法

（1）麦芽：取新鲜成熟饱满的净大麦，用清水浸泡至六七成透，捞出，置入能排水的容器内，上盖湿麻布等，每日淋水2～3次，保持适宜的温度、湿度，经2～3天即可萌发幼芽。待幼芽长至约5毫米时，取出，晒干或低温干燥。本品出芽率不得少于85%。

（2）炒麦芽：取净麦芽，置入温度适宜的热锅内，用文火炒至表面棕黄色，鼓起并有香气时，取出，放凉，筛去灰屑。

（3）焦麦芽：取净麦芽，置入温度适宜的热锅内，用中火炒至有爆裂声，表面焦褐色，鼓起，并有焦香气时，取出，放凉，筛去灰屑。

2. 成品性状

（1）麦芽：呈梭形，长8～12毫米，直径3～4毫米。表面淡黄色，基部胚根处生出幼芽和须根，幼芽长披针状条形，长约5毫米。须根数条，纤细而弯曲。质硬，断面白色，粉性。气微，味微甘。

（2）炒麦芽：形如麦芽，表面棕黄色，偶有焦斑。有香气，味微苦。

（3）焦麦芽（图6-1）：形如麦芽，表面焦褐色，有焦斑。有焦香气，味微苦。

图6-1　焦麦芽

3. 成品作用

（1）生麦芽健脾和胃，疏肝行气。用于脾虚食少，乳汁郁积。

（2）炒麦芽行气消食回乳。用于食积不消，妇女断乳。

（3）焦麦芽消食化滞。用于食积不消，脘腹胀痛。

思考：发芽的目的是什么？大麦经发芽之后有何作用？其应用有哪些？

二、项目计划

（1）根据项目的人员需要，自主组建5人小组，明确每人的具体分工（表6-1）。

表 6-1　人员分工表

角色	姓名	职责
组长		统筹整个制作过程
材料员		材料领取、记录，预处理，器械准备
技术员		炒麦芽制作
技术员		焦麦芽制作
质控员		质量监督

（2）制订项目流程与时间计划（表 6-2）。

表 6-2　项目流程与时间计划表

环节	时间/分	工作	第一责任人	其他参与者
开始	10	介绍项目		
准备	10	准备材料、调校器械、原材料计量		
炒麦芽制作	35	炒麦芽		
焦麦芽制作	35	焦麦芽		
质检、后续处理工作	10	安全检查、质量检查、物品收纳、关火、关电		

思考：小组人员分工、项目流程和时间计划是否科学合理？

三、项目知识与技能学习

（一）麦芽生发操作技能

第一步：准备。挑选新鲜、饱满的大麦种子，清洗干净，如图 6-2 所示。

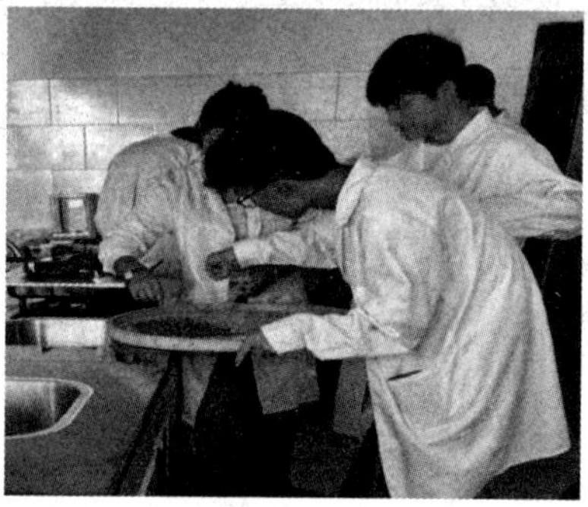

图 6-2　挑选新鲜、饱满的大麦种子

第二步：浸渍。将大麦种子浸泡在适量清水中，使其充分吸水膨胀。浸泡时间根据气温等因素而定，一般浸泡至六七成透。

第三步：催芽。将浸渍后的大麦种子置于簸箕中，用湿麻布盖好，控制温度在适宜范围内（一般为 18～25℃），每日淋水 2～3 次，保持湿度适中，定期翻动种子，以促进发芽。催芽时间根据实际情况而定，一般为 5～7 天。

第四步：干燥。将催芽完成后的大麦种子进行干燥处理。干燥时注意控制温度和湿度（干燥温度低于 60℃），避免过热或过湿导致发霉或变质。干燥至水分含量适宜即可。

第五步：储存。将干燥好的麦芽储存于阴凉干燥处，防止受潮和虫蛀。

思考： 麦芽生发中催芽应注意哪些问题？

（二）炮制炒麦芽、焦麦芽技术要领

扫码观看视频，掌握炮制炒麦芽、焦麦芽技术要领。

炒麦芽　　焦麦芽

思考： 炮制炒麦芽的操作流程有哪些？炮制炒麦芽和焦麦芽操作的区别在哪里？

四、项目实施

1. 炒麦芽

第一步：准备。炒锅、锅铲、搪瓷盘、筛子、电子秤等，并检查所用原料和器械是否洁净。

第二步：净制和称量。取生麦芽，除去杂质，筛去灰屑；称取净制好的麦芽 50 克，备用。

第三步：预热。文火预热，使炒锅预热至所需程度。

第四步：翻炒。将称量好的麦芽投入已预热好的炒锅内，保持文火加热，炒至表面棕黄色，鼓起并有香气时，关火。

第五步：出锅。迅速出锅，放凉，筛去碎屑。

第六步：质检、后续处理工作。质量检查、物品收纳、关火、关电。

2. 焦麦芽

炮制焦麦芽如图 6-3 所示。

图 6-3　炮制焦麦芽

第一步：准备。炒锅、锅铲、搪瓷盘、筛子、电子秤等，并检查所用原料和器械是否洁净。

第二步：净制和称量。取生麦芽药材，除去杂质，筛去灰屑；称取净制好的麦芽50克，备用。

第三步：预热。中火预热，使炒锅预热至所需程度。

第四步：翻炒。将称量好的麦芽投入已预热好的炒锅内，保持中火加热，炒至有爆裂声，表面焦褐色，鼓起，并有焦香气时，关火。

第五步：出锅。迅速出锅，放凉，筛去碎屑。

第六步：质检、后续处理工作。质量检查、物品收纳、关火、关电。

五、项目总结

1. 个人总结

项目	内容
我的学习目标达成度	
我的知识能力学习收获	
我的科学技术学习收获	
我的劳动教育学习收获	
我的传统医药文化学习收获	

2. 小组总结

（1）哪个同学最专注认真？哪个同学操作技能最熟练？哪个同学最有团队协作精神？

（2）本小组制作的优缺点（知识、技能、协作、意识等方面）有哪些？

3. 教师总结

（1）学生最突出的思政素养发展是什么？

（2）学生最突出的科技、劳动素质发展是什么？

（3）各组的劳动成果是什么？

（4）各组制作的优缺点有哪些？

（5）各组的改进目标是什么？

六、项目总体评价

1. 学习过程评价

姓名：　　　　　　　　　　　　　　　　　　　　　小组：

评价维度	评价标准			自评	组评	师评
	一级	二级	三级			
参与程度	积极完成各项作业及讨论活动，主动分担任务，在班级中积极交流、发言	按时完成各项作业，在班级中发言较积极	完成作业不积极，分担任务不主动，不积极交流			

续表

评价维度	评价标准			自评	组评	师评
	一级	二级	三级			
合作情况	积极参与小组讨论，有效地完成自己的任务，通过讨论的方式分享观点和想法，发言积极，内容充实	能够参与小组活动，任务基本明确，但没有很好地完成任务，能围绕一个问题进行讨论，发言较规范	对互动不感兴趣，仅进行简短的交谈，任务不明确，不发言或乱发言			
学习情况	独立思考，自主学习，主动发现问题，提出问题，寻求解决问题的方法	能思考，但不会自主学习，能和小组成员合作发现问题，提出问题	不善于思考，不爱学习，不会发现问题，更不会提出问题			
学习态度	按照学习要求主动学习，帮助他人，宣传积极向上的学习思想	能够按照学习时间完成规定课程，与辅导教师及小组成员沟通少	学习积极性不高，畏难心理严重，以消极言论影响他人			
合理化建议	主动关注学习过程中出现的各类问题，并及时与教师沟通，提出改进意见	关心组员提出的问题，能够参与问题的讨论	只顾自己学习，遇到问题直接寻求帮助，无任何建议			
教师签名		总评				

2. 学习成果评价

姓名：　　　　　　　　　　　　　　　　　　　　　　　　　小组：

评价项目	评价内容		自评/分	组评/分	师评/分
学习态度	积极主动参与学习，有进取心，学习兴趣浓厚，求知欲强（20分）				
合作探究	积极参与讨论，能与同学互帮互助，共同学习，相互促进（10分）				
	积极思考问题，能提出创造性解决问题的方法、方案（10分）				
操作技能	工具准备的掌握（15分）				
	熟练度（15分）				
	安全规定的遵守（15分）				
	制作时间的掌握（15分）				
教师签名		总评 （自评分占40%+组评分占30%+师评分占30%）			

3. 评价记录

姓名	文化知识	技能技术	情感价值	其他	备注

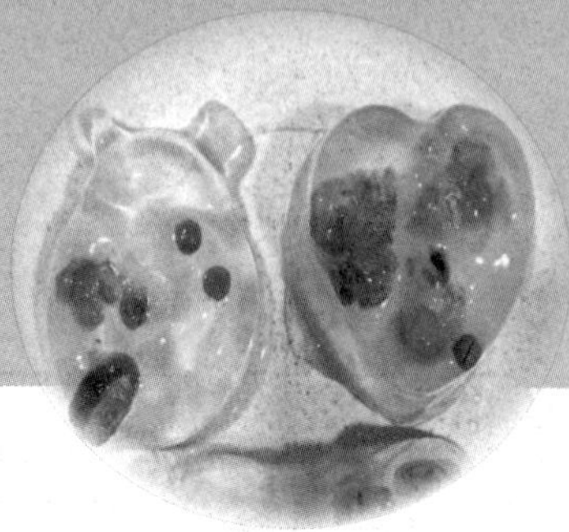

项目七 中医药文化传承：桃胶果冻清凉补制作

思政目标

培养环保意识，树立生态文明、绿色低碳和可持续发展的理念；深入了解中华传统文化的内涵，感受中华民族的智慧和创造力，认识中医药的价值和贡献，增强对中华文化的自豪感和自信心，增强对中华民族的认同感和归属感，从而铸牢中华民族共同体意识。

科技目标

了解清凉补的制作过程和原理，培养实践精神，将理论知识与实践相结合，提高动手能力和解决问题的能力；掌握精确测量、控制比例、规范操作等科学的方法和原则，培养科学严谨的态度和科学思维方式；勇于尝试、不断进取，提高创新意识和创新能力，培养探究意识和探究能力，提高对科学研究的兴趣和热情。

劳动目标

理解和掌握中医药的基本理论和实践技能，提高动手能力，培养团队协作精神；体会劳动的快乐、价值和意义，培养尊重劳动、热爱劳动的意识；培养劳动精神、工匠精神。

一、启动学习

扫码观看视频，了解桃胶果冻清凉补制作相关知识。

桃胶果冻清凉补制作

（一）中药药膳文化及桃胶果冻清凉补知识

中药药膳文化作为中华优秀传统文化的一部分，蕴含着深厚的科技含量。在中药药膳的制作过程中，需要运用中医药理论知识，对药材的性味、功效、配伍等有深入的了解。同时，还需要掌握现代食品科技、营养学、烹饪技术等多方面的知识，以确保药膳的口感、营养价值和药用效果。例如，在药膳的烹饪过程中，需要控制火候、时间、温度等，以确保药材的有效成分能够充分溶解在食材中，同时避免营养成分的流失。中药药膳文化中的工匠精神体现在对品质的追求和对传统的尊重。工匠精神强调精益求精、追求卓越，这种精神在中药药膳文化中得到了充分体现。在药膳的制作过程中，需要严格挑选优质的中药材和食材，遵循传统的制作工艺和配方，注重每一个细节，以确保药膳的品质和效果。同时，还需要不断学习和探索，不断创新和改进，以满足当代消费者的需求和口味。

随着人们对健康饮食的关注不断提高，桃胶果冻清凉补作为一种营养健康的食品，逐渐受到消费者的青睐。桃胶是一种天然树脂，将桃胶、清凉补等药材制成果冻等食品，可以满足消费者对健康食品的需求。

首先，桃胶果冻清凉补的原料多来自中药材，如枸杞、红枣、莲子等，这些中药材都具有滋补养生的功效，也是常用的食材。通过将这些食材与桃胶结合，制作出具有一定滋补、清凉解暑的甜品，既满足了口感的需求，又达到了养生的目的。

其次，在制作过程中，也充分体现了中医药文化的特点。比如，对于各种原料的挑选、处理、搭配等，都需要根据其药性、功效等进行精细的配比和加工，以达到最佳的口感和效果。这种严谨的制作工艺，也是中医药文化的重要组成部分。

📖**思考：**桃胶果冻清凉补包含哪些中药材？

（二）对桃胶的研究

桃胶是一种古老的食材，起源于中国古代，其历史悠久。桃胶最初被用作中药材。随着医药理论的逐渐发展，桃胶的用途也不断扩展，被加工成药膏、丸剂等剂型，应用于各种疾病的治疗中。东汉张仲景对医疗外敷的桃胶应用进行了详述，其在《伤寒杂病论》中对桃胶磨末与水调敷促进伤口愈合的效用进行了记载。南北朝时期，陶弘景在《名医别录》中记载了桃胶的特性。唐代，孙思邈则在《备急千金要方》中提及桃胶在外科手术中被作为理想的黏合剂。元代医学家朱丹溪将其作为食疗元素使用。明代李时珍在《本草纲目》中更为详细地记述了桃胶的药用价值。清代的张瑞书则专注于桃胶的甄别研究，指出观察桃胶的颜色与硬度是辨别其真伪的有效方法。古代医学家对桃胶的应用进行了深入的研究和总结，为后人对桃胶的应用奠定了坚实的理论基础。

随着食品加工技术的不断进步，人们逐渐发现桃胶在食品领域的独特价值。在古代文人墨客的作品中，也可以发现对桃胶的赞美之词，如“桃胶饼”“桃胶羹”等美食被列为珍馐美馔，成为古代贵族和文人雅士餐桌上的佳品。桃胶的美食应用逐渐丰富多样，成为中华美食文化中的一道亮丽风景线。

二、项目计划

（1）根据项目的人员需要，自主组建 3～6 人小组，确定每人的具体分工（表 7-1）。

表 7-1　人员分工表

角色	姓名	职责
计划与组织者		负责制订制作计划，购买所需材料，确保一切准备就绪。该角色需要确保所有原料都符合质量标准，并了解如何根据桃胶的质地和口味来调整配方
制作员		负责按照既定的食谱或配方，准备和烹制桃胶果冻，包括准备和煮制桃胶，混合其他成分，以及将果冻倒入模具中。还需要确保制作过程中遵循卫生规定，以防止食品污染
装饰师		如果需要对外观进行美化，此角色会用糖或其他装饰物来点缀甜点。对于桃胶果冻，这可能涉及将其放在适当的盘子上，并添加一些点缀或装饰
品鉴师		负责在制作过程中和制作完成后品尝产品，确保其符合预期的口味和质地。制作员根据品鉴师的反馈调整配方或改进制作过程
清洁工		负责在制作过程中清理工作台，以及使用过的工具和设备，确保工作区域的整洁

（2）制订项目流程与时间计划（表 7-2）。

表 7-2　项目流程与时间计划表

环节	时间/分	工作	第一责任人	其他参与者
前期准备	20	准备桃胶、清凉补药材粉、白凉粉、白开水适量，电子秤、电磁炉、果冻模具、过滤网各一，并确保工作区域干净整洁		
	30	将桃胶浸泡（提前 24 小时）软化，处理其他所需食材		
制作过程	5	将发泡好的桃胶放入锅中，加入水，开火煮沸		
	5	熄火后过滤，将过滤好的桃胶液加白凉粉放入锅中，加入适量的水，大火煮至沸腾并熄火		
	3	加入清凉补药材粉并搅拌，防止食材黏底或结块，用料理棒将炖煮好的食材搅拌成泥状		
	10	将果冻液倒入模具，冷藏成型		
后期工作	10	装饰与点缀：根据需要，对果冻进行简单的装饰或点缀		
	20	清理工作区域：整理并清洁工作台及使用过的工具		

思考：小组人员分工、项目流程与时间计划是否科学合理？

三、项目知识与技能学习

（一）桃胶果冻清凉补制作相关知识

1. 生物化学知识

桃胶是从桃树的树皮中分泌出来的天然胶状物。在制作过程中，桃胶经过浸泡、炖煮等步骤，其分子结构发生变化，形成了一种类似果冻的质地。

2. 烹饪技巧

制作桃胶果冻清凉补需要掌握一定的烹饪技巧，如浸泡、炖煮、搅拌等。这些技巧的运用直接影响最终成品的口感和营养价值。因此，制作桃胶果冻清凉补的过程也体现了对烹饪技巧知识的掌握和应用。

3. 食品安全知识

在制作过程中，需要注意食材的清洁、浸泡和炖煮时间的掌握、器具的卫生等，以确保食品的安全卫生。这反映了制作者对食品安全知识的理解和遵守。

思考：桃胶果冻清凉补有哪些烹饪技巧？

（二）桃胶果冻制作过程

1. 前期准备

（1）所需材料包括桃胶、清凉补药材粉、白凉粉、白开水适量，电子秤、电磁炉、果冻模具、过滤网各一。

（2）提前将桃胶放入清水中，直至其充分吸水膨胀待用；清凉补药材需磨成粉末备用。

2. 制作步骤

（1）将发泡好的桃胶放入锅中，加入水，开火煮沸。

（2）熄火后过滤，将过滤好的桃胶液加白凉粉放入锅中，加入适量的水，大火煮至沸腾并熄火。

（3）加入清凉补药材粉并搅拌，防止食材粘底或结块，用料理棒将炖煮好的食材搅打成泥状。

（4）将果冻液倒入模具，冷藏成型后即可。

3. 成品

桃胶果冻清凉补呈现出透明或半透明的果冻状质地，口感爽滑细腻，带有淡淡的桃胶的香气。

4. 注意事项

（1）在浸泡和清洗过程中，需要注意桃胶的清洁度，以避免杂质和异味对最终成品的影响。

（2）炖煮过程中需要不断搅拌，以防止食材粘底或结块，同时也有助于食材中的营养成分充分释放。

（3）桃胶需要注意适量食用，避免过量摄入。

5. 评价方式

（1）口感评价：评价桃胶果冻清凉补的首要标准是其整体的口感是否清爽、滑溜。

（2）外观评价：外观也是评价桃胶果冻清凉补的重要指标之一，包括颜色是否鲜艳、形状是否美观、摆盘是否精致等。一个美观的桃胶果冻清凉补不仅能提升食欲，还能增加品尝的乐趣。

（3）营养价值评价：桃胶果冻清凉补采用了多种滋补食材，因此其营养价值也是评价的重要指标之一。可以通过了解食材的营养成分和功效，以及整体的营养价值是否均衡来进行评价。

（4）创新性评价：对于制作过程中的创新点和成品特色进行评价，如添加了哪些独特的食材或调味品、制作工艺上是否有创新之处等。这些创新点可以让桃胶果冻清凉补更具特色和吸引力

思考：桃胶果冻清凉补制作的步骤有哪些？

四、项目实施

分组开展桃胶果冻清凉补的制作。

所需材料和设备如图 7-1 所示。

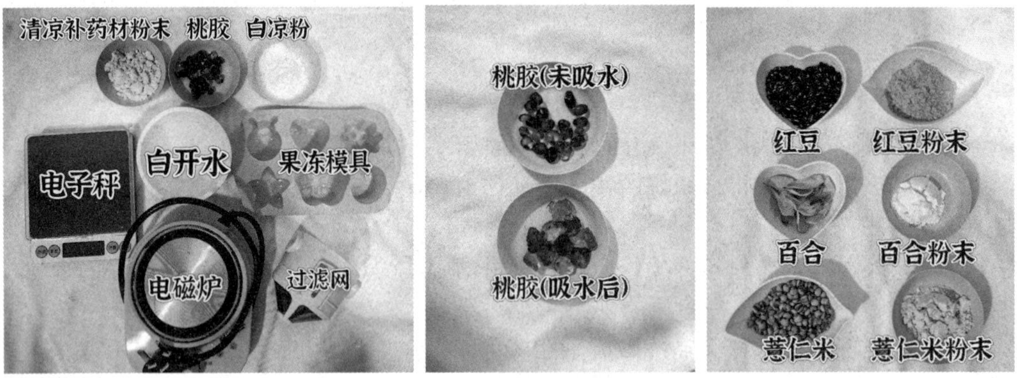

图 7-1　制作材料和设备

制作程序如图 7-2～图 7-5 所示。

图 7-2　放入发泡好的桃胶和水，大火煮至沸腾

图 7-3　过滤好的桃胶液加入白凉粉和水，大火煮至沸腾

图 7-4　加入清凉补药材粉并搅拌

图 7-5　将果冻液倒入模具，冷藏成型

五、项目总结

1. 个人总结

项目	内容
我的学习目标达成度	
我的知识能力学习收获	
我的科学技术学习收获	
我的劳动教育学习收获	
我的文化自信学习收获	

2. 小组总结

（1）哪个同学最专注认真？哪个同学操作技能最熟练？哪个同学最有团队协作精神？

（2）本小组制作的优缺点（知识、技能、协作、意识等方面）有哪些？

3. 教师总结

（1）学生最突出的思政素养发展是什么？

（2）学生最突出的科技、劳动素质发展是什么？
（3）各组的劳动成果是什么？
（4）各组制作的优缺点有哪些？
（5）各组的改进目标是什么？

六、项目总体评价

1. 学习过程评价

姓名： 小组：

<table>
<tr><td rowspan="2">评价维度</td><td colspan="3">评价标准</td><td rowspan="2">自评</td><td rowspan="2">组评</td><td rowspan="2">师评</td></tr>
<tr><td>一级</td><td>二级</td><td>三级</td></tr>
<tr><td>参与程度</td><td>积极完成各项作业及讨论活动，主动分担任务，在班级中积极交流、发言</td><td>按时完成各项作业，在班级中发言较积极</td><td>完成作业不积极，分担任务不主动，不积极交流</td><td></td><td></td><td></td></tr>
<tr><td>合作情况</td><td>积极参与小组讨论，有效地完成自己的任务，通过讨论的方式分享观点和想法，发言积极，内容充实</td><td>能够参与小组活动，任务基本明确，但没有很好地完成任务，能围绕一个问题进行讨论，发言较规范</td><td>对互动不感兴趣，仅进行简短的交谈，任务不明确，不发言或乱发言</td><td></td><td></td><td></td></tr>
<tr><td>学习情况</td><td>独立思考，自主学习，主动发现问题，提出问题，寻求解决问题的方法</td><td>能思考，但不会自主学习，能和小组成员合作发现问题，提出问题</td><td>不善于思考，不爱学习，不会发现问题，更不会提出问题</td><td></td><td></td><td></td></tr>
<tr><td>学习态度</td><td>按照学习要求主动学习，帮助他人，宣传积极向上的学习思想</td><td>能够按照学习时间完成规定课程，与辅导教师及小组成员沟通少</td><td>学习积极性不高，畏难心理严重，以消极言论影响他人</td><td></td><td></td><td></td></tr>
<tr><td>合理化建议</td><td>主动关注学习过程中出现的各类问题，并及时与教师沟通，提出改进意见</td><td>关心组员提出的问题，能够参与问题的讨论</td><td>只顾自己学习，遇到问题直接寻求帮助，无任何建议</td><td></td><td></td><td></td></tr>
<tr><td>教师签名</td><td></td><td colspan="2">总评</td><td colspan="3"></td></tr>
</table>

2. 学习成果评价

姓名： 小组：

<table>
<tr><td>评价项目</td><td colspan="2">评价内容</td><td>自评/分</td><td>组评/分</td><td>师评/分</td></tr>
<tr><td>学习态度</td><td colspan="2">积极主动参与学习，求知欲强，积极投入科技劳动，有工匠精神（20 分）</td><td></td><td></td><td></td></tr>
<tr><td rowspan="2">合作探究</td><td colspan="2">积极参与理论学习、小组讨论、项目实施，协作完成项目（10 分）</td><td></td><td></td><td></td></tr>
<tr><td colspan="2">积极思考制作过程中出现的问题，能提出解决实际问题的建议，规范熟练完成项目（10 分）</td><td></td><td></td><td></td></tr>
<tr><td rowspan="4">操作技能</td><td colspan="2">计量准确（15 分）</td><td></td><td></td><td></td></tr>
<tr><td colspan="2">动作熟练、操作规范（15 分）</td><td></td><td></td><td></td></tr>
<tr><td colspan="2">熟练完成制作（15 分）</td><td></td><td></td><td></td></tr>
<tr><td colspan="2">成品外观、口感（15 分）</td><td></td><td></td><td></td></tr>
<tr><td>教师签名</td><td></td><td>总评
（自评分占 40%+组评分占 30%+师评分占 30%）</td><td colspan="3"></td></tr>
</table>

3. 评价记录

姓名	文化知识	技能技术	情感价值	其他	备注

项目八
中国茶文化传承：普安红贵州冲泡

思政目标

认知茶叶与茶文化的起源，了解黔西南州少数民族茶文化，强化“共同创造灿烂文化”意识；了解茶树与环境的关系，建立尊重自然，倡导人与万物和谐共生的生态文明思想；了解中国茶文化在人类文明发展中的作用，体会其促进全球文明发展的价值。

科技目标

了解茶叶分类、常用茶器，以及饮茶常识，并通过普安红的冲泡掌握茶水比、冲泡水温、冲泡时间等量化泡茶因素，从而树立科学泡茶的理念。

劳动目标

完成备人、备器、备茶、备水、冲泡的普安红贵州冲泡全过程，并在此过程中懂得泡好一杯茶的不易；发扬劳动精神、勤劳品格，提高茶叶冲泡技能。

一、启动学习

（一）中国茶文化

茶，源自中国，惠泽世界。2022 年，“中国传统制茶技艺及其相关习俗”正式列入联合国教科文组织人类非物质文化遗产代表作名录。“中国传统制茶技艺及其相关习俗”是有关茶园管理、茶叶采摘、茶的手工制作，以及茶的饮用和分享的知识、技艺和实践。中国人利用茶的历史已有数千年，在漫长的历史进程中，中国茶与茶文化通过丝绸之路、茶马古道，穿越历史、跨越国界，深受世界各国人民喜爱，已经成为中国与世界人民相知相交、中华文明与世界其他文明交流互鉴的重要媒介，成为人类文明共同的财富。

贵州省黔西南州，在百万年前就是茶树理想的家园。承丰壤之滋润，受甘露之霄降，25° 左右纬度、寡日照、多云雾、无污染的生态优势，为茶树生长提供了得天独厚的条件。1980 年在晴隆县与普安县交界处发现了四球茶茶籽化石，这是迄今为止世界上最古老的茶籽化石。除此以外，普安县还生长着生息绵延了数千年的古茶树群落。世居于黔西南州的少数民族是最早发现和利用茶的民族，在漫长的历史进程中，各民族以茶为药、以茶为食、以茶为饮、以茶为礼、以茶为祭、以茶为文，创立和发展了底蕴深厚的民族茶文化，也创造了独具魅力的茶品，普安红便是其中之一。

普安红外观、内质都极富特点。如何冲泡出一杯色、香、味俱全的普安红呢？2020年4月16日，贵州省市场监督管理局发布贵州省地方标准《贵州茶叶冲泡品饮指南》（DB52/T 1495—2020），根据贵州茶叶品质特点，推广“高水温、多投茶、快出汤、茶水分离、不洗茶”的“贵州冲泡”。

思考：黔西南州为什么是茶树理想的家园？

（二）科学饮茶知识

传说神农氏最早发现了茶的药用价值，从此华夏民族对茶的利用由药用开始，再向食用、饮用发展。布依族《摩经》也同样记载了布依族最早利用茶是以茶为药。至今世居于黔西南州的布依族依然将茶与木姜叶柯（俗称甜茶）、金钱柳混合后作为止泻之药。在普安县，龙吟镇一带的苗族，在茶中放入苗药材，制成“药茶”日常饮用，以在解渴的同时预防疾病；青山镇一带的回族，流传着“山上有棵古茶树，树下有口清水井，如有哪天不舒服，一片叶来一瓢水”的说法。科学研究结果表明，茶叶中含有茶多酚、茶皂素、茶多糖等药用活性成分。

茶为国饮，因有保健功效广受欢迎。茶是世界上仅次于水的消耗较多的饮料，但喝茶是喝得越多越好吗？喝茶是喝什么茶都好吗？

就饮茶量而言，饮茶需适量，成人的饮茶量，通常以每天泡饮干茶5～15克为宜，泡茶的总体用水量在400～1500毫升。此外，婴幼儿、处于孕期和哺乳期的女性、缺铁性贫血患者、神经衰弱患者不宜饮茶。

就茶类的选择而言，要遵循因人而异的原则。红、绿、白、黄、青、黑六大茶类有温和、寒凉之分，红茶、黑茶、重发酵青茶性温，绿茶、白茶、黄茶、轻发酵青茶性凉，中发酵青茶性平。应根据个人体质选择合适的茶类，体质燥热的人选择凉性茶类、中性茶类，体质虚寒的人选择温性茶类、中性茶类，体质平和的人什么茶类都可以选择。

思考：如何根据个人体质选择适合自己的茶类？

（三）常用茶器

常用茶器如表8-1所示。

表8-1　常用茶器

名称	用途	照片
盖碗	又称三才杯，用于冲泡茶叶，也可用于品饮茶汤	

续表

名称	用途	照片
公道杯	用于均匀、盛放冲泡好的茶汤	
茶滤	用于过滤茶汤中的茶渣	
品茗杯及杯托	品茗杯：用于品饮茶汤 杯托：用于放置品茗杯	
茶盂	用于盛放泡茶过程中舍弃的水、茶汤、茶渣	
茶荷	用于盛放、观赏干茶	
茶匙及茶匙架	茶匙：用于将干茶拨入泡茶器中 茶匙架：用于搁置茶匙头	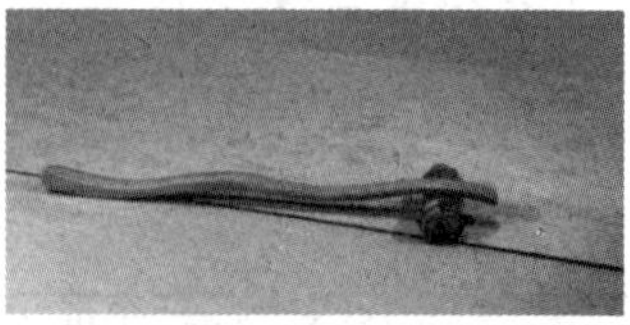
随手泡	用于盛放泡茶的水、煮水	

续表

名称	用途	照片
茶巾	用于擦干茶器上的水	

📖**思考：**冲泡茶所需的茶器有哪些？

二、项目计划

用贵州冲泡法冲泡普安红，需要完成备人、备器、备茶、备水、冲泡5个环节。每个环节可以由个人完成，也可以由小组成员配合完成。若由小组成员配合完成，可按备器、备茶、备水、冲泡进行成员分工，其中负责冲泡的同学要同时完成“备人”的任务。

（1）根据需要，自主组建3～5人小组，确定每人的具体分工（表8-2）。

表8-2　人员分工表

角色	姓名	职责
组长		冲泡
茶艺员1		备茶
茶艺员2		备水
茶艺员3		备器
质检员		检查各项工作是否符合标准

（2）制订项目流程与时间计划（表8-3）。

表8-3　项目流程与时间计划表

环节	时间/分	工作	第一责任人	其他参与者
备人	5	掌握基本茶事礼仪		
备器	5	根据饮茶人数，确定主泡器的大小，并搭配其他茶器		
备茶	5	明确干茶外形特点，并根据盖碗大小确定冲泡干茶的克数		
备水	5	根据茶叶特点，确定冲泡用水、水温、注水方式、冲泡时间		
冲泡	25	根据备茶、备器、备水结果进行冲泡，确定冲泡程序及频次，明确汤色、香气、滋味、叶底特点		

📖**思考：**小组人员分工、项目流程与时间计划是否科学合理？

三、项目知识与技能学习

（一）贵州冲泡法冲泡普安红——备人

在冲泡过程中，需要遵循茶事礼仪。

1. 个人礼仪

（1）衣物洁净。

（2）仪容仪表整洁得体。
（3）长发须盘发或束发。
（4）不留长指甲。
（5）不佩戴影响泡茶的首饰，如过长的手链、过大的戒指等。
（6）避免使用有气味的洗护品、化妆品，如香水、护手霜等，以免干扰茶香。
（7）端正坐姿，头正、肩平、腰直，避免出现跷二郎腿、驼背等不雅坐姿。

2. 常用礼节

在给别人冲泡茶叶时，还需要注意以下礼节。
（1）保持桌面整洁。
（2）避免用手直接接触干茶。
（3）避免用手触碰杯口。
（4）冲泡开始及结束时，使用鞠躬礼。
（5）斟茶七分满。
（6）先人后己，先给客人斟茶，再给自己斟茶。
（7）奉茶时，使用伸掌礼。
（8）右手回旋注水使用逆时针，以示欢迎。
（9）锐处不冲客，即尖锐的物品（如尖锐的壶嘴、茶针、茶刀等）不正对客人。
（10）左右不交叉，即左手使用的物品放在左侧，右手使用的物品放在右侧。
（11）污物不面客，即受污的东西不要直接放在客人面前，如盛放茶渣和废水的茶盂不能直接放在客人面前，可以在其前方放花插、随手泡等稍做遮挡。

（二）贵州冲泡法冲泡普安红——备器

1. 单杯冲泡和分杯冲泡的选择

单杯冲泡与分杯冲泡的区别如表8-4所示。本项目选用盖碗进行冲泡，盖碗既可做单杯冲泡，也可做分杯冲泡。贵州冲泡法提到要“茶水分离”，指的就是分杯冲泡，因此，本项目以分杯冲泡为主。

表 8-4 单杯冲泡与分杯冲泡的区别

冲泡方式	优点	缺点
单杯冲泡	一人一杯，简单方便	一杯茶滋味不均匀，时间浸泡久了容易出现苦涩味
分杯冲泡	可根据客人的品饮喜好确定出汤的时间，不会让茶叶长时间浸泡在水中而出现苦涩味。能控制每一道茶汤的色、香、味	较麻烦，且需要冲泡技巧

2. 盖碗的选择

首先，要确定盖碗的大小：盖碗的容量＞品茗杯容量×品茗人数。尽量避免两汤混合，当然，如果品茗人数很多，或者泡茶人的手很小拿不了容量大的盖碗，也可以两汤混合。

其次，要确定盖碗的材质，最好选用白瓷盖碗，以充分展现汤色之美，也可以根据茶席搭配或个人审美情趣选择其他色系、材质的盖碗，如玻璃盖碗、珐琅彩盖碗等。

3. 其他茶器的选择

在分杯冲泡中，一般还需要公道杯、品茗杯、茶荷、茶匙、茶巾、茶盂、随手泡等工具。公道杯最好选用透明的玻璃材质，以更好地呈现茶汤。品茗杯最好不要选择斗笠杯，因为普安红有一个极好的品质是香高馥郁，而斗笠杯不聚香。其余茶器可以根据茶器材质、个人审美和使用习惯进行搭配，还可以搭配插花、挂画等增加品茗情趣，呈现“器之美”。一般而言，尽量少在茶桌上摆放冲泡不需要的茶器，要保持茶桌的整洁。所有茶器在使用之前都要使用开水烫洗，保证茶器的清洁。

🕮**思考：**如何摆放配置的茶器？

（三）贵州冲泡法冲泡普安红——备茶

贵州冲泡法提到要“多投茶”，那“多”到底是多少呢？根据《贵州茶叶冲泡品饮指南》（DB52/T 1495—2020），“多投茶”是指茶水比（克∶毫升）为1∶25～1∶37，以能盛水150毫升的盖碗为例，可投茶4～6克。也可根据个人喜好适当调整茶水比例，达到最佳口感。

🕮**思考：**如何根据所选盖碗的大小，确定干茶克数并进行称量？

（四）贵州冲泡法冲泡普安红——备水

1. 水的选择

张大复在《梅花草堂笔谈》里写道：“茶性必发于水。八分之茶，遇十分之水，茶亦十分矣；八分之水，试十分之茶，茶只八分耳。”可见水对于茶叶而言非常重要。什么样的水是宜茶之水呢？茶圣唐代陆羽提出“山水上，江水中，井水下”，宋代赵佶提出“清轻甘洁为美”，清代乾隆认为“轻为美”。就现代的择水标准而言，清洁、弱酸性的软水即为宜茶之水，在日常冲泡中可选用非碱性的纯净水。

2. 水温的要求

贵州冲泡法提到要“高水温”，“高”是指多高呢？根据《贵州茶叶冲泡品饮指南》（DB52/T 1495—2020），“高水温”是指常压下达到沸点的水，即沸即用。

3. 注水方式

注水的高度、注水点、水线的粗细和角度决定了水对茶的冲击力，因此会直接影响茶汤的色、香、味。普安红的盖碗冲泡常用沿边定点高冲、沿边环绕低斟、定点旋冲几种注水方式（表8-5）。在此均以右手执壶为例进行介绍，若是左手执壶者，仅做镜面调整即可。

表 8-5　不同注水方式的区别

首泡注水方式	具体方法	特点	适用茶叶
沿边定点高冲	注水高度：距碗口 5 厘米以上 注水点：定点在 3 点钟方向碗口边缘 水线粗细：粗 水线角度：90°	让茶叶在垂直方向翻滚，快速激发茶香	以香高为最突出优点的普安红
沿边环绕低斟	注水高度：距碗口 3 厘米以上 注水点：从 3 点钟方向碗口边缘开始沿边逆时针旋转注水一圈 水线粗细：细 水线角度：90°	水的力度很轻，能避免击伤、烫伤茶芽	原材料非常细嫩的普安红（高等级普安红）
定点旋冲	注水高度：距碗口 3 厘米以上 注水点：定点在 4 点半方向碗口边缘 水线粗细：粗 水线角度：45°	让茶叶在水平方向旋转，让无序的茶叶变得有序，均匀地浸出茶汤	条索粗壮或尚紧实的普安红（古树红或低等级普安红）

4. 冲泡时间

贵州冲泡法提到要“快出汤”，“快”是指多快呢？根据《贵州茶叶冲泡品饮指南》（DB52/T 1495—2020），“快出汤”是指自注水开始计时 10～40 秒滤出茶汤，以达到较好的色、香、味为宜。可根据个人喜好适当延长或缩短冲泡时间。从第四泡开始，每一泡的时间都要比上一泡适当延长，且要随时关注茶汤质量，至茶味平淡时即可换茶。

思考：如何根据茶叶特点确定冲泡水温、注水方式、冲泡时间？

（五）贵州冲泡法冲泡普安红——冲泡

一杯普安红的盖碗分杯冲泡，可以分为备茶、备器、备水、温具、赏茶、置茶、冲泡、斟茶、奉茶、品茶、收具几个基本环节，在此基础上可有所增减，但要注意，根据贵州冲泡法，是“不洗茶”的，即第一泡茶汤不舍弃，要品饮。备茶、备器、备水已做介绍，下面依次介绍其余环节。

（1）温具：用沸水烫淋盖碗、公道杯和品茗杯，在清洁茶器的同时提高杯温，以更好地抒发茶性。

（2）赏茶（独饮时，此步骤可省略）：双手持盛茶的赏茶荷，伸向客人，请客人赏茶，同时描述干茶的外形特征。

（3）置茶：用茶匙将茶叶拨入盖碗中。

（4）冲泡：准备沸水，按正确的注水方式、冲泡时间进行冲泡，并将茶汤倒入公道杯中。

（5）斟茶：将茶汤从公道杯分入品茗杯中，低斟七分满。

（6）奉茶（独饮时，此步骤可省略）：将品茗杯置于杯托上，双手端起敬奉给客人。

（7）品茶：一观色，二闻香，三品味，充分感受茶汤的品质。

（8）收具：将使用的茶器收回并及时清洁，若清洁不及时，会出现难以洗净的茶渍、茶垢。

说一说： 普安红的盖碗分杯冲泡程序。

（六）普安红冲泡技能

扫码观看视频，掌握贵州冲泡法冲泡普安红的技能。

贵州冲泡法冲泡普安红

（七）普安红的调饮

很多年轻人不喜欢喝纯茶，喜欢喝调饮茶，如奶茶、柠檬茶等。调饮红茶一直广受欢迎，那么，普安红能不能调饮呢？当然可以。下面介绍 3 个普安红调饮配方。

1. 荔枝玫瑰普安红

配料：普安红 5 克、水 300 毫升、食用玫瑰干花 3 朵、荔枝 10～15 颗。

做法：荔枝去壳，玫瑰干花分离为花瓣，与普安红一起加入水中，煮 10 分钟，可热饮，冷藏后饮用口感更佳。

2. 牛奶普安红

配料：普安红 6 克、水 200 毫升、白砂糖或冰糖适量、牛奶 250 毫升。

做法：将水煮沸，加入普安红，加盖闷泡 5 分钟，加入白砂糖或冰糖后加热溶化，最后加入牛奶。

3. 柠檬普安红

配料：普安红 3 克、水 500 毫升、柠檬 1 个、黄冰糖 30 克。

做法：

（1）将普安红、黄冰糖加入水中煮沸后加盖闷泡 10 分钟，过滤两次茶渣，放凉备用。

（2）柠檬用盐和清水搓洗外皮、切片去籽，放入容器中捣压出汁。

（3）将放凉的茶汤加入盛有柠檬的容器，放入冰箱冷藏后饮用。

练一练： 根据个人喜好制作调饮普安红并做好互评。

四、项目实施

普安红贵州冲泡法冲泡分为准备工作、正式冲泡两个环节。其中准备工作分为备人、备器、备茶、备水 4 个步骤。对照该项目中“项目知识与技能学习”中对知识、技能的要求，完成普安红贵州冲泡式冲泡。

（一）准备工作

1. 备人

工作：对照茶事礼仪要求一一进行检查，如仪容仪表是否整洁得体，桌面是否整洁，是否佩戴了影响泡茶的首饰等。

要求：泡茶者的个人礼仪、常用礼节符合要求。

记录：是否符合茶事礼仪要求。

2. 备器

工作：根据人数和品茗杯容量确定盖碗容量，根据实用性及审美性选择公道杯、品茗杯、茶荷、茶匙、茶巾、茶盂、随手泡等茶器，按照个人使用习惯和茶事礼仪摆放茶器，烫洗茶器。

要求：盖碗容量合适，茶器选择合理，茶器摆放合理，茶器洁净。

记录：人数、品茗杯容量、盖碗容量、所选茶器。

3. 备茶

工作：对照评茶术语描述干茶特点，根据盖碗大小确定备茶量。

要求：明确干茶特点，备茶量合适。

记录：干茶外形特点、备茶量。

4. 备水

工作：按照不同茶叶注水、冲泡要求确定水温、注水方式和冲泡时间，准备符合要求的纯净水，烧水至适宜温度。

要求：水质符合泡茶要求，水温、注水方式及冲泡时间符合茶叶特点。

记录：注水方式、水的品牌。

（二）正式冲泡

工作：按要求完成温具、赏茶、置茶、冲泡、斟茶、奉茶、品茶、收具等环节。

要求：冲泡出的普安红茶汤符合相应等级应有的品质。

记录：汤色特点、香气特点、滋味特点、冲泡频次。

五、项目总结

1. 个人总结

项目	内容
我的学习目标达成度	
我的知识能力学习收获	

续表

项目	内容
我的科学技术学习收获	
我的劳动教育学习收获	
我的茶文化学习收获	

2. 小组总结

（1）哪个同学最专注认真？哪个同学操作技能最熟练？哪个同学最有团队协作精神？

（2）本小组制作的优缺点（知识、技能、协作、意识等方面）有哪些？

3. 教师总结

（1）学生最突出的思政素养发展是什么？

（2）学生最突出的科技、劳动素质发展是什么？

（3）各组的劳动成果是什么？

（4）各组制作的优缺点有哪些？

（5）各组的改进目标是什么？

六、项目总体评价

1. 学习过程评价

姓名：　　　　　　　　　　　　　　　　　　　　　　　　　　小组：

评价维度	评价标准			自评	组评	师评
	一级	二级	三级			
参与程度	积极完成各项作业及讨论活动，主动分担任务，在班级中积极交流、发言	按时完成各项作业，在班级中发言较积极	完成作业不积极，分担任务不主动，不积极交流			
合作情况	积极参与小组讨论，有效地完成自己的任务，通过讨论的方式分享观点和想法，发言积极，内容充实	能够参与小组活动，任务基本明确，但没有很好地完成任务，能围绕一个问题进行讨论，发言较规范	对互动不感兴趣，仅进行简短的交谈，任务不明确，不发言或乱发言			
学习情况	独立思考，自主学习，主动发现问题，提出问题，寻求解决问题的方法	能思考，但不会自主学习，能和小组成员合作发现问题，提出问题	不善于思考，不爱学习，不会发现问题，更不会提出问题			
学习态度	按照学习要求主动学习，帮助他人，宣传积极向上的学习思想	能够按照学习时间完成规定课程，与辅导教师及小组成员沟通少	学习积极性不高，畏难心理严重，以消极言论影响他人			
合理化建议	主动关注学习过程中出现的各类问题，并及时与教师沟通，提出改进意见	关心组员提出的问题，能够参与问题的讨论	只顾自己学习，遇到问题直接寻求帮助，无任何建议			
教师签名		总评				

2. 学习成果评价

姓名：　　　　　　　　　　　　　　　　　　　　　　　　　　　　小组：

<table>
<tr><td>评价项目</td><td colspan="2">评价内容</td><td>自评/分</td><td>组评/分</td><td>师评/分</td></tr>
<tr><td>学习态度</td><td colspan="2">积极主动参与学习，求知欲强，积极投入科技劳动，有工匠精神（20 分）</td><td></td><td></td><td></td></tr>
<tr><td rowspan="2">合作探究</td><td colspan="2">积极参与理论学习、小组讨论、项目实施，协作完成项目（10 分）</td><td></td><td></td><td></td></tr>
<tr><td colspan="2">积极思考操作过程中出现的问题，能提出解决实际问题的建议，规范熟练地完成项目（10 分）</td><td></td><td></td><td></td></tr>
<tr><td rowspan="4">操作技能</td><td colspan="2">计量准确（15 分）</td><td></td><td></td><td></td></tr>
<tr><td colspan="2">动作熟练、操作规范（15 分）</td><td></td><td></td><td></td></tr>
<tr><td colspan="2">熟练完成冲泡（15 分）</td><td></td><td></td><td></td></tr>
<tr><td colspan="2">茶汤外观、口感（15 分）</td><td></td><td></td><td></td></tr>
<tr><td>教师签名</td><td></td><td>总评
（自评分占 40%+组评分占 30%+师评分占 30%）</td><td colspan="3"></td></tr>
</table>

3. 评价记录

姓名	文化知识	技能技术	情感价值	其他	备注

项目九
布依族食物文化传承：褡裢粑制作

思政目标

了解布依族饮食文化和传统手工艺的价值，促进不同民族之间的文化交流和民族团结，进一步铸牢中华民族共同体意识；进一步强化食品卫生和安全意识，养成正确的饮食习惯和健康的生活方式。

科技目标

学习食品制作操作规程，学会对成品进行感官评价，掌握制作工艺和实践技能，学习改进工艺流程，对民族传统食品进行改良和创新。

劳动目标

体验劳动过程，感受劳动带来的成就感和乐趣，进一步树立尊重劳动、尊重劳动人民和劳动成果的意识，形成正确的劳动观；通过实际操作学会褡裢粑的制作流程和技巧，掌握相关的劳动技能，在制作过程中遵守制作规程、按时完成任务，增强动手能力和劳动管理能力。

一、启动学习

扫描观看视频，学习吃褡裢粑撕叶技巧。

吃褡裢粑之撕叶技巧

思考：如何巧妙地撕下褡裢粑的叶子？怎样辨认褡裢粑中用到的食材？

1. 我国多民族的糯米饮食文化

糯米，这种黏性十足的米种在我国的饮食文化中占据了举足轻重的地位，是我国各民族饮食中不可或缺的一部分。我国各民族的糯米食物，都有其独特的风味和文化内涵。

在壮族，有一种叫作“油团”的传统食品，它是用糯米和茶叶炒制而成的，既可当菜又可当饭，兼具营养与美味。

在布依族中，人们善于将糯米制作成糍粑，这是一种类似年糕的食物，既可甜食也可咸食，是节日庆典中的必备佳品。在过去，布依族人出门赶集或走亲访友时，常用褡裢装着糍粑，久而久之，这种糍粑就被称为褡裢粑。它最初是以当地盛产的芭蕉和糯米为主要原料制成的普通糍粑。随着时间的推移，这种食品逐渐演变成了添加红糖、芝麻和花生等作为馅料的甜食版本。这种点心不仅用于祭祀祖先，而且在其他节日、婚丧嫁娶以及走亲访友时也会制作和享用。

五彩糯米饭（图 9-1）是布依族、壮族等许多民族的传统风味小吃。五彩糯米饭不仅是一道美食，还承载着丰富的文化意义。在每年农历三月初三或清明节期间，布依族、壮族人民会普遍制作这道美食，它被视为吉祥如意和五谷丰登的象征。在壮族文化中，五彩糯米饭也与特定的习俗相关联。例如，在孩子满月或乔迁之喜时，主人会制作五彩糯米饭分送给邻里，以示敬意和祝福。总的来说，五彩糯米饭不仅是一道美味的传统食品，还深深植根于我国南方多个民族的文化传统之中，是中华美食多样性的一个缩影。

图 9-1　五彩糯米饭

走进苗族村寨，就会发现酸汤糯米饭的身影，糯米搭配特制的酸汤煮制，酸香扑鼻、口感独特，深受当地人喜爱。

哈尼族则常吃紫米饭，糯米与紫米混合蒸煮，色泽诱人，营养价值高，体现了哈尼族人对食物健康的追求。

不得不提的还有傣族的竹筒饭。将调好味的糯米放入竹筒中，利用竹子的自然香气，在炭火上慢慢烤熟。这样的烹饪方法让糯米饭吸收了竹子的清香，别有一番风味。

此外，拉祜族的扁米也是一种独具特色的糯米食品，它是将半熟的糯米压扁晾干后食用，既便于保存，又能随时取用，非常适合游牧生活。

在我国北方的朝鲜族中，人们喜爱制作打糕，这是由糯米制成的一种传统糕点，通常在节日或特殊场合享用。它的做法多样，既有甜味的红豆打糕，也有咸味的肉松打糕，满足不同口味的需求。

还有汉族的粽子和年糕。粽子是一种在端午节期间食用较多的传统食品，由粽叶包裹糯米和其他馅料蒸制而成。粽子不仅是一种美食，还蕴含着深厚的文化内涵。年糕是春节期间的传统食物，象征着新年的吉祥和甜蜜，年糕的“糕”与“高”谐音，寓意着每年更上一层楼，象征着财富和幸福。

我国是一个多民族的国家，各个民族之间有着丰富的文化交流和融合，糯米饮食文化作为中华民族饮食文化的重要组成部分，承载着深厚的历史文化底蕴和民族特色。这些丰富多彩的糯米食物不仅承载着中国各民族的饮食智慧，也是中华民族多元文化交融的见证，对于铸牢中华民族共同体意识具有重要的意义。它们承载着各民族的历史记忆和文化基因，通过传承和发展饮食文化，可以保护和传承各民族的传统文化，增强民族文化自信。糯米食品的丰富性和多样性体现了中华民族共同体的内涵，通过弘扬糯米饮食文化，可以丰富和发展中华民族共同体的文化内涵，增强中华民族共同体的凝聚力。

2. 布依族褡裢粑

1）传统制作工艺

褡裢粑的传统制作工艺主要包括选米、滤水、蒸制、搅拌、摊皮、包馅等。

2）制作工具与材料

褡裢粑的制作工具主要包括磨米浆的石磨、滤水的筛子、蒸制的甑子、蒸笼、锅等，以及搅拌、摊皮、包馅等使用的锅铲、碗等。制作材料以糯米为主料，同时还需要糖、油等调料以及豆沙、芝麻等馅料。

3）风味与特色

褡裢粑独特的制作工艺使其具有以下风味与特色。

软糯：由于选用优质糯米制作，因此褡裢粑的口感非常软糯，易于咀嚼。

香甜：制作过程中会加入糖等调料，使褡裢粑具有香甜的口味。同时，不同的馅料也会带来不同的口感体验。

营养丰富：糯米含有丰富的蛋白质、脂肪、碳水化合物等营养成分，豆沙等馅料也具有较高的营养价值，因此褡裢粑是一种营养丰富的传统食品。

文化内涵丰富：作为布依族的传统食品，褡裢粑承载着布依族的历史和文化传统，具有重要的文化价值。

4）传承与推广

随着现代生活方式的改变和人们口味的多样化，传统食品逐渐受到冷落。然而，近年来随着人们对传统文化的重视和对地方特色食品的追求，褡裢粑等传统食品逐渐受到更多的关注和推广。

5）当代创新与变革

在保留传统制作工艺的基础上，一些创新和变革也开始出现。例如，一些制作者开始尝试使用其他谷物或添加其他配料来改善褡裢粑的口感和营养价值；同时，一些现代化的制作工具也开始被引入，提高了制作效率和品质。此外，一些企业也开始生产抽真空袋装或速冻的褡裢粑，方便消费者储存这种传统美食。

6）社会影响与文化价值

作为布依族的传统食品，褡裢粑具有重要的社会影响和文化价值。它不仅是布依族人民生活中的重要组成部分，也是布依族文化的重要代表之一。通过品尝和分享褡裢粑这种传统美食，人们可以更深入地了解布依族的历史和文化传统，促进不同民族之间的交流和理解。同时，推广褡裢粑等民族食品也有助于增强人们对民族文化的认同感。

思考：糯米食品对于丰富和发展中华民族共同体意识有什么文化内涵？

二、项目计划

（1）根据制作的人员需要，自主组建 3～6 人小组，明确每人的具体分工（表 9-1）。

表 9-1　人员分工表

角色	姓名	职责
组长		统筹整个制作过程
材料准备员		采购适合制作褡裢粑的各种材料，确保材料的质量和来源
褡裢粑制作员		按照制作流程制作褡裢粑
质量工程师		按照传统工艺要求，检验制作各工艺是否符合标准
品鉴师		根据布依族传统的风格，对褡裢粑的品质及味道给出评价

（2）制订项目流程与时间计划（表 9-2）。

表 9-2　项目流程与时间计划表

环节	时间/分	工作	第一责任人	其他参与者
准备材料	5	将已经准备好的材料从仓库中取出		
褡裢粑制作	50	将材料按照制作流程制成褡裢粑		
蒸煮环节	40	分层放入蒸笼，旺火蒸 40 分钟左右即成		
品鉴环节	5	根据布依族传统的风格，对褡裢粑的品质及味道给出评价		

思考：小组人员分工、项目流程与时间计划是否科学合理？

三、项目知识与技能学习

（一）制作材料

（1）糯米粉（吊浆）：是制作布依族褡裢粑的主要材料，赋予成品独特的口感和质地。在准备糯米粉时，需要注意选择质量好的糯米，并进行充分地浸泡和研磨，以保证糯米粉的细腻度和黏度。

（2）芝麻：在布依族褡裢粑中扮演着重要的角色。它不仅提供了丰富的营养价值，还能增添褡裢粑的香味。芝麻需要经过筛选和处理，以确保其质量和纯度。

（3）花生：布依族褡裢粑的另一种常见配料。在准备花生时，需要注意选择新鲜、无虫蛀的花生，并对其进行适当的处理，如去皮、切碎等。

（4）红糖：制作布依族褡裢粑的重要调料之一。在选择红糖时，应注意其质量和纯度，以确保制作出的褡裢粑味道醇正。

（5）食用油：在制作中起到润滑的作用，它可以使糯米粉更容易搅拌和成型，还可以防粘黏。在选择食用油时，应注意选择质量好、气味醇正的油。

（6）芭蕉叶：不仅是环保、天然的包装材料，还为褡裢粑增添了特殊的风味。在选择芭蕉叶时，应注意其新鲜度和清洁度，以确保制作出的褡裢粑的品质和卫生。

（7）食用色素：用于给布依族褡裢粑上色，使其外观更加美观。在选择食用色素时，应注意其质量和安全性，以确保制作出的褡裢粑符合食品卫生标准。

使用花生、芝麻、红糖制作成的褡裢粑馅料如图 9-2 所示。

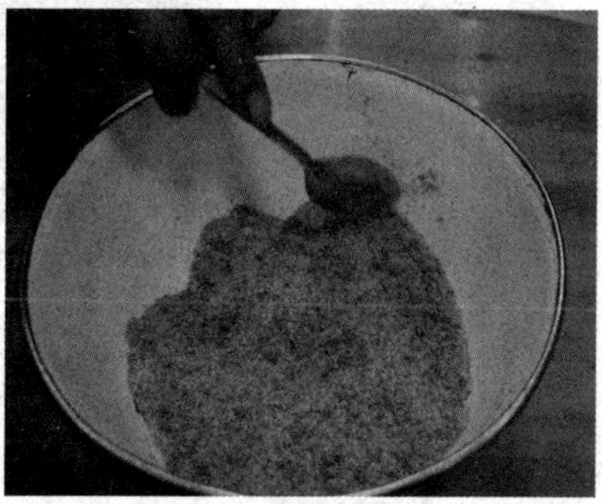

图 9-2　褡裢粑馅料

（二）制作过程

原料：糯米 5 千克，芭蕉或香蕉 60 个，熟芝麻 750 克，红糖 1500 克，白糖 1500 克，猪油 50 克，芭蕉叶（图 9-3）数张。

图 9-3　包裹褡裢粑的芭蕉叶

将糯米用 20℃的温水浸泡 2～3 小时，然后用筲箕沥干水分，再用石磨磨成粉待用。将芭蕉或香蕉去皮，与熟芝麻混合，置石碓中舂成茸状，然后加入红糖、白糖拌和均匀，取其中一半放入糯米粉中搅和成芭蕉面团。取芭蕉叶去梗，切成 20 厘米×40 厘米的长方形，擦洗干净后在里面抹一层薄猪油防粘。取 100 克芭蕉面团揉成饼状，包上 25 克芝麻馅心，压扁后以芭蕉叶一半包裹，另一半再包同样大的一个，两者隔开，分层放入蒸笼，旺火蒸 40 分钟左右即成（图 9-4）。

图 9-4　布依族褡裢粑

制作要点如下：用石磨磨粉时，要求浸泡后的米要晾干一些，以免粘黏成团，若用机器加工，要求亦然；熟芝麻与芭蕉混合舂茸时，先将芝麻舂成粉末再与芭蕉一同舂茸，品质更佳；蒸制时，褡裢粑叠放宜有空隙，确保层与层之间形成蒸汽通道，避免影响褡裢粑的成熟度和口感。

说一说：布依族褡裢粑的准备材料与制作过程。

思考：食品制作中如何保证食品安全？如何形成正确的饮食习惯和健康的生活方式？糯米食物制作中涉及哪些科学原理？

四、项目实施

分组制作褡裢粑。

（一）选择场地

相关要求：干净卫生，注意安全。
具体安排：按照项目计划完成。
施工记录：组长记录组员的操作过程。

（二）褡裢粑制作

1. 备糯米粉或吊浆（也可直接使用购买的糯米粉或吊浆）

传统制作步骤包括选米、筛米、泡米、磨浆、滤水、晾晒等6个步骤。

2. 备叶

布依族褡裢粑使用的是芭蕉叶，芭蕉叶通常较大，而且叶子中间有比较粗硬的茎，使用前需要做以下处理。

（1）洗叶：将叶子展平，取适量清水，使用毛巾擦洗芭蕉叶的正反面，直至表面干净无污物。

（2）擦叶：用干毛巾擦拭叶面表面，使其表面干燥。

（3）裁叶：取芭蕉叶去梗，切成20厘米×40厘米的长方形（注意叶子纹理）。

3. 备馅

（1）配料：芭蕉、红糖、白糖、花生、芝麻、猪油等。
（2）炒料：将花生和芝麻炒熟。
（3）舂料和和料：将芭蕉去皮，与熟芝麻混合，置石碓中舂成茸状，加红糖、白糖拌和均匀即成馅心。

4. 和面

（1）配料：芭蕉、糯米面、红糖、水。
（2）和面：将芭蕉去皮捣茸，加入红糖混合均匀，然后再加入糯米团中充分揉，使其融合在一起。

5. 包制

（1）将适量糯米团放入模具并压实，使其与模具底部充分接触，取适量馅展平放入糯米团的中间位置，再次取同等分量的糯米团覆盖并压实。
（2）摊平叶子，将猪油画圆似的抹在芭蕉叶长边方向的两端（需对称，距边缘约5厘米），并将褡裢粑脱模后直接放在芭蕉叶抹油的位置。
（3）沿着长边方向折芭蕉叶，使其充分包住褡裢粑，并对折。

6. 蒸熟

将包好的褡裢粑从中间翻折，开口向上，有序地放在甑子里，旺火蒸40分钟左右即成。

五、项目总结

1. 个人总结

项目	内容
我的学习目标达成度	
我的知识能力学习收获	
我的科学技术学习收获	
我的劳动教育学习收获	
我的中华民族共同体意识发展收获	

2. 小组总结

（1）哪个同学最专注认真？哪个同学操作技能最熟练？哪个同学最有团队协作精神？
（2）本小组制作的优缺点（知识、技能、协作、意识等方面）有哪些？

3. 教师总结

（1）学生最突出的思政素养发展是什么？

（2）学生最突出的科技、劳动素质发展是什么？

（3）各组的劳动成果是什么？

（4）各组制作的优缺点有哪些？

（5）各组的改进目标是什么？

六、项目总体评价

1. 学习过程评价

姓名： 小组：

评价维度	评价标准			自评	组评	师评
	一级	二级	三级			
参与程度	积极完成各项作业及讨论活动，主动分担任务，在班级中积极交流、发言	按时完成各项作业，在班级中发言较积极	完成作业不积极，分担任务不主动，不积极交流			
合作情况	积极参与小组讨论，有效地完成自己的任务，通过讨论的方式分享观点和想法，发言积极，内容充实	能够参与小组活动，任务基本明确，但没有很好地完成任务，能围绕一个问题进行讨论，发言较规范	对互动不感兴趣，仅进行简短的交谈，任务不明确，不发言或乱发言			
学习情况	独立思考，自主学习，主动发现问题，提出问题，寻求解决问题的方法	能思考，但不会自主学习，能和小组成员合作发现问题，提出问题	不善于思考，不爱学习，不会发现问题，更不会提出问题			
学习态度	按照学习要求主动学习，帮助他人，宣传积极向上的学习思想	能够按照学习时间完成规定课程，与辅导教师及小组成员沟通少	学习积极性不高，畏难心理严重，以消极言论影响他人			
合理化建议	主动关注学习过程中出现的各类问题，并及时与教师沟通，提出改进意见	关心组员提出的问题，能够参与问题的讨论	只顾自己学习，遇到问题直接寻求帮助，无任何建议			
教师签名		总评				

2. 学习成果评价

姓名： 小组：

评价项目	评价内容		自评/分	组评/分	师评/分
学习态度	积极主动参与学习，有进取心，学习兴趣浓厚，求知欲强（20 分）				
合作探究	积极参与讨论，能与同学互帮互助，共同学习，相互促进（10 分）				
	积极思考问题，能提出创造性解决问题的方法、方案（10 分）				
操作技能	工具准备的掌握（15 分）				
	操作熟练度（15 分）				
	制作方法的掌握（15 分）				
	火候的掌握（15 分）				
教师签名		总评 （自评分占 40%+组评分占 30%+师评分占 30%）			

3. 评价记录

姓名	文化知识	技能技术	情感价值	其他	备注

模块三
工业生产劳动

项目十
中国工匠精神传承：桥梁模型制作

思政目标

了解中国在桥梁建设方面的悠久历史和杰出贡献，体会中国的科技实力和创新精神，从而增强民族自豪感，铸牢中华民族共同体意识；在学习制作桥梁模型过程中，了解科学技术在社会发展中的重要作用，进一步提升科学素养、探索精神和环保意识。

科技目标

了解桥梁的分类和基本结构，了解桥梁设计、建造中所涉及的基本力学知识；在应用桥梁力学原理制作桥梁模型的过程中，对科学技术在实际生活中的重要性有更深入的认识，激发对科学技术的兴趣和探索精神。

劳动目标

体验劳动过程，感受劳动带来的成就感和乐趣，进一步理解劳动、尊重劳动，形成尊重劳动人民和劳动成果的意识；通过亲手搭设桥梁的实践操作，锻炼动手能力，提升实践操作技能；通过共同制作桥梁模型培养团队合作意识，进一步提升协作能力，增强面对困难耐心细致、集思广益来解决问题的能力，弘扬精益求精的工匠精神。

一、启动学习

1. 我国桥梁的现状

中华人民共和国交通运输部 2024 年 6 月发布的《2023 年交通运输行业发展统计公报》显示，截至 2023 年年末，全国公路桥梁达 107.93 万座。我国已成为世界第一桥梁大国，并且建成了一大批世界级的重大桥梁。中国已建成了以苏通大桥、天兴洲大桥为代表的一批大跨径斜拉桥，以西堠门大桥、泰州大桥为代表的一批大跨径悬索桥，以及以重庆长江大桥（又称石板坡长江大桥）复线桥为代表的大跨径梁桥。

贵州紧跟国家发展的脚步，建造了一座座著名的桥梁。贵州有 3 万多座桥梁，其中公路桥梁有 2 万多座，以从水面到桥面距离为标准，目前建成高度排名世界前十的桥梁，贵州有 4 座；排名前 100 的桥梁，贵州有近一半。

2. 桥梁的基本组成和分类

概括来说，桥梁一般由上部结构、下部结构、支座和附属设施等几部分组成。上部结构是在路线中断时跨越障碍的主要承重结构，是桥梁支座以上跨越桥孔部分的总称。下部结构包括桥墩、桥台和基础。桥墩和桥台是支承上部结构并将其传来的恒载和车辆等活载传至基础的结构物。桥墩和桥台底部的奠基部分称为基础，它承担了从桥墩和桥台传来的全部荷载，是确保桥梁能安全使用的关键。支座是设置在桥墩或桥台顶部，用来支承上部结构的传力装置，它不仅要传递很大的荷载，而且要保证桥跨结构能产生一定的变位。附属设施包括桥面系、伸缩缝、桥头搭板、锥形护坡等。

按受力体系，桥梁有梁、拱、索三大基本体系，其中梁桥以受弯为主，拱桥以受压为主，悬索桥以受拉为主。

梁桥是一种在竖向荷载作用下无水平反力的结构。由于外力（恒载和活载）的作用方向与承重结构的轴线接近垂直，故与同样跨径的其他结构体系相比，梁内产生的弯矩最大，通常需用抗弯能力强的材料（钢、木、钢筋混凝土等）来建造。

拱桥的主要承重结构是拱圈或拱肋。在竖向荷载作用下，这种结构的桥墩或桥台将承受水平推力。同时，这种水平推力将显著抵消荷载所引起的拱圈（或拱肋）内的弯矩作用。因此，与同跨径的梁相比，拱的弯矩和变形要小得多。鉴于拱式桥的承重结构以受压为主，通常可用抗压能力强的材料（如砖、石、混凝土和钢筋混凝土等）来建造。

悬索桥也称吊桥，是用悬挂在塔架上的强大缆索作为主要承重结构。在竖向荷载作用下，通过吊杆使缆索承受很大的拉力，缆索锚在悬索桥两端的锚碇结构中，依靠锚碇结构或者天然完整的岩体来承受水平拉力，悬索桥也是具有水平反力（拉力）的结构。

桥梁按用途可以分为公路桥、铁路桥、公铁两用桥、人行桥等，按桥梁全长和跨径可以分为特大桥、大桥、中桥、小桥和涵洞，按上部结构的平面位置可以分为上承式桥、中承式桥、下承式桥。

3. 乌蒙山大桥

2024 年 1 月 11 日，世界首座大跨度装配化钢桁腹杆-混凝土组合拱桥——乌蒙山大桥右幅主拱圈实现合龙。

乌蒙山大桥位于贵州省六盘水市六枝特区中寨乡，是纳晴高速公路（纳雍至晴隆）的控制性工程之一，也是重难点工程之一，大桥左幅全长 491.5 米，右幅全长 511.5 米，主桥为跨径 270 米钢桁腹杆-混凝土组合拱桥。

目前，高速公路拱桥常用的形式有钢管拱、劲性骨架外包混凝土拱等，其中钢管拱造价、运维成本高昂，劲性骨架外包混凝土拱工艺复杂、施工难度大，空中混凝土浇筑质量难以保证。因此，研发一种经济性好、施工简便的新型拱桥结构成为大桥建设者们急需攻克的难题。经大桥建设、设计、施工等多家单位联合调研，最终拟定采用钢桁腹杆-混凝土组合拱的新型结构，该结构是在劲性骨架外包混凝土拱的基础上，采用钢桁腹杆替代混凝土腹板，可使主拱圈自重减少 30%～40%、拱座工程量减少约 1/3，整个大桥的建设成本可以节约 1000 万元左右。由于主拱圈重量减少，乌蒙山大桥主拱圈创造性采用节段预制吊装施工技术，创新性使用自主研发的大节段拱肋预制拼装技术和大吨位无塔架可横移式缆索吊装系统，在提高施工效率、减少高空作业风险的同时，大大降低了施工成本。

在施工过程中，项目建设团队积极开展绿色建造新技术的应用与创新，通过科学的管理和先进的技术，最大限度地节约资源，减少对周边自然环境的影响。将钢与混凝土组合结构应用技术、液压爬升模板技术、钢结构虚拟预拼装技术、施工与扬尘控制技术等应用于其中。

该桥建成后对于贵州省公路干线骨架路网结构的完善，贵州省交通运输格局的改善，促进西南地区旅游事业和社会、经济的发展等方面具有十分重要的意义。

4. 风雨桥

风雨桥在建筑史上被称为廊桥或楼桥，又称花桥、福桥，流行于湖南、湖北、贵州、广西等地，其自下而上分为桥墩、桥跨和亭廊。桥墩由青条石垒砌而成，内用料石填充，墩形通常为六棱柱的橄榄形，上下游均为锐角，以减少洪水的冲击力，坚固耐用。桥跨和亭廊以杉木作为主要建筑材料，以榫衔接。一般规模的桥面设一层廊屋，桥面铺板，两旁设座椅，椅背即为桥的栏杆。桥廊的屋顶千姿百态，桥廊有长廊式、天窗长廊式、亭廊式等，既为过往行人遮风避雨、临时休憩提供方便，同时也可保护整个桥面免受雨水侵蚀。

地处黔东南苗族侗族自治州黎平县地坪镇的地坪风雨桥是全国重点文物保护单位，始建于清光绪八年（公元 1882 年）。该桥长 57.61 米，宽 5.2 米，高 7 米，桥中有楼，楼中设廊，廊中有画，青瓦覆盖。壁板穿枋上的人物彩画、卷草花纹等图案，记载着侗族人民生活习俗和英雄传说等内容。

肇兴鼓楼风雨桥位于黔东南苗族侗族自治州黎平县肇兴镇。2002 年，肇兴鼓楼风雨桥被载入吉尼斯世界纪录。2006 年 6 月 6 日，肇兴鼓楼风雨桥被贵州省人民政府公布为第四批省级文物保护单位。

说一说：简述贵州其他世界级的桥梁。

二、项目计划

（1）根据制作的人员需要，自主组建 3～6 人小组，明确每人的具体分工（表 10-1）。

表 10-1　人员分工表

角色	姓名	职责
组长		统筹整个制作过程，对各参与者的工作进行分工、调整、督促
结构设计工程师		负责结构设计工作
材料工程师		根据结构设计方案选定材料，对各材料配件进行加工、修整
模型安装工程师		负责材料拼接、组装、调试
作品汇报推广师		写作品文案，突出亮点

（2）制订项目流程与时间计划（表 10-2）。

表 10-2　项目流程与时间计划表

环节	时间/分	工作	第一责任人	其他参与者
结构设计	20	设计结构，组织、调试配件		
材料准备	30	将已经准备好的材料取出，对各材料配件进行加工、修整		
模型制作	20	材料拼接、组装、调试		
作品汇报	20	写作品文案，突出亮点		

思考：小组人员分工、项目流程与时间计划是否科学合理？

三、项目知识与技能学习

斜拉桥又称斜张桥，是将主梁用许多拉索直接拉在桥塔上的一种桥梁，主要由斜拉索、主梁、索塔、桥墩和基础五部分组成，如图 10-1 所示，有时在边跨还设置辅助墩。一般情况下，斜拉桥的传力路径为：荷载→主梁→斜拉索→索塔→桥墩→基础。

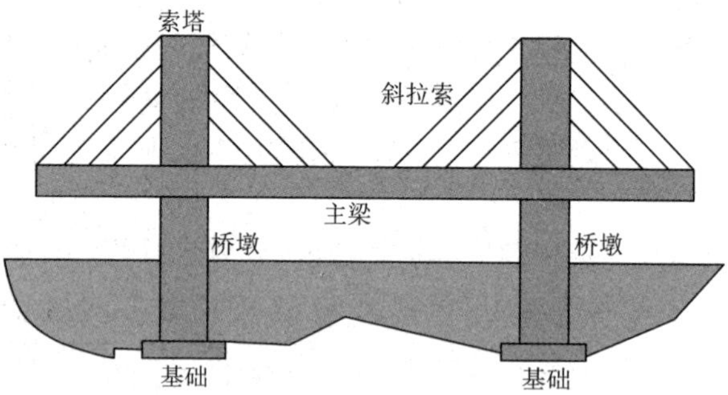

图 10-1　斜拉桥组成

斜拉桥承受的主要荷载并非它上面的汽车或者火车，而是其主梁自重。用一个索塔来分析，假设索塔两侧只有两根对称的斜拉索，索塔左右的桥体以索塔为轴心轴对称布置，主梁通过斜拉索与索塔连接在一起。主梁将自身受到的荷载以及自身的重力传递给这两根斜拉索，这两根斜拉索会对索塔产生两个对称的拉力 F_1 和 F_2，这两个力的合力竖直向下，沿着索塔传给索塔下的桥墩，桥墩又将力传递给基础，如图 10-2 所示。

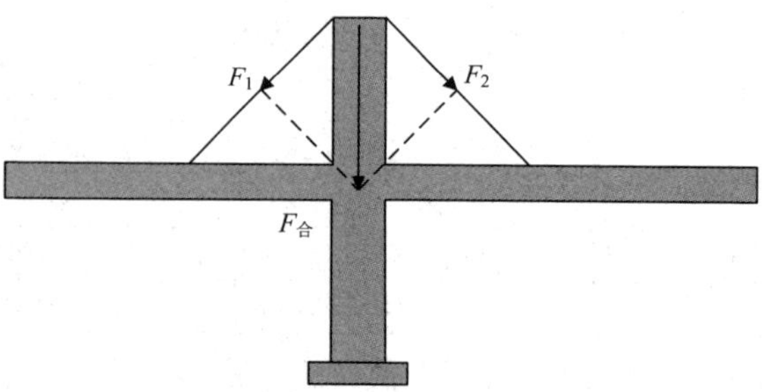

图 10-2　斜拉桥索塔受力（1）

斜拉索数量再多，道理也是一样的。主梁由斜拉索支承，像弹性支承连续梁那样工作，由于斜拉索的作用，加劲梁恒载弯矩很小，使得斜拉桥的跨越能力变大，如图 10-3 所示。

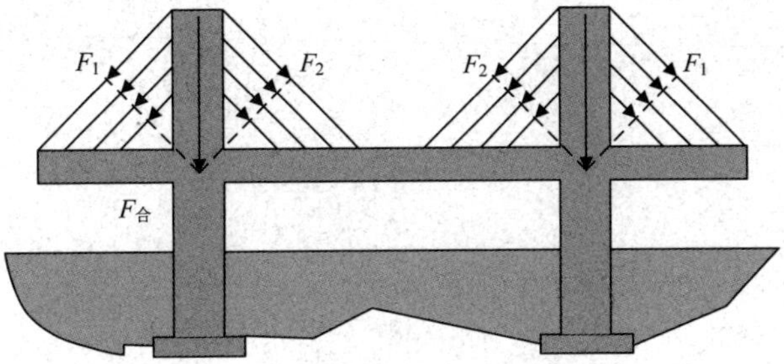

图 10-3　斜拉桥索塔受力（2）

说一说：简述斜拉桥的传力路径。

四、项目实施

采用 3～6 人小组讨论、实践形式制作斜拉桥模型。

斜拉桥模型制作材料和工具包括桥板、长方柱、棉线、短方柱、胶水、羊角圈，见图 10-4。

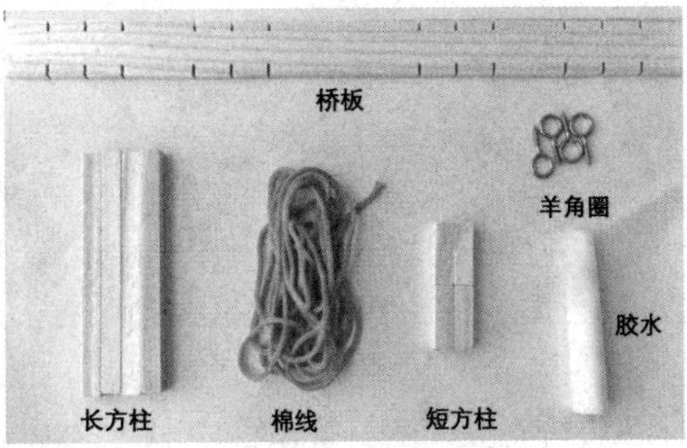

图 10-4　斜拉桥模型制作材料和工具

第一步：将羊角圈拧进长方柱的孔内，见图 10-5。

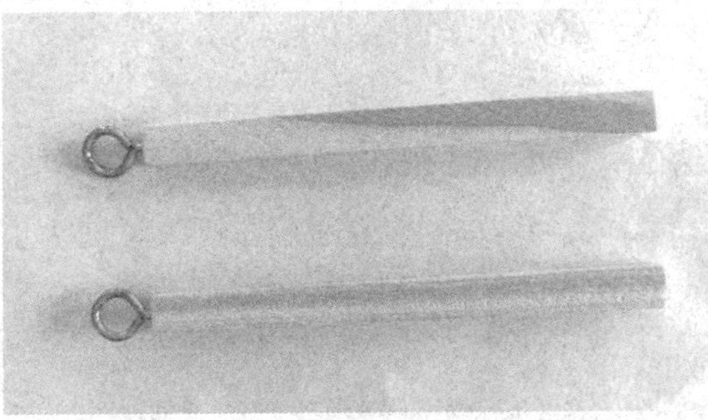

图 10-5　将羊角圈拧进长方柱的孔内

第二步：用胶水固定短方柱和长方柱，见图 10-6。

图 10-6　用胶水固定短方柱和长方柱

第三步：按照同样的方式再做一个索塔，见图 10-7。

图 10-7　共做两个索塔

第四步：用胶水将索塔粘贴在桥板两侧第三对、第四对线槽中间位置，见图 10-8。

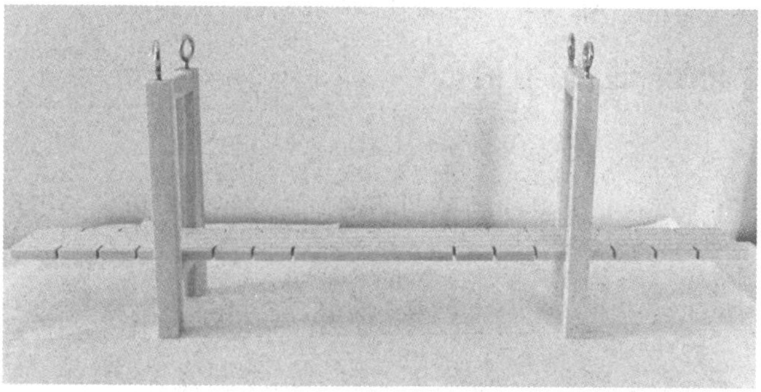

图 10-8　用胶水固定索塔和桥板

第五步：将斜拉线嵌入桥板两侧的线槽内，打结后剪去多余部分，见图 10-9。

图 10-9　安装斜拉线

第六步：安装好另一侧，一座斜拉桥建造完成，如图 10-10 所示。

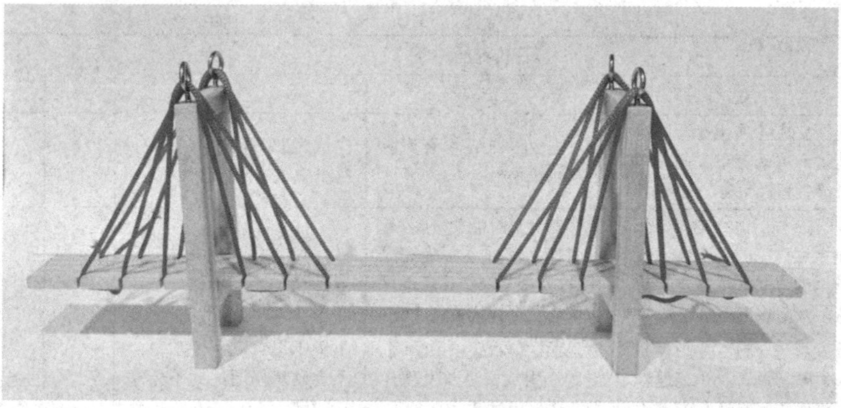

图 10-10　斜拉桥模型成品

第七步：展示做好的斜拉桥。

思考：斜拉桥制作中涉及哪些科学原理？

五、项目总结

1. 个人总结

项目	内容
我的学习目标达成度	
我的知识能力学习收获	
我的科学技术学习收获	
我的劳动教育学习收获	
我的工匠精神学习收获	

2. 小组总结

(1) 哪个同学最专注认真？哪个同学操作技能最熟练？哪个同学最有团队协作精神？
(2) 本小组制作的优缺点（知识、技能、协作、意识等方面）有哪些？

3. 教师总结

(1) 学生最突出的思政素养发展是什么？
(2) 学生最突出的科技、劳动素质发展是什么？
(3) 各组的劳动成果是什么？
(4) 各组制作的优缺点有哪些？
(5) 各组的改进目标是什么？

六、项目总体评价

1. 学习过程评价

姓名： 小组：

评价维度	评价标准			自评	组评	师评
	一级	二级	三级			
参与程度	积极完成各项作业及讨论活动，主动分担任务，在班级中积极交流、发言	按时完成各项作业，在班级中发言较积极	完成作业不积极，分担任务不主动，不积极交流			
合作情况	积极参与小组讨论，有效地完成自己的任务，通过讨论的方式分享观点和想法，发言积极，内容充实	能够参与小组活动，任务基本明确，但没有很好地完成任务，能围绕一个问题进行讨论，发言较规范	对互动不感兴趣，仅进行简短的交谈，任务不明确，不发言或乱发言			
学习情况	独立思考，自主学习，主动发现问题，提出问题，寻求解决问题的方法	能思考，但不会自主学习，能和小组成员合作发现问题，提出问题	不善于思考，不爱学习，不会发现问题，更不会提出问题			
学习态度	按照学习要求主动学习，帮助他人，宣传积极向上的学习思想	能够按照学习时间完成规定课程，与辅导教师及小组成员沟通少	学习积极性不高，畏难心理严重，以消极言论影响他人			
合理化建议	主动关注学习过程中出现的各类问题，并及时与教师沟通，提出改进意见	关心组员提出的问题，能够参与问题的讨论	只顾自己学习，遇到问题直接寻求帮助，无任何建议			
教师签名		总评				

2. 学习成果评价

姓名： 小组：

评价项目	评价内容	自评/分	组评/分	师评/分
学习态度	积极主动参与学习，求知欲强，有工匠精神（20分）			
合作探究	积极参与项目小组讨论，能与同学协作施工（10分）			
	积极思考问题，能提出创新性解决方案（10分）			

续表

评价项目	评价内容		自评/分	组评/分	师评/分
操作技能	制作熟练度（20 分）				
	技法应用（20 分）				
	作品的美观度、牢固度（20 分）				
教师签名		总评 （自评分占 30%+组评分占 30%+师评分占 40%）			

3. 评价记录

姓名	文化知识	技能技术	情感价值	其他	备注

项目十一
中国传统建筑文化传承：榫卯结构与吊脚楼模型制作

思政目标

培养中华民族普遍具有的“共同创造灿烂文化”意识，通过了解我国建筑蕴含的古典智慧，培养爱国情怀。

科技目标

系统认知干栏式、吊脚楼建筑，发现并分析其共性和特性；了解我国古代吊脚楼建筑历经千年仍屹立不倒的原因；了解榫卯框架结构的柔性、均衡性和整体性，以及在外力作用下缓解受力、增强稳定性的原理；培养科学探究精神和创新创造思维，提高科学素养。

劳动目标

通过分工合作，精益求精地完成榫卯结构木作制作及布依族吊脚楼搭建；感受劳动带来的成就感，提高实践技能、创造能力和劳动素养；发展劳动精神、工匠精神；提升合作意识和团队精神；树立尊重劳动、崇尚劳动、热爱劳动、劳动最美的劳动观。

一、启动学习

1. 中国的干栏式建筑

干栏式建筑是中国长江以南地区新石器时代以来的重要建筑形式之一，最早在浙江余姚的河姆渡遗址中被发现。这种建筑形式的主要功能是使房子与地面隔离，以达到防潮效果。此外，它还能有效地利用空间，实现一房多用的功能。

在原始社会，长江流域的多水地区逐渐发展形成了干栏式建筑。例如，在河姆渡发现的木构建筑遗迹是我国已知的最早采用榫卯技术构筑木结构房屋的实例，其中的榫卯结构展示了长江下游地区木作技术的突出成就，标志着建筑形式已完成从巢居发展序列向干栏式建筑的过渡。在黄河流域，穴居逐渐发展为木骨泥墙建筑，如西安半坡遗址的半地穴式房屋。

原始的干栏式建筑主要采用榫卯与企口连接木材的方法，这成为后来中国建筑的主要特点。

总的来说，干栏式建筑是中国南方地区的一种重要传统建筑形式，它不仅反映了古人对环境的适应和创新，还蕴含了丰富的文化和技术内涵。

2. 其他国家的干栏式建筑

在东南亚地区，如泰国和印度尼西亚等国家，可以看到干栏式建筑的演变和发展。其中，印度尼西亚的巴厘岛更是以其特色的干栏式建筑——巴厘岛的别墅而闻名于世。这些别墅不仅保留了传统的干栏式建筑特点，如高架、开放的空间设计等，同时也融入了现代的建筑元素和设计理念。

在南美洲的秘鲁，干栏式建筑又呈现出不同的特色。秘鲁安第斯山脉地区的民居由木材搭建而成，下层用于养牲畜和存放杂物，上层则是人们的居住空间，这不仅解决了因山区地形陡峭、地势不平而不便建造房屋的问题，同时也为居民提供了与自然环境和谐共生的可能。

总的来说，干栏式建筑作为一种古老且富有地域特色的建筑形式，在全球各地都有存在和发展。无论是在中国的河姆渡遗址，还是在印度尼西亚的巴厘岛，都能看到人们对环境适应的智慧和对传统文化的坚守。

思考：干栏式建筑的主要特点是什么？

二、项目计划

（1）根据项目内容，自由组建3～6人小组，明确每人的具体分工（表11-1）。

表11-1　人员分工表

角色	姓名	职责
组长		负责小组统筹协调
工匠1		设计图纸
工匠2		木材开槽、打孔加工
工匠3		木材打磨、上蜡
工匠4		木材拼接、安装

（2）制订项目流程与时间计划（表11-2）。

表11-2　项目流程与时间计划表

环节	时间/分	工作	第一责任人	其他参与者
1	5	准备榫卯木作材料和工具		
2	30	榫卯鲁班锁制作		
3	35	榫卯燕尾榫制作		
4	20	布依族干栏式模型搭建		

思考：小组人员分工、项目流程与时间计划是否科学合理？

三、项目知识与技能学习

（一）贵州省布依族的干栏式建筑——吊脚楼

布依族主要分布在贵州、云南、四川等地，其中贵州省的布依族人口最多，占全国布依族人口的97%，主要聚居在黔南布依族苗族自治州和黔西南布依族苗族自治州。

贵州地势起伏较大，降雨量充沛，气候温暖湿润。高低起伏的地势让地面建楼无法充分利用空间，不利于“人多地少”的生存环境；丰沛的降水滋养了茂盛的植物和多样的生物，让地面建楼的居住安全性无法保证；温暖湿润的气候让地面建楼无法满足干燥、通风的居住条件，不适宜人类居住。贵州具有“天无三日晴、地无三尺平”的气候与地形特点，多水雨，河流分布密集，空气和地层湿度大。一方水土养一方人，一方人建一方房屋，地方文化在当地民居上体现得淋漓尽致。

布依族充分利用自然环境，依山而居、顺势而建，聚而成寨，其建筑结构和造型、建造技术和工艺与众不同，呈现出与山水相融合的独特建筑风格，因地制宜，成功建造出了符合当地生活环境的干栏式建筑——吊脚楼（图 11-1）。

图 11-1　布依族吊脚楼外观（布依民俗兴义陈列馆）

干栏式建筑是布依族传统建筑形式。吊脚楼独特的上、中、下三层木质结构，不仅提高了房屋的空间利用率，还具备坚固耐久的特点。其中，底层（第一层）因其不满足宜居房屋的条件，多用于放置闲杂物品或牲畜畜养；中层（第二层）因其干燥防潮的特点，多定为居所；顶层（第三层）因其宽敞通风的特点，多用于储存粮食。

吊脚楼的规模三间或五间不一，组成一字形排列，但互不鳞迭含接，建筑形式有单吊式、双吊式或二屋吊式等多种，一些村寨受外来建筑的影响，出现了四合式、多合式的变化，但整体结构、悬空风格不变。

布依族的吊脚楼，同其他民族的传统民宅一样璀璨，具有独特的民族风格和显著的文化特色。随着农村社会的发展，在新农村建设中，应对吊脚楼这种民宅加以保护和传承，使它具有更加灿烂的明天。

思考：为什么布依族要建吊脚楼？布依族吊脚楼的优点有哪些？

（二）榫卯结构

吊脚楼的建造过程既简单又复杂。简单在于主体结构为一排排框架，直接连接即可；复杂在于对材料的规格、不同的结构形式有不同的要求，如不同的榫卯连接（图 11-2

和图 11-3）。布依族吊脚楼作为中国传统的木建筑，其修建不用一钉一铁，全靠榫卯契合。榫卯结构建造在建造工艺上一般采用穿斗式，由立柱、横梁、顺檩等主要构件建造而成，内部采用木板平缝装修。各个构件之间的结点以榫卯相吻合，构成富有弹性的框架。

图 11-2　吊脚楼梁的榫卯结构

图 11-3　吊脚楼柱的榫卯结构

榫卯是在两个木构件上所采用的凹凸部位相结合的一种连接方式。凸出部分叫榫（或榫头），凹进部分叫卯（或榫眼、榫槽），榫和卯咬合，起到连接作用。榫卯结构应用于房屋建筑后，虽然每个构件都比较单薄，但是整体上却能承受巨大的压力。这种结构不在于个体的强大，而是互相结合、互相支撑，从而支撑起整个房屋的荷载，保证其安全性和稳定性。

四、项目实施

采用 3～6 人小组讨论、实践形式，从制作榫卯鲁班锁、制作榫卯燕尾榫、搭建布依族吊脚楼模型三个项目中任选其一或其二进行项目实施。

需要准备的材料和工具如图 11-4 所示。

图 11-4　榫卯木作材料和工具

制作材料：原木条（100 毫米×20 毫米×20 毫米）、木板（120 毫米×70 毫米×12 毫米）。

固定工具：台钳。

测量画线工具：铝合金曲尺（俗称拐尺）、燕尾榫划线规、铅笔。

锯切工具：手锯（255 毫米×75 毫米）。

修坯工具：木工凿（10 毫米、20 毫米、24 毫米、32 毫米）、木锉刀、打磨砂纸、抛光海绵砂纸（60 目、100 目、180 目）、小锤子。

其他辅助工具：木用蜂蜡（木蜡油）、纤维毛巾或纤维海绵。

防护工具（图 11-5）：防割手套（一副）、防尘围裙、防尘口罩、护目镜。

图 11-5　防护工具

1. 榫卯鲁班锁制作

第一步：根据鲁班锁设计图（图 11-6）确定鲁班锁尺寸，准备原木条（100 毫米×20 毫米×20 毫米）6 根。

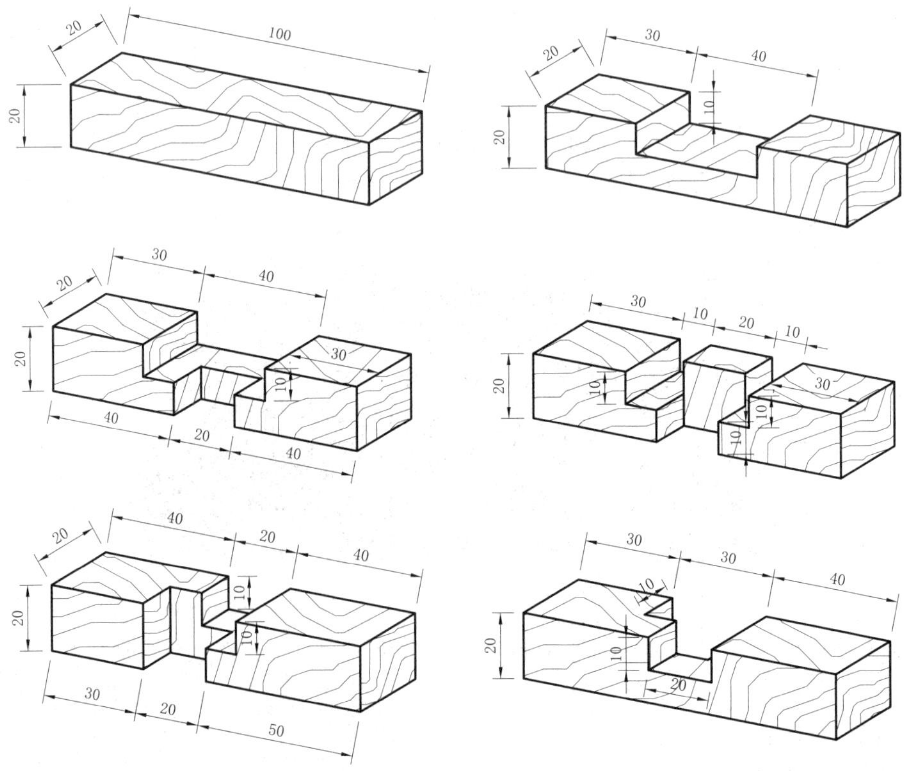

图 11-6　鲁班锁设计图（单位：毫米）

第二步：标记好木条顺序 1～6，把需要制作裁剪的部位根据图纸在单个木条上用铅笔和铝合金拐尺画出，如图 11-7 所示，需要裁掉的部分用阴影表示。

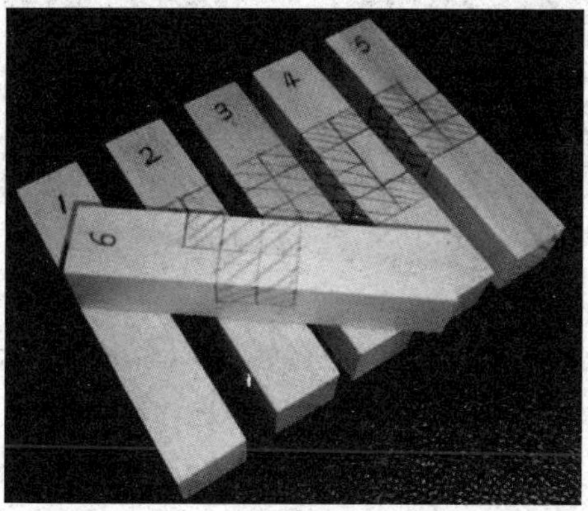

鲁班锁木材标记

图 11-7　鲁班锁木材标记

第三步：用台钳在平整桌面上固定单个木条，将画好的斜线阴影部分用木工凿开口，再用手锯锯掉。因为木工凿是利用敲击进行打坯，手推修坯，而锯子一般以推拉方式切断木质纤维，所以需要固定木材才能顺利完成加工。具体方法见图 11-8。

图 11-8　鲁班锁木材固定及加工

第四步：利用木锉刀对锯好的单个榫卯结构进行修形。木锉刀使用方式一般是左手捏住或按压锉刀顶端，右手握锉柄，两手端平，来回拉动，对木材的边角进行修型、磨平、倒圆角处理。锉刀的平面用于修整木材平面和凸起的面，弧形面用于修整木材凹面。

第五步：用打磨砂纸对单个榫卯结构进行外观打磨，打磨时把砂纸对折或对折多层方便打磨，使榫卯单件光滑，便于拼装，如图 11-9 所示。

图 11-9 鲁班锁木材打磨

第六步：用海绵蘸取适量木用蜂蜡，顺着木纹反复打蜡后静置 1 小时，再用纤维毛巾顺着木纹擦拭抛光，通风干燥，待木用蜂蜡完全干透即可拼装（使用木用蜂蜡主要是预防干裂、淡化划痕、滋润保养、防潮防霉，使榫卯构件耐磨防刮）。

第七步：将制作好的榫卯构件进行组装并固定，如图 11-10 所示。

图 11-10 鲁班锁组装及成品展示

2. 榫卯燕尾榫制作

燕尾榫制作：两块平板直角相接，为防止受拉力时脱开，榫头做成梯台形，形如燕尾。燕尾是“万榫之母”。用燕尾相错的方式连接两块平板直角木材，可以确保在垂直方向上连接牢固有力，这一木作结构方式名为“燕尾结构”。无论是大木作的房屋升斗结构，还是小木作家具挂销串销，抑或是抽屉箱柜的明扣暗扣，都运用了燕尾结构的力学原理。

第一步：根据燕尾榫设计图（图 11-11）确定燕尾榫尺寸，准备木条（120 毫米×70 毫米×12 毫米）2 块。

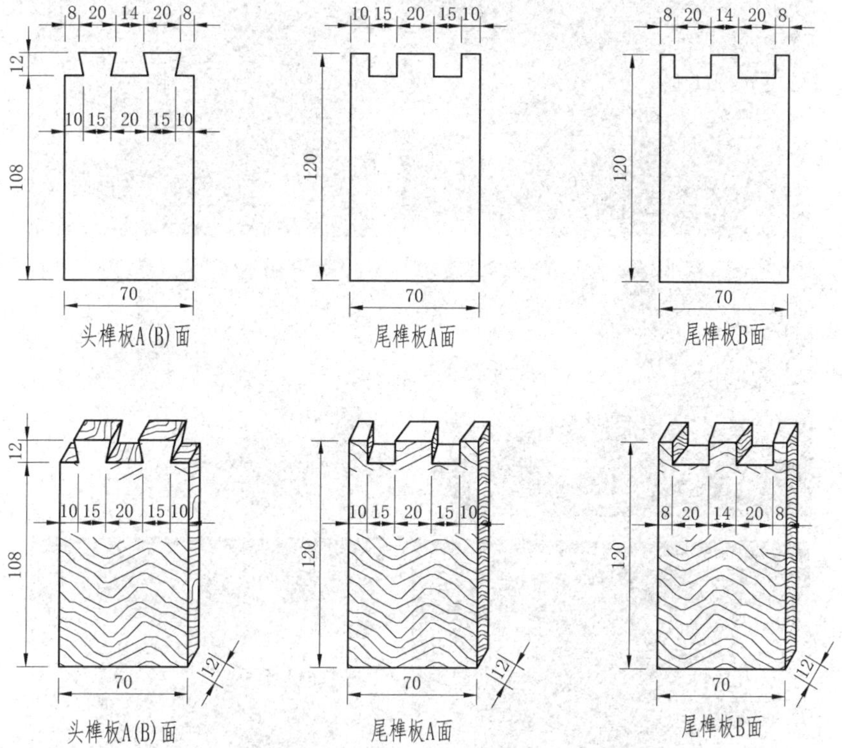

图 11-11　榫卯燕尾榫设计图（单位：毫米）

第二步：根据图纸制作需要裁剪的部位，在头榫板上用铅笔和画线规画出燕尾榫的形状，需要裁掉的部分用画“×”来表示，如图 11-12 所示。

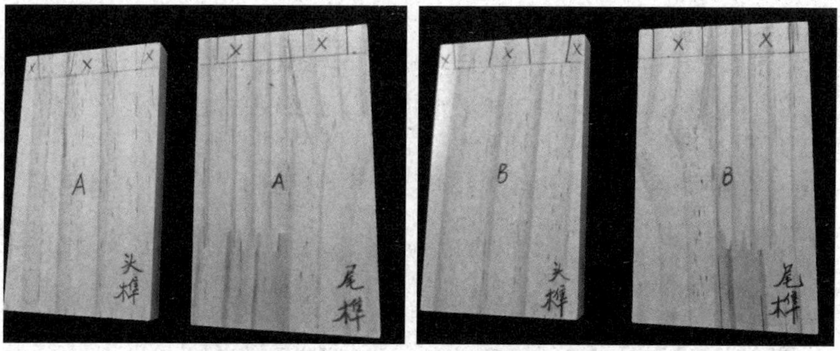

图 11-12　燕尾榫 A、B 面木材标记

第三步：用台钳在平整桌面固定头榫板，将木板上画“×”部分用木工凿开口，用凿子剔除头榫间的废料，凿子凿体宽度要小于废料的窄端，每次凿体应垂直于头榫板表面。这步难度不大，关键是要有耐心，每次先凿削剔除一薄层木料，再用手锯锯掉多余木料，如图 11-13 所示。

图 11-13　燕尾榫木材固定及加工

第四步：用打磨砂纸对单个榫卯构件进行外观打磨，使榫卯单件光滑，便于拼装。

第五步：用海绵蘸取适量木用蜂蜡，顺着木纹反复打蜡后静置 1 小时，再用纤维毛巾顺着木纹擦拭抛光，通风干燥，待木用蜂蜡完全干透即可拼装。为保证燕尾榫结合足够紧密，安装时需要敲击木板，如果安装燕尾榫时需要很大力气才能安装到位，表明燕尾榫可能太紧了，需要进行修整后再组装。

第六步：将制作好的燕尾榫构件进行组装，并使其稳固，如图 11-14 所示。

图 11-14　燕尾榫组装及成品展示

3. 布依族吊脚楼模型搭建

第一步：制作设计图。

根据自己前期对吊脚楼的认知与理解，利用手绘或计算机绘图等方式制作布依族吊脚楼设计图。

第二步：吊脚楼搭建原材料、用具准备。

原木棍、木枋若干；手套 1 副；木槌 2 个；钢尺 1 个；A4 纸、铅笔 1 份；打磨砂纸 1 张；木工刨 1 个；胶水 1 瓶；开槽机 1 台；小刀 1 把。

第三步：立柱（中柱、跨柱）裁剪、开榫、修整、打磨。

裁剪、开榫：按照设计图尺寸，用开槽机对中柱、跨柱进行不同程度的裁剪、开榫。根据设计图，3 号中柱高度为 30 厘米，1 号、5 号中柱高度为 22 厘米，2 号、4 号中柱高度为 25 厘米，跨柱长度为 5 厘米，开槽深度为 30 毫米，如图 11-15 所示。

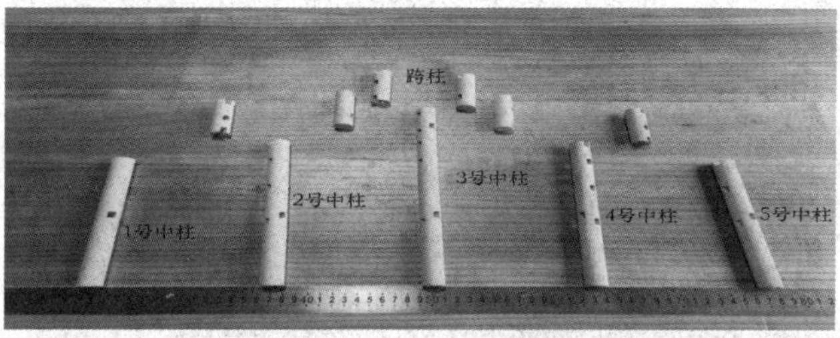

图 11-15　裁剪、开榫不同立柱

修整、打磨：用小刀对立柱榫眼不平整部分进行修整（图 11-16）；用打磨砂纸进一步对立柱翘曲、毛刺、凹凸不平的地方进行打磨，使其光滑平整。

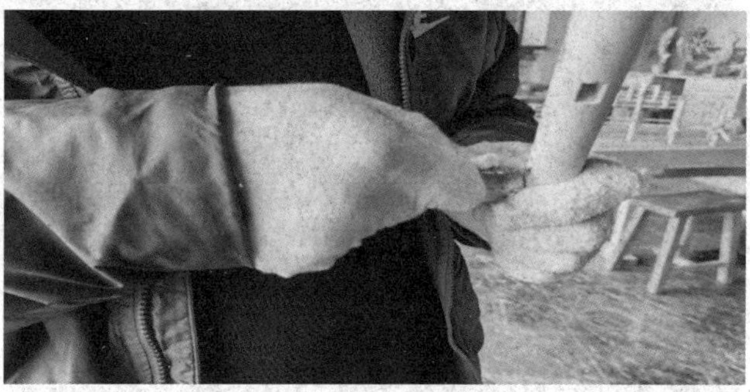

图 11-16　修整立柱榫眼

第四步：木枋裁剪、打磨。

裁剪：按照设计图尺寸，用开槽机对不同用途的木枋进行裁剪、开榫。例如，在本次设计图中，5 条跨柱间木枋的长度从上到下（1～5）依次为 15 厘米、20 厘米、20 厘米、32 厘米、32 厘米，立柱间木枋的长度（6～7）分别为 60 厘米、75 厘米（图 11-17）。

打磨：用打磨砂纸打磨木枋毛刺、凹凸不平的地方，如图 11-18 所示。

第五步：穿枋、架檩。

按照设计图纸，对已处理过的立柱与木枋进行逐一拼接，如图 11-19 中的①～④所示。拼接过程中需用木槌整体移动已经拼接完成的部分，不可用手单独移动木枋，避免因人为施力不当造成损坏。

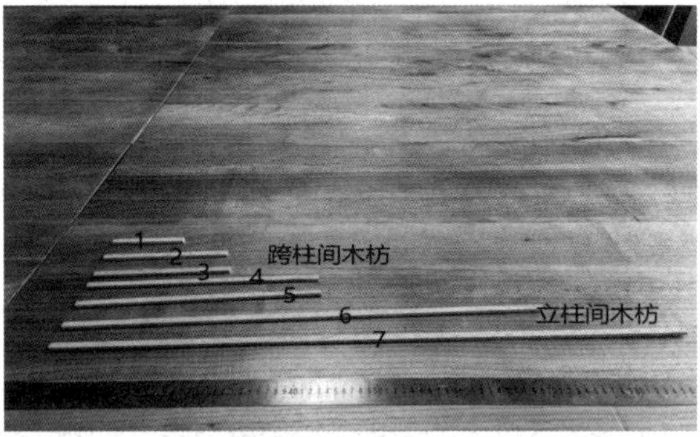

图 11-17　裁剪木枋

图 11-18　打磨木枋

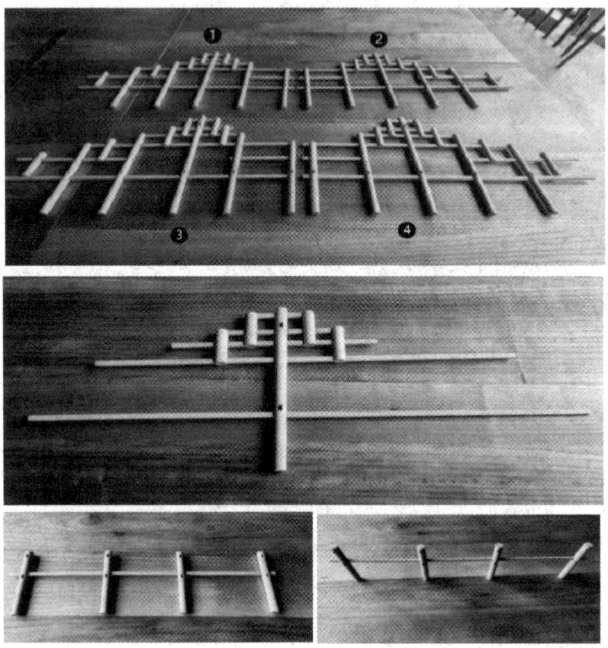

图 11-19　穿枋、架檩

第六步：架梁、架椽。

在前期基础上，对四面木材进行架梁、架椽处理，如图 11-20 所示。

图 11-20　架梁、架椽

第七步：修整、完工。

对吊脚楼模型进行修整，如图 11-21 所示。实体吊脚楼如图 11-22 所示。

图 11-21　对吊脚楼模型进行修整

图 11-22　实体吊脚楼（黔西南州兴义市峰林布依景区）

五、项目总结

1. 个人总结

项目	内容
我的学习目标达成度	
我的知识能力学习收获	
我的科学技术学习收获	
我的劳动教育学习收获	
我的中华民族共同体意识与建筑文化学习收获	

2. 小组总结

（1）哪个同学最专注认真？哪个同学操作技能最熟练？哪个同学最有团队协作精神？
（2）本小组制作的优缺点（知识、技能、协作、意识等方面）有哪些？

3. 教师总结

（1）学生最突出的思政素养发展是什么？
（2）学生最突出的科技、劳动素质发展是什么？
（3）各组的劳动成果是什么？
（4）各组制作的优缺点有哪些？
（5）各组的改进目标是什么？

六、项目总体评价

1. 学习过程评价

姓名：　　　　　　　　　　　　　　　　　　　　　　　　　　小组：

评价维度	评价标准			自评	组评	师评
	一级	二级	三级			
参与程度	积极完成各项作业及讨论活动，主动分担任务，在班级中积极交流、发言	按时完成各项作业，在班级中发言较积极	完成作业不积极，分担任务不主动，不积极交流			
合作情况	积极参与小组讨论，有效地完成自己的任务，通过讨论的方式分享观点和想法，发言积极，内容充实	能够参与小组活动，任务基本明确，但没有很好地完成任务，能围绕一个问题进行讨论，发言较规范	对互动不感兴趣，仅进行简短的交谈，任务不明确，不发言或乱发言			
学习情况	独立思考，自主学习，主动发现问题，提出问题，寻求解决问题的方法	能思考，但不会自主学习，能和小组成员合作发现问题，提出问题	不善于思考，不爱学习，不会发现问题，更不会提出问题			
学习态度	按照学习要求主动学习，帮助他人，宣传积极向上的学习思想	能够按照学习时间完成规定课程，与辅导教师及小组成员沟通少	学习积极性不高，畏难心理严重，以消极言论影响他人			

续表

评价维度	评价标准			自评	组评	师评
	一级	二级	三级			
合理化建议	主动关注学习过程中出现的各类问题，并及时与教师沟通，提出改进意见	关心组员提出的问题，能够参与问题的讨论	只顾自己学习，遇到问题直接寻求帮助，无任何建议			
教师签名		总评				

2. 学习成果评价

姓名：　　　　　　　　　　　　　　　　　　　　小组：

评价项目	评价内容		自评/分	组评/分	师评/分
学习态度	积极主动参与学习，求知欲强，有工匠精神（20 分）				
合作探究	积极参与项目小组讨论，能与同学分工协作（10 分）				
	积极思考问题，能提出创新性解决方案，熟悉操作流程（10 分）				
操作技能	制作熟练度（20 分）				
	技法应用（20 分）				
	作品的美观度、稳固度（20 分）				
教师签名		总评 （自评分占 30%+组评分占 30%+师评分占 40%）			

3. 评价记录

姓名	文化知识	技能技术	情感价值	其他	备注

项目十二
中国传统农耕文化传承：水车模型制作

思政目标

理解水资源的珍贵性和有限性，提升水生态环境保护意识；深入认识水文化的历史渊源和内涵，感受中华农耕文明的博大精深和独特魅力；理解创造是中华民族生生不息的源泉动力，增强对中华文化的认同感和自信心；强化新时代大学生学好知识和技能报效祖国、实现中华民族伟大复兴的责任担当。

科技目标

了解水车结构与工作原理，了解其中蕴含的科学原理和作用，培养科学探究能力；通过制作水车，提高观察力、思维能力和动手能力，发挥创造力，端正科学态度，提高科学素养和创新思维。

劳动目标

学会工具的使用，提高动手能力，培养团队协作意识和沟通协调能力，提高劳动素养及综合素质；体验劳动的快乐和价值，树立正确的劳动观；在水车制作过程中不断尝试和改进制作方法，培养劳动精神、工匠精神、劳模精神。

一、启动学习

（一）实地考察水车

实地考察贵州省黔西南州兴义市万峰林乡愁集市大水车、峰林布依大水车（图 12-1），了解水车的结构和功能。

图 12-1　峰林布依大水车

（二）水车的发展和在农业发展中的意义

中国自古以农业立国，水利作为农业生产的命脉，在农业生产中起到的作用至关重要。古代灌溉渠道和运河的修建为其附近平原地区农业灌溉提供了便利，但是对山地梯田或者离水源较远的农田的浇灌则发挥不了太大的作用。为了解决这一问题，中国人在长期的农业生产中，运用聪明才智，发明了一种轻便好用、能引水浇灌农田的农具——水车。水车的发明是古代劳动人民智慧的结晶，为农业生产和水利建设作出了重要贡献。

1. 水车的雏形“桔槔”

在水车出现之前，我国劳动人民就已经发明了一种用于田间灌溉的汲水工具——“桔槔”。这种原始的汲水工具从商代起便广泛用于农业生产灌溉。桔槔的结构是在一根竖立的架子上放置一根细长的杆，当中是支点，末端悬挂一个重物，前端悬挂水桶。汲水时，把挂水桶的一端向下拉，将水桶放入水中，打满水以后，轻轻上提，借助长杆末端重物的重力，便能轻易把水桶提到地面。

2. 水车的出现

随着生产力的发展和科学技术水平的提高，到了东汉末年，水车这种具有重要历史意义的大型农田灌溉工具出现了。水车最早由汉灵帝时期一个叫毕岚的宦官制造出雏形，后来又经过三国时期马钧、诸葛亮等人的改进后被全面推广使用，经过一代代人不断完善，到了隋唐时已成为农业上广为使用的灌溉工具。水车有两种类型：一种是以链传动为主的，称为“翻车”；另一种是轮传动的，称为“筒车”。翻车的出现要早于筒车。

翻车，又称龙骨水车，是一种刮板式连续提水机械。它可用手摇、脚踏、畜力驱动。其前部的一个凹槽里面架设一块行道板，上面置大小两个轮轴。行道板下有可以活动的龙骨，大轴两头有四根拐木。使用时，人站在架子上用脚踩动拐木，龙骨便会旋转，带动行道板一上一下，从而实现汲水上岸。这种翻车可以解决一般的旱地灌溉问题。只要农田离水源距离不是太远，都可以通过翻车将水汲入水沟，用来灌溉。如果由相邻几家农民合力汲水，则它的效果更加显著，可以达到“日灌十亩，足以济旱”的程度。

筒车一般被固定于河流边，利用流水的冲力，日夜不停地工作。筒车将河流中的水源源不断地汲到高处的沟渠之中，再由沟渠流到千家万户的田地，完成浇灌工作。

筒车可以将水垂直地提到高处，对一些坡陡的地方尤其适用。在制作安装时，先视堤岸的高低制作合适的大转轮，轮子一定要高于河岸；然后将一个个竹筒分别绑在轮上，再在上游不远处开一条水渠，用引来的水冲击轮子上的转板，使得轮子不停地转动，这时绑在轮子上的竹筒便可以依次在河中取水，随着轮子转动，将筒中的水倒入沟渠，达到引水浇灌的目的。

3. 水车在农业发展中的意义

中国传统的水车多以木或者竹子为原料，虽然结构简单，制作成本低廉，但是方便好用，省时省力，且灌溉的效果极佳。特别是筒车出现后，它利用自然流水的冲击和惯性，日夜不停地工作，虽然工作效率比不上人力脚踏式翻车或者畜力翻车，但可以时时刻刻地工作，将河水源源不断地引到沟渠之中。它的出现，一定程度上缩短了农民劳动的时间，可以说它是古代最先进的灌溉机械设施。

水车在我国农业生产中一直占据着不可或缺的位置。随着现代化灌溉设施的出现，它才逐渐被新动力排灌机械取代，最终于 20 世纪八九十年代渐渐消失在田间地头，垄断了近两千年农田排灌的水车时代落下了帷幕。

水车是古代劳动人民智慧的结晶，它的发展历经了多个阶段，为农业生产和水利建设作出了重要贡献。水车也是一种历史文化的象征，代表着古代劳动人民的勤劳和智慧。水车还是中国传统农业的一个缩影。我国农耕文化博大精深，展现了中华文明的独特魅力，是中华民族生生不息的源泉。

历史上不断迭代的灌溉工具展现出古人的智慧。从人力灌溉到水泵灌溉，到喷灌、滴灌再到智能灌溉的普及推广，中华儿女创新的步伐从未停歇，为保障国家粮食安全作出了重要贡献。

思考：中国古代水车主要有哪几种类型？各有哪些特点？

（三）中国农耕文化的卓越成就和精神价值

1. 中国农耕文化的卓越成就

中国古代的农具，可以说是世界农业史上的瑰宝。从早期的石器农具到后来的青铜农具，再到铁器农具的广泛使用，中国农业生产工具的发展不断推动着农业生产力的提高。例如，汉代是中国北方旱地农具发展最快、门类最全、水平达到顶峰的时期，在这一时期，直辕犁、犁壁、耧车、龙骨水车、风扇车等农具的发明、创制，不仅极大地提高了农业生产效率，也为中国乃至世界农业技术的发展作出了重要贡献。

同时，中国农耕文化中的精耕细作技术体系更是堪称一绝。早在春秋战国时期，中国农业就已经形成了耕、耙、耖、耘、耥等一整套精细的农业生产技术体系。至宋代，随着经济重心的南移，南方水田的精耕细作技术体系也基本形成。这些技术的运用，使得中国农业生产能够在有限的土地上实现高产、优质、高效的目标，极大地提高了农业生产的效益。

中国农耕文明源远流长、博大精深，既是中华民族长期农耕实践的产物，也是中国农业强大生命力的来源。中国农耕文化为社会经济的持续发展奠定了物质基础，为中华文明的持续发展提供了深厚根基，同时也塑造了中国传统文化的基本面貌。中国农耕文化不仅在中国本土产生了深远影响，也对亚洲、欧洲农业产生了重要影响。

2. 中国农耕文化的精神价值

中国农耕文化还蕴含着丰富的精神价值。它强调人与自然的和谐共生，提倡尊重自然、顺应自然、保护自然。在当代社会，随着工业化和城市化的快速发展，人类社会与自然环境的关系日益紧张。因此，我们应该从农耕文化中汲取智慧，尊重自然规律，合理利用资源，实现人与自然的和谐共生。这不仅是可持续发展的内在要求，更是人类未来发展的重要方向。

中国农耕文化体现了中国人民的勤劳、智慧、坚韧不拔的精神风貌。在当代社会，虽然科技发展迅速，但勤劳与坚忍不拔的精神仍然是我们应该秉持的宝贵品质。只有通过自己的努力和智慧，我们才能不断创新、不断超越，实现自我价值和社会价值的提升。

中国农耕文化中的精耕细作技术体系，不仅提高了农业生产效率，也体现了中国人民对精细、精致的追求。在当代社会，这种精益求精的精神仍然具有重要意义。无论是在工业生产、科技创新还是社会服务等领域，我们都应该追求精细、精致，不断提高产品质量和服务水平，满足人民日益增长的美好生活需要。

中国农耕文化中的团结协作精神，也是我们应该学习的。在农业生产中，人们需要互相帮助、共同协作，才能完成繁重的农业劳动。在当代社会，面对各种挑战和困难，我们也应该发扬团结协作的精神，携手共进、共克时艰。只有团结一致、共同努力，才能战胜各种困难和挑战，实现中华民族的伟大复兴。

思考：中国农耕文化的成就有哪些？体现了什么精神价值？

二、项目计划

（1）根据项目人员需要，自主组建 3～6 人小组，明确每人的具体分工（表 12-1）。

表 12-1　人员分工表

角色	姓名	职责
组长		负责小组统筹协调
材料准备员		材料和工具准备
制作员 1		制作水车底座、轮轴、舀水小竹筒
制作员 2		制作水车立柱、引水渠、横杆、装水筒
安装员		安装水车

（2）制订项目流程与时间计划（表 12-2）。

表 12-2　项目流程与时间计划表

环节	时间/分	工作	第一责任人	其他参与者
1	10	材料和工具准备		
2	10	制作水车底座		
3	15	制作水车轮轴		
4	35	制作水车立柱、引水渠、横杆、装水筒		
5	10	制作舀水小竹筒		
6	40	安装水车		

思考：小组人员分工、项目流程与时间计划是否科学合理？

三、项目知识与技能学习

（一）水车的主要结构与工作原理

水车是一种能从江河湖塘等地表水中持续汲水的农业机械，既能为高地取水，又能给低田排水。它广泛用于丘陵地带和山坡梯田的浇灌，使得农业生产摆脱了地形的制约，在中国农业生产中发挥了重要作用。

水车（一般情况下，水车指筒车，下同）外形酷似古式车轮，如图 12-2 所示。轮辐直径大的 20 米左右，小的也在 10 米以上，可提水高达 15～18 米。水车由一根粗车轴支撑着多根木辐条，呈放射状向四周展开。每根辐条的顶端都带着一个刮板和一个或多个水斗，刮板刮水，水斗装水。河水冲来，辐条借着水势的运动惯性缓缓转动着，一个个水斗装满了河水被逐级提升上去。临顶，水斗又自然倾斜，将水注入渡槽，流到灌溉的农田里。

图 12-2　丽江古城水车

水车主要利用水流的动能来实现提水和灌溉的目的。当水流通过水轮时，水流的动能转化为水轮的旋转动力，使得水轮能够在河流的冲击力和水流惯性作用下运转。

水车通常建在水流较为湍急的地方，利用上游的水流推动水车运动。常见的水车动力有三种。第一种主要利用水流的动能，湍急的水流推动水轮上的叶片向前运动，使水轮旋转。第二种主要利用水流的势能，这种水车需要有较高的水源，即要有一定的水头，水从高处流下释放势能。水车的一周装有多个水斗，水从高处流到水斗中，对水斗产生冲击，加上水斗中的水依靠重力一同推动水轮旋转。第三种综合利用水流动能与势能，这种水车附近水流一般有较大的落差，即使水流流量不大或流速不高也可以利用水流势能和动能一起推动水车转动。

水车的运行不需要人工干预，因为它完全依赖自然界的力量。这种古老的水利设施展示了人类对自然力量的巧妙运用，是一种低成本且高效率的农业灌溉设备。

说一说：水车的工作原理。

（二）人水和谐的重要意义

水是生命之源、生态之基、生产之要，更是文明之魂。中华文明因水而生，因水而兴。兴水利、除水害历来是治国安邦的大事。中华民族五千年的文明史也是一部治水的历史。

在长期的治水实践中，中华民族对水的认识、人水关系的思考也在不断深入。自古中国人民就对水有特殊感情，崇尚“水善利万物而不争”的品质，讲求“上善若水”“人水和谐共生”，水系沿岸也孕育了黄河文化、大运河文化等水文化。我国也有巧妙借助水势和地势修建的都江堰水利工程，它不仅造就了天府之国，也成为人水和谐共生的生动典范。

改革开放以来，随着我国经济社会的快速发展，除了洪涝灾害等传统水问题外，我国还面临着水资源短缺、水环境污染、水生态破坏等问题，人们对水生态环境质量的要求也越来越高。面对人水关系日益紧张的局面，我们应该从传统文化中汲取智慧，树立尊重、保护、顺应自然的意识，坚持人水和谐共生理念，倡导正确的用水方式，科学合理利用水资源，同时加强水生态环境保护、治理和修复，涵养水源、防治水土流失，促进江河湖泊休养生息，守护好碧江绿水，构建水生态文明。

水是自然生态系统中的核心要素，构建人水和谐共生关系不仅是构建人与自然和谐共生的关键，也关乎我国经济社会的健康可持续发展，关乎中华民族的未来。

思考：人与水如何实现和谐共生？

四、项目实施

采用3～6人小组团队实践形式制作手摇提水水车模型。

需要准备的材料和工具如下：竹子若干（粗细不同，长约1.5～2米）、小锯子、圆木块、一次性筷子、电钻、砍刀、小木棍、锤子、绳子。

第一步：制作水车底座。

用小锯子将较粗的竹子裁成4段竹筒，每段长约40厘米，竹筒端部用电钻凿出小孔，用小木棍连接。其中两根竹筒中间位置各开一圆孔（以便安装水车立柱），制成水车底座，如图12-3所示。

第二步：制作水车轮轴和摇把。

用小锯子将圆木块锯成两段，用电钻将两段圆木块中心各钻一个小孔。将小木棍插入其中的一段，制成水车轮轴。用电钻在轮轴四周均匀钻出深约2厘米的8个小孔，以便安装舀水小竹筒，如图12-4所示。另一段圆木块再用电钻钻2个孔，插入筷子，制成水车摇把，如图12-5所示。

图12-3　水车底座

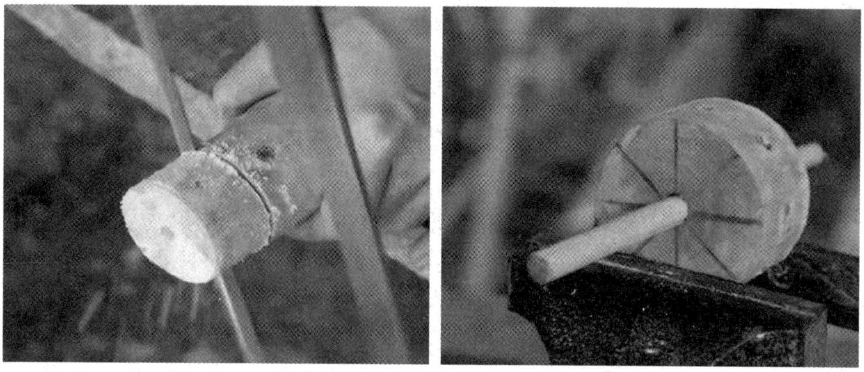

（a）　　（b）

图 12-4　水车轮轴

图 12-5　水车摇把

第三步：制作水车立柱、横杆、引水渠、装水筒。

用小锯子将剩余竹子裁制成如图 12-6 所示的水车立柱、横杆、引水渠、装水筒。水车立柱中间位置用电钻钻出小孔，以便安装水车轮轴。横杆两端预留两个圆孔，以便安装水车立柱，圆孔大小依据立柱粗细而定。

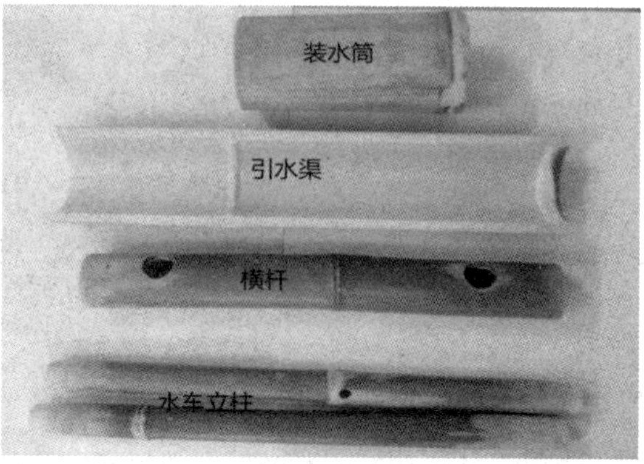

图 12-6　水车立柱、横杆、引水渠、装水筒

第四步：制作舀水小竹筒。

将竹子裁成大小相同的 8 个小竹筒，并用电钻将竹筒各钻一个小孔，如图 12-7 所示。小竹筒孔洞内插入一次性筷子，制成舀水小竹筒。

图 12-7 裁制舀水小竹筒

第五步：安装水车。

先将 2 根水车立柱插入制作好的底座上，再将水车轮轴插入水车立柱，如图 12-8 所示。轮轴装好后试着转动一下，确保轮轴转动顺畅。

将横杆安装到 2 根水车立柱上，然后将 8 个舀水小竹筒依次装到轮轴上，如图 12-9 所示。注意舀水小竹筒略倾斜安装，倾斜角度约 15°，方便竹筒内取到的水能顺利倾泻到引水渠。

图 12-8 水车立柱、轮轴的安装

图 12-9 安装舀水小竹筒

安装水车摇把，将绳子系在横杆端部，固定好引水渠，引水渠另一端搭接在装水筒上，布置好引水渠和装水筒，水车安装完毕，如图 12-10 所示。

水车制作完成后，将水车放入水中，对水车进行调试，确保水车能够正常运行和取水。

图 12-10 水车摇把、引水渠的安装

五、项目总结

1. 个人总结

项目	内容
我的学习目标达成度	
我的知识能力学习收获	
我的科学技术学习收获	
我的劳动教育学习收获	
我的农耕文化和生态文明学习收获	

2. 小组总结

（1）哪个同学最专注认真？哪个同学操作技能最熟练？哪个同学最有团队协作精神？

（2）本小组制作的优缺点（知识、技能、协作、意识等方面）有哪些？

3. 教师总结

（1）学生最突出的思政素养发展是什么？

（2）学生最突出的科技、劳动素质发展是什么？

（3）各组的劳动成果是什么？

（4）各组制作的优缺点有哪些？

（5）各组的改进目标是什么？

六、项目总体评价

1. 学习过程评价

姓名：　　　　　　　　　　　　　　　　　　　　小组：

评价维度	评价标准			自评	组评	师评
	一级	二级	三级			
参与程度	积极完成各项作业及讨论活动，主动分担任务，在班级中积极交流、发言	按时完成各项作业，在班级中发言较积极	完成作业不积极，分担任务不主动，不积极交流			
合作情况	积极参与小组讨论，有效地完成自己的任务，通过讨论的方式分享观点和想法，发言积极，内容充实	能够参与小组活动，任务基本明确，但没有很好地完成任务，能围绕一个问题进行讨论，发言较规范	对互动不感兴趣，仅进行简短的交谈，任务不明确，不发言或乱发言			
学习情况	独立思考，自主学习，主动发现问题，提出问题，寻求解决问题的方法	能思考，但不会自主学习，能和小组成员合作发现问题，提出问题	不善于思考，不爱学习，不会发现问题，更不会提出问题			
学习态度	按照学习要求主动学习，帮助他人，宣传积极向上的学习思想	能够按照学习时间完成规定课程，与辅导教师及小组成员沟通少	学习积极性不高，畏难心理严重，以消极言论影响他人			

续表

评价维度	评价标准			自评	组评	师评
	一级	二级	三级			
合理化建议	主动关注学习过程中出现的各类问题，并及时与教师沟通，提出改进意见	关心组员提出的问题，能够参与问题的讨论	只顾自己学习，遇到问题直接寻求帮助，无任何建议			
教师签名		总评				

2. 学习成果评价

姓名： 小组：

评价项目	评价内容	自评/分	组评/分	师评/分
学习态度	积极主动参与学习，求知欲强，有工匠精神（20 分）			
合作探究	积极参与项目小组讨论，能与同学分工协作（10 分）			
	积极思考问题，能提出创新性解决方案（10 分）			
操作技能	水车的轮轴、立柱等构件制作精细，尺寸合理（20 分）			
	水车结构合理，外观设计美观（20 分）			
	水车运行流畅（20 分）			
教师签名	总评（自评分占 30%+组评分占 30%+师评分占 40%）			

3. 评价记录

姓名	文化知识	技能技术	情感价值	其他	备注

项目十三
中医药文化传承：保健皂制作

思政目标

进一步系统认识青年大学生在中医药文化传承的使命与担当，坚定践行中医药与现代康养一脉相承的理念，提升应用传统中医药文化解决现代保健问题的能力、意识。

科技目标

通过中医药文化学习，深刻理解中医药文化在现代康养、保健中的重要作用；在学习过程中学会保健皂制作原理、水相提取技术、保健皂制作技术。

劳动目标

学习制作保健皂，积极弘扬劳动精神，树立劳动意识。

一、启动学习

（一）中医药文化之民族智慧

张仲景自小喜欢熟读医书、医典，具备丰富的医学知识。战争频繁的东汉末年，人民饱受战乱之苦，雪上加霜的是疫情突如其来，导致成千上万的人在病痛中离世。张仲景在众人崇尚谶纬之学的背景下进山采集中药熬制成汤剂，以身试药后给母亲喂服。看到张仲景安然无恙、母亲病情逐渐好转，人们才相信汤药可以治疗疾病。张仲景拜访名医、熟读药典，加上自己的亲身实践撰写成《伤寒杂病论》，该书奠定了中医辨证论治的理论基础。

自号东垣老人的李杲，早年捐千金跟随当时名医张元素学医，是我国医学史上著名的金元四大家之一。公元 1232 年，蒙古铁骑围困汴梁，恰巧城中发生了瘟疫，三个多月的时间里城中哀鸿遍野，整座城市笼罩在死亡之中。在众多大夫参与救治病患的情形下，百姓、士兵还是接连死去。此时，李杲认为是饥饿劳累导致脾胃损伤，于是调制补中益气的药方为病人调理脾胃，很多百姓、士兵因此得到救治。李杲考虑汤药不便于熬制，因此把汤药制成药丸发放给百姓、士兵服用，城中的疫情也慢慢止住。

吴有性，江苏吴县东山人，明末清初传染病学家。明朝末年，全国瘟疫横行，十户九死，许多大夫用一般治疗外感病的方法或用治疗伤寒的方法治疗，但是疗效不尽如人意。为了找到病源，吴有性在亲历疫情过程中，不断摸索发病的根源，果断提出这次瘟疫很可能是患者口中呼出的疠气所致的，即由患者口鼻传出来，再通过空气传染给其他人。患者病情由自身体质、疠气浓度共同决定。疠气侵入体内不同部位，引发的疾病也不相同。吴有性根据多年行医经验和疫情调研结果研制出治疗疫情的药方——达原饮，这个配方在 2003 年“非典”时也起到了积极的作用。

（二）中药在保健皂的应用和制皂相关知识

1. 中药在保健皂中的应用

中医药作为我国特有资源，具有巨大的潜在经济价值，在我国经济发展中扮演了重要角色。

中药与皂的结合除了具有清洁的功效外，还有保健、抗菌祛臭、祛痘、保湿、预防脱发、去屑等作用。

在抗菌皂制作中用到的中药达 40 多种，主要包括黄芩、黄连、艾叶、茉莉花、金盏花、陈皮、马齿苋、蒲公英、黄檗等，其功效主要为抑制金黄色葡萄球菌、白色葡萄球菌、大肠杆菌、表皮葡萄球菌、铜绿假单胞菌等。

可针对不同人群制作不同功效的中药保健皂。针对女性，可以制作主要功效为美白、保湿、清除自由基类的中药保健皂；针对男性，可以制作祛油、祛痘类的中药保健皂；针对小朋友，可以制作保湿、滋润类的中药保健皂。美白、祛斑类的中药保健皂主要搭配中药黄芩、白术、白蔹、白茯苓、川芎、珍珠、白芷。祛痘类的中药保健皂主要是利用中药材祛除因皮脂残留在毛囊中引起毛囊皮脂腺的慢性炎症，主要搭配的中药有红景天、川芎、益母草、血竭、红花、当归、藏红花等。保湿润肤类的中药保健皂主要含有石斛、珍珠、白芷，为了达到保湿的目的，配方中含有丰富的油脂。液体皂主要用于洗发，其功效有控油、防脱、去屑、止痒、养发、护发等，其包含的中药材主要有皂角、无患子、生姜、何首乌、当归。

2. 保健皂制作相关知识

（1）皂的用途。洗衣皂主要用于清洗衣物等；身体皂可以用于洗手、洗脸、沐浴等；洗发皂主要用于洗发。

皂的主要用途是清洁，但是在制作过程中可以加入一些物质丰富其功效。根据用途，制作过程中可选择不同的原料。例如，椰子油具有较强的清洁能力；杏桃核仁油含有丰富的维生素，对于祛斑、皮肤暗沉、蜡黄、敏感发炎等皮肤问题有较好的改善作用；山茶油中含有丰富的蛋白质、维生素 A、维生素 E，具有较好的清除自由基的作用，使用过程中在皮肤表面形成一层保护膜达到保湿作用。

（2）油脂、氢氧化钠和水的计算。制皂过程中，油脂如何选择？碱量多少才会使皂化反应完全？水量使用多少？在制皂时，因为不同油脂的功效不同，因此会添加众多的油品，需要提前计算好保健皂的硬度值，硬度（INS）值在 120～170 时制作出的皂软硬度适中。保健皂的硬度值计算公式为

$$硬度值=\frac{(A油质量\times油脂的硬度值)+(B油质量\times油脂的硬度值)+\cdots}{油总质量}$$

氢氧化钠的质量计算公式为

$$氢氧化钠质量=(A油质量\times A油脂的皂化值)+(B油质量\times B油脂的皂化值)+\cdots$$

根据氢氧化钠的质量可以计算水的质量，水的质量=氢氧化钠质量×2.3。

下面举例说明油脂、氢氧化钠和水质量的计算。

油相：初榨山茶浸泡紫花地丁油 600 克、初榨白芝麻油 200 克、米糠油 100 克、月见草油 100 克、椰子油 200 克。

计算过程如下。

$$硬度值=\frac{600\times108+200\times81+100\times79+100\times30+200\times258}{1200}=119.6\approx120$$

$$\begin{aligned}氢氧化钠质量&=600\times0.1362+200\times0.133+100\times0.128+100\times0.1357+200\times0.19\\&=172.69\approx173(克)\end{aligned}$$

水的质量=173×2.3=397.9≈398（克）

水相：中草药煎汁 398 克。

中草药包括紫花地丁、防风、白芷、乳香、地黄、当归。

精油：大西洋雪松 8 克、薰衣草 7 克。

（3）中草药有效成分的提取。传统中药汤剂一般为水煎，但随着科学技术的发展，提取方法可以选择超声波辅助提取法、超临界流体提取法、微波辅助提取法等，提取剂也可以选择乙醇、水等。因此在提取前可以查阅文献，选择合适的提取剂和提取方案。水相提取后放入自封袋中进行冰冻结冰。

（4）碱溶。将碱放入水相的冰块中，利用冰吸收碱溶解时放出的热量，加快碱溶解速度并避免因溶解而产生的危险。

（5）打皂。按照配方将油脂放入容器中，若存在硬度较高的固体油脂，需要先放入容器中用热水使其溶解，再利用搅拌的器具搅拌充分、均匀。

（6）皂化反应。将溶解好的碱液加入混合好的油脂中，并控制温度在 45℃以下。利用器具不断地搅拌，使油脂与碱完全反应。

（7）打皂注意事项。第一，打皂的速度不宜较慢。速度较慢会导致皂化反应较慢，打皂时间过长，效率低。第二，打皂时注意力度。力度过大会导致皂液溅出发生安全问题，也会使保健皂中含有气泡而影响美观；力道太小导致打皂时间过长，效率低。第三，搅拌均匀。使皂液充分搅拌，因此在选择器具时需要选择没有菱角的器具，避免难以搅拌到死角位置。第四，在打皂过程中需要注意安全。首先，我们使用的碱具有腐蚀性，因此在操作过程中需要佩戴手套、口罩，避免碱液溅到皮肤、衣服上；其次，在选择容器时尽量选择玻璃容器或者 304 不锈钢，避免碱液腐蚀容器；最后，选择配方时要具有针对性，选材时尽量选择安全、刺激较小或无刺激的原材料，选择中草药入皂时注意药材的搭配以及根据使用者的情况选择（中药具有因人不同可制定不同配方的特性）不同的配方。

思考：中医药在保健中的作用有哪些？

二、项目计划

（1）根据制作人员需要，自主组建4～6人小组，确定每人的具体分工（表13-1）。

表13-1　人员分工表

角色	姓名	职责
组长		负责小组统筹协调
配方设计师		根据保健皂功效制定配方、计算水量、碱量
材料准备员		准备实验试剂、仪器、pH试纸
水、油相制作师		提取中药有效成分，制备水相
打皂师		按照实验步骤进行打皂
定型师		将皂装入模具中定型、切皂、晾皂
测试员		测定保健皂pH，包装

（2）制订项目流程与时间计划（表13-2）。

表13-2　项目流程与时间计划表

环节	时间	工作	第一责任人	其他参与者
准备	10分钟	制作保健皂的材料和工具准备		
水相制作	30分钟	水相的制作		
油相制作	30分钟	油相的制作		
打皂	30分钟	打皂		
晾皂	24小时	晾皂		
切皂及风干	10分钟	切皂及风干		
测定pH	5分钟	测定成品pH		

思考：小组人员分工、项目流程与时间计划是否科学合理？

三、项目知识与技能学习

（一）制作保健皂基础知识

1. 水相的选择

水相中的水可以选择纯水、乙醇（图13-1）、中草药煎汁、牛奶等，或它们的混合物。

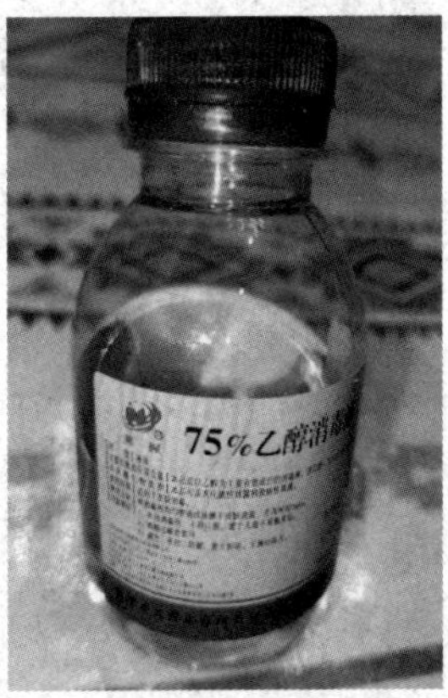

图13-1　乙醇

2. 油脂的选择

制皂过程中经常使用两种油脂，一种为硬油，另一种为软油。硬油包括两大类，一类为动物性油脂，另一类为植物性油脂。动物性油脂包括猪油（图13-2）、牛油、马油、羊油、黄油等，植物性油脂包括椰子油、棕榈核油、棕榈油、乳油木果脂（图 13-3）、可可脂、芒果脂、白油等。软油包括橄榄油、茶油、甜杏仁油、高油酸葵花籽油、榛果油、酪梨油、澳洲胡桃油、沙棘果油、猴面包树油、琼崖海棠油、月桂果籽油、腰果仁油、玫瑰茄籽油、辣木籽油、苦楝油、蓖麻油等。

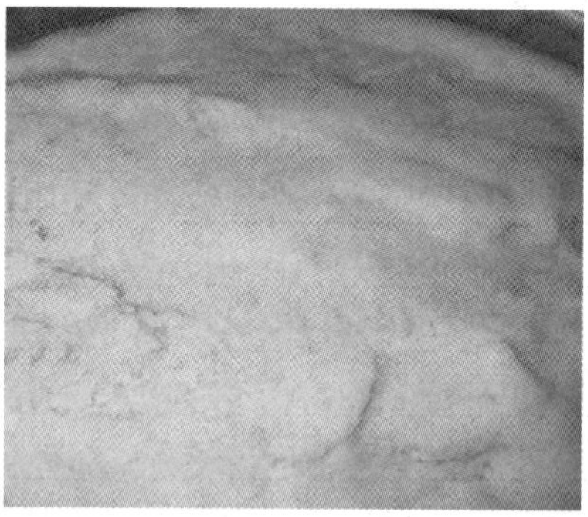

图 13-2 猪油

图 13-3 乳油木果脂

油脂中富含多种成分，对于改善肤质和治疗某些皮肤疾病有较好的作用。例如，杏桃核仁油中含有丰富的维生素、矿物质，对于皮肤暗沉、干燥脱皮、敏感发炎等情况有较好的改善作用；苦楝油含有川楝素，有较好的杀菌作用，对于异位性皮肤炎有较好的疗效。

3. 不同碱在制皂中的作用

冷制手工皂常用的碱是氢氧化钠（图 13-4）、氢氧化钾，热制手工皂常用的碱是碳酸钠、碳酸钾。碱是制作手工皂成功的关键，制作固体皂一般使用氢氧化钠，制作液体皂一般使用氢氧化钾。

图 13-4 氢氧化钠

4. 油脂在制皂中的作用

通常情况下，使用硬油可以增加制皂的成功率，硬油越多，软油越少，皂液越容易稠。软油若为食用级别或较新鲜，则皂液搅拌的时间会较长。硬油量越多，皂的溶解度越低、残留的覆膜感越重，而软油的搭配对使用感受的影响可以忽略不计。

5. 晾皂

手工皂比较怕潮湿的环境，因此需要在阴凉干燥通风的环境下或者在除湿的空间内晾皂，晾晒较好可以延长皂的存储时间。避免在高温环境下晾晒导致皂酸败。

6. 注意事项

保健皂在制作完成晾干后需要测定皂的 pH，pH 在 8～9 即可使用。测定 pH 方法：

用手蘸取一点水在皂的表面打圈形成皂液或者泡沫，用 pH 试纸蘸取皂液，待变色稳定后与标准比色卡比较测出 pH。

思考：学习了制作保健皂基础知识后有什么收获？

（二）保健皂制作工艺

水相的制作：将防风 25 克、白芷 20 克、乳香 10 克、地黄 10 克、当归 15 克加入一定量的水煎制，得到 398 克汤剂，将其装入一个自封袋中后放入冰箱至结冰。

油相的制作：①在 1500 毫升烧杯中加入 200 克椰子油，分别加入初榨白芝麻油 200 克、米糠油 100 克、月见草油 100 克，充分搅拌使其均匀；②再分批次加入初榨山茶浸泡紫花地丁油 600 克，并充分搅拌。

打皂：①将水相冰块放入另一只 1500 毫升烧杯中，用硅胶铲搅动冰块的同时加入氢氧化钠直至溶解完全；②将油相倒入另一只大烧杯中，再将融入碱液的水相缓慢加入并不断搅拌使其充分反应；③将充分反应后的皂液放入模具中使其定型。

晾皂：保健皂定型后取出风干 2～3 天，使其表面干燥、不黏手。

切皂、测定保健皂 pH、包装保存：可以使用保鲜膜将皂包裹平整、轻轻拉紧避免产生褶皱，既可使皂外形精美，也可延长保质时间。

保健皂的制作过程

说一说：制作保健皂的工艺流程。

四、项目实施

采用 4～6 人小组讨论与制作保健皂。

（一）制作保健皂的材料和工具准备

药品及试剂：初榨山茶浸泡紫花地丁油 600 克、初榨白芝麻油 200 克、米糠油 100 克、月见草油 100 克、椰子油 200 克。

水相：中草药煎汁 333 克，牛奶 65 克。

中草药包括紫花地丁 100 克、防风 25 克、白芷 20 克、乳香 10 克、地黄 10 克、当归 15 克。

精油：大西洋雪松 8 克、薰衣草 7 克。

碱：氢氧化钠 173 克。

仪器：1500 毫升烧杯、2000 毫升不锈钢盆（304 钢）、搅拌器（图 13-5）、硅胶铲（图 13-6）一大一小、500 毫升量杯、1000 毫升量杯、过滤网、水浴锅（图 13-7）、电炉（图 13-8）、打蛋器（图 13-9）、模具（图 13-10）。

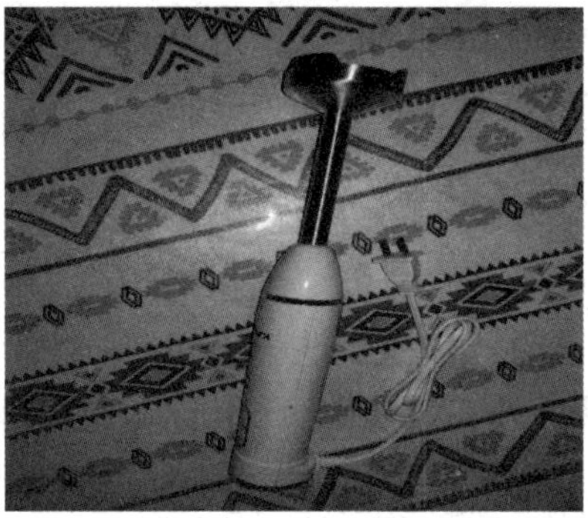

图 13-5　搅拌器

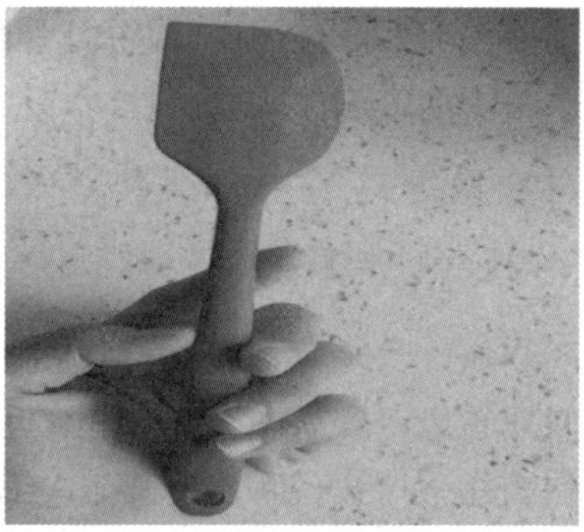

图 13-6　硅胶铲

图 13-7　恒温水浴锅

图 13-8　电炉

图 13-9　打蛋器

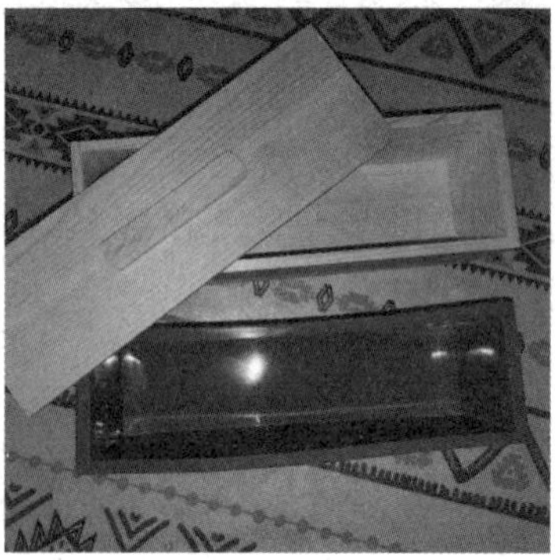

图 13-10　模具

（二）保健皂制作

第一步：水相的制作。

第二步：油相的制作。

第三步：打皂。

第四步：晾皂。

第五步：切皂及风干 1～2 月。

第六步：测定保健皂 pH。

第七步：包装保存。

五、项目总结

1. 个人总结

项目	内容
我的学习目标达成度	
我的知识能力学习收获	
我的科学技术学习收获	
我的劳动教育学习收获	
我的中医药文化学习收获	

2. 小组总结

（1）哪个同学最专注认真？哪个同学操作技能最熟练？哪个同学最有团队协作精神？
（2）本小组制作的优缺点（知识、技能、协作、意识等方面）有哪些？

3. 教师总结

（1）学生最突出的思政素养发展是什么？
（2）学生最突出的科技、劳动素质发展是什么？
（3）各组的劳动成果是什么？
（4）各组制作的优缺点有哪些？
（5）各组的改进目标是什么？

六、项目总体评价

1. 学习过程评价

姓名：　　　　　　　　　　　　　　　　　　　　　　　　　　小组：

评价维度	评价标准			自评	组评	师评
	一级	二级	三级			
参与程度	积极完成各项作业及讨论活动，主动分担任务，在班级中积极交流、发言	按时完成各项作业，在班级中发言较积极	完成作业不积极，分担任务不主动，不积极交流			
合作情况	积极参与小组讨论，有效地完成自己的任务，通过讨论的方式分享观点和想法，发言积极，内容充实	能够参与小组活动，任务基本明确，但没有很好地完成任务，能围绕一个问题进行讨论，发言较规范	对互动不感兴趣，仅进行简短的交谈，任务不明确，不发言或乱发言			
学习情况	独立思考，自主学习，主动发现问题，提出问题，寻求解决问题的方法	能思考，但不会自主学习，能和小组成员合作发现问题，提出问题	不善于思考，不爱学习，不会发现问题，更不会提出问题			
学习态度	按照学习要求主动学习，帮助他人，宣传积极向上的学习思想	能够按照学习时间完成规定课程，与辅导教师及小组成员沟通少	学习积极性不高，畏难心理严重，以消极言论影响他人			

续表

评价维度	评价标准			自评	组评	师评
	一级	二级	三级			
合理化建议	主动关注学习过程中出现的各类问题，并及时与教师沟通，提出改进意见	关心组员提出的问题，能够参与问题的讨论	只顾自己学习，遇到问题直接寻求帮助，无任何建议			
教师签名		总评				

2. 学习成果评价

姓名：　　　　　　　　　　　　　　　　　　小组：

评价项目	评价内容	自评/分	组评/分	师评/分
学习态度	积极主动参与学习，求知欲强，积极投入科技劳动，有工匠精神（20 分）			
合作探究	积极参与理论学习、小组讨论、项目实施，协作完成项目（10 分）			
	积极思考制作过程中出现的问题，能提出解决实际问题的建议，规范、熟练地完成项目（10 分）			
操作技能	选择最佳中草药提取方法（15 分）			
	熟练、规范地制备水相、油相（15 分）			
	熟练完成保健皂的切皂、晾皂、pH 测定（15 分）			
	成品保健皂洗感佳、泡沫丰富、功效佳（15 分）			
教师签名		总评（自评分占 30%+组评分占 30%+师评分占 40%）		

3. 评价记录

姓名	文化知识	技能技术	情感价值	其他	备注

项目十四
布依族审美与健康文化传承：布依族特色汽车头枕制作

思政目标

分析民族特色图案与消费品结合的市场潜力，激发经济意识和创业精神，鼓励积极探索民族文化产业化的可能性；了解布依族文化，认识布依族文化价值，更好地传承和弘扬布依族传统文化，促进不同民族之间的文化交流和民族团结，增强民族自豪感和文化自信心，铸牢中华民族共同体意识。

科技目标

从中国传统文化、民俗风情、地域特色等方面汲取灵感，将民族元素巧妙地融入头枕设计中；通过改进工艺流程，发挥创造性思维，对民族文化进行创新，激发在劳动实践中的创新意识，提高劳动效率和产品质量。

劳动目标

掌握相关的制作流程和劳动技能，增强动手能力，感受劳动带来的快乐和成就感，培养尊重劳动、热爱劳动、热爱劳动人民的意识，形成正确的劳动观；制作过程中严格遵守操作规程和质量标准，树立正确的工作态度和质量意识，发扬严谨认真、一丝不苟、精益求精的工匠精神；通过分工合作，共同完成制作，培养团队协作精神和集体主义观念。

一、启动学习

（一）布依族历史文化

布依族历史文化丰富多彩，包含了诸多独特的传统和习俗。

1. 布依族的起源

布依族具有悠久的历史。据历史学家考证，布依族源于古“百越”，秦汉以前称“濮越”或“濮夷”，东汉六朝称“僚”，唐宋称“蕃蛮”，元、明、清至中华人民共和国成立前称“八蕃”“仲家”“侬家”“布笼”“笼人”“土人”“夷族”等。布依族自称“濮越”或“濮夷”，用汉字记音写为“布夷”“布依”“布越侬”“布绛”等。在布依族语言里，“布”是“族”或“人”的意思。故在旧方志中，有将布依族记为“夷族”“夷家”“夷人”者。除自称之外，不同地区布依族之间还互相称为“布笼”“布那”“布土”“布都”“布央”“布笼哈”等。1953 年，根据其民族意愿并经国务院批准，统一命名为“布依族”。

2. 语言与文字的发展

布依语属汉藏语系壮侗语族壮傣语支，与壮语有密切的亲属关系。布依族过去没有自己的文字，一般使用汉文，布依摩经中采用汉字记音或运用偏旁部首按汉字“六书”造字法创造一些新字记录经文。1956 年中央人民政府组织专家创制了以拉丁字母为基础的布依族拼音文字方案。

3. 民间文学与艺术

布依族的民间文学丰富多彩，包括神话、故事、寓言、谚语和诗歌等多种形式。这些文学作品反映了布依族人民的生活、信仰和价值观。在艺术方面，布依族人民擅长刺绣、蜡染、剪纸等手工艺，这些手工艺品不仅可用于装饰家居，也是布依族人民表达情感和传递文化信息的重要媒介。

4. 服饰与手工艺

布依族的服饰风格独特，具有浓厚的民族特色。男子喜穿对襟短衣、长裤、包头巾；妇女则穿右衽大襟衣，着长裤或褶子裙，戴银质手镯、耳环、项圈等首饰。这些服饰上的图案和装饰都体现了布依族人民的审美和工艺水平。

5. 建筑与居住文化

布依族的建筑风格多样，其中以“干栏”式楼房最具特色。这种建筑形式既能适应贵州地区多雨潮湿的气候特点，又体现了布依族人民的智慧和创造力。布依族的村落布局合理，注重与自然环境的和谐共生。他们喜欢依山傍水聚族而居，一般是十几户或几十户为一寨，也有上百户至几百户为一寨的。

6. 农耕与稻作文化

布依族以农业为主，主要种植水稻。他们善于利用自然资源，发展出独特的稻作技术。农耕文化不仅是布依族人民赖以生存的基础，也是他们传承和发展民族文化的重要载体。在农耕过程中，布依族人民积累了丰富的农业经验，形成了独特的农耕文化。

7. 节日与庆典活动

布依族拥有丰富多彩的节日和庆典活动，如“三月三”“六月六”等。这些节日都具有浓厚的民俗特色和文化内涵。在节日期间，布依族人民会举行盛大的庆祝活动，如唱歌、跳舞、赛龙舟等。这些活动不仅展示了布依族人民的文化风采，也增强了民族凝聚力和认同感。

总之，布依族历史文化独具魅力，既包含了深厚的历史底蕴和丰富的文化内涵，也体现了布依族人民在长期生产生活中积累的智慧和创造力。保护和传承布依族文化对于促进民族团结进步、推动地方经济社会发展具有重要意义。

（二）布依族服饰特色图案

布依族服饰（图 14-1）被称为“穿在身上的史诗”，是用自纺、自织、自染、自绣的布料（俗称“土布”）缝制而成，多为蓝、青、黑、白等色调。20 世纪 70 年代以前男子大多数包头巾，穿对襟短衣（或大襟长衫）和长裤。20 世纪 70 年代后男子服饰与汉装无异。老年人大多穿长衫。妇女的服饰各地不一，有的穿蓝黑色百褶长裙，有的喜欢在衣服上绣花，有的喜欢用白布作头巾，戴银质手镯、耳环、项圈等饰物。

图 14-1　布依族服饰（1）（于广宝、黄双凤　摄）

布依族服饰上的装饰纹样主要由刺绣（图 14-2）和蜡染（图 14-3）形成。刺绣，布依语称为“谷绣”，图案多为房舍楼阁、鱼虾龙蛇、河流船帆、飞禽走兽、花草林木、山水田园等，也有人物描画和传说中的神话故事，图面精细别致。刺绣可用作服饰、帐檐门帘、桌布、被面、背带、头帕、荷包、挂包、鞋面、手帕等的装饰。蜡染的花纹图案多为花草或几何图形，常见的有蕨菜花、团花、牵牛花、漩涡、锯齿、三角、方格、菱形、太阳、水波、龙凤、鸳鸯、野鹿、双寿双喜等。在这些花纹图案中，有的同形组合成花，多形组合成体；有的花上套花，花中显花，方圆并蓄。蜡染布多用于缝制妇女服饰，或用作床单、被面、帐檐等。

图 14-2　布依族刺绣（任道丕　摄）

图 14-3　布依族蜡染（黄双凤、王韦香 摄）

布依族服饰经 3000 多年的历史演进与传承，形成了具有自己民族特色的服饰文化圈，它包含种、纺、织、染、绣、缝等技术，凝结了纺织文化背景中的民俗文化特征，构成了以纺和织为母体的布依布，以及蜡染、刺绣、挑花、镶缀、裁缝、服饰等系列纺织文化现象，是布依族文化精髓的集中体现之一。同时，布依族服饰、质料、款式结构所表现出来的不仅是一种形式的美，如色调的冷暖、色彩的淡雅、节奏的明快、韵律的流动、构图的疏密粗犷等，同时也表达了布依族人民的观念、心理、情感、意志、审美等深含的内容，布依族人正是通过服饰展示其质朴自然之美。

2014 年 11 月 11 日，布依族服饰经国务院批准列入第四批国家级非物质文化遗产名录。

思考： 布依族文化有什么历史意义和作用？布依族服饰特色图案主要有哪些？

二、项目计划

（1）根据项目的人员需要，自主组建 3～6 人小组，确定每人的具体分工（表 14-1）。

表 14-1　人员分工表

角色	姓名	职责
组长		统筹计划的进度
图案规划师		选取民族服饰特色图案
材料工程师		准备好要用的材料
图案建设工程师		将图案刺绣至头枕上，缝好头枕
质检工程师		检查头枕质量

（2）制订项目流程与时间计划（表 14-2）。

表 14-2　项目流程与时间计划表

环节	时间/分	工作	第一责任人	其他参与者
开始	5	介绍项目		
选料	10	选取需要的材料		
选图	10	选取民族服饰特色图案		
制作	60	将图案刺绣至头枕上，缝好头枕		
检查	5	检查头枕质量		

思考：小组人员分工、项目流程与时间计划是否科学合理？

三、项目知识与技能学习

（一）布依族文化

布依族是我国的一个历史悠久的民族，拥有自己独特的文化和传统。下面简要介绍布依族的文化知识。

1. 布依族传统艺术

布依族的传统艺术形式多样，包括口头文学、音乐、舞蹈、绘画、雕刻等。布依族的口头文学内容丰富，包括神话、故事、诗歌等。布依族的民间音乐和舞蹈也独具特色，如“八音坐唱”“布依戏”等。

2. 布依族音乐和舞蹈

布依族的音乐和舞蹈具有浓郁的民族特色，音乐风格独特，舞蹈形式多样（图 14-4）。布依族的乐器种类也很多，如铜鼓、皮鼓、唢呐等。

图 14-4　布依族舞蹈（韦仕平　摄）

3. 布依族民间故事

布依族的民间故事丰富多彩，这些故事反映了布依族人民的生活、信仰和价值观，是传承民族文化的重要载体。

4. 布依族传统手工艺

布依族的传统手工艺非常发达，包括纺织、蜡染、刺绣、编织、陶艺等。这些手工艺品具有浓郁的民族特色和地方特色，是布依族人民智慧和技艺的结晶。

5. 布依族饮食文化

布依族的饮食文化独具特色，以糯米饭、米酒、酸菜鱼（图 14-5）、八大碗、灰粽（图 14-6）等为代表美食。布依族的饮食注重口感和营养，同时也承载着丰富的文化内涵。

图 14-5　布依族酸菜鱼

图 14-6　布依族灰粽

思考：布依族文化包含哪些方面？

（二）布依族服饰相关知识

1. 布依族服饰简介

布依族服饰作为布依族文化的重要组成部分，具有浓郁的地域特色和民族风格。布依族服饰以款式多样、图案精美、工艺精湛而著称，是布依族人民在长期历史发展过程中创造的宝贵文化遗产。

2. 布依族服饰的历史演变

布依族服饰的历史可以追溯到古代百越时期。在漫长的历史演变过程中，布依族服饰不断吸收汉族和其他民族的文化元素，形成了自己独特的风格。不同历史时期的布依族服饰也有所不同，反映了当时的社会制度和经济发展状况。

3. 布依族服饰的特色元素

布依族服饰的特色元素包括款式、色彩、图案、材料等方面。其中，款式多样，男女服饰各异；色彩以蓝、黑、白、红等为主，搭配鲜艳；图案精美，多采用花卉、动物、人物等题材。

4. 布依族服饰的材料与工艺

布依族服饰的材料以棉、麻、丝绸等天然纤维为主，工艺精湛，包括织布、染色、刺绣、裁剪等多个环节。其中，刺绣是布依族妇女独特的技艺，绣品线条流畅、图案精美，具有很高的艺术价值。

5. 布依族服饰的文化内涵

布依族服饰不仅是穿在身上的艺术品，更承载着丰富的文化内涵。它反映了布依族人民的生活习惯、审美观念、宗教信仰和历史文化等，是传承布依族文化的重要载体。

6. 布依族服饰的图案象征意义

布依族服饰的图案都有特定的象征意义。例如，莲花象征纯洁，龙凤象征吉祥，牡丹象征富贵等。通过这些图案，人们可以了解布依族的信仰和价值观。

7. 布依族服饰的传统与现代融合

随着时代的发展和社会的进步，布依族服饰也在不断与时俱进，融入了更多的现代元素。传统的布依族服饰在保持原有风格的基础上，也加入了时尚的设计理念，更加符合现代人的审美需求。

8. 布依族服饰在当地旅游中的价值

布依族服饰（图 14-7）作为当地独特的文化资源，以其精美的制作工艺和深厚的文化底蕴，吸引了大量游客前来观赏和体验。通过展示和销售具有特色的布依族服饰，不仅可以增加当地居民的收入，还可以推广和传承布依族文化，提高人们对民族文化的认识和保护意识。

图 14-7　布依族服饰（2）（王雷萍　摄）

说一说： 布依族特色服饰文化。

（三）汽车头枕制作相关知识

1. 材料认知

在制作头枕的过程中，首先需要对所使用的材料有一定的认知，包括对材料的物理特性、化学性质、耐久性、安全性和成本等方面的了解。材料的选择对于头枕的质量、舒适性和安全性都有直接的影响。

2. 人体工程学

人体工程学是制作头枕的重要理论基础。它涉及人体解剖学、人体测量学、心理学等多方面的知识，旨在研究人与产品之间的互动关系，以提高产品的使用效率和舒适度。在头枕的设计中，人体工程学的应用主要体现在对人体头部和颈部的结构、功能以及压力分布等方面的研究。

3. 结构设计

头枕的结构设计是制作过程中的关键环节。它涉及对头枕的形状、尺寸、支撑部位和填充材料等方面的规划。结构设计需要综合考虑人体工程学、材料特性和制造工艺等多个因素，以达到最优的支撑和舒适效果。

4. 制作工艺

头枕的制作工艺涵盖从裁剪、缝纫、填充到装饰等一系列的工艺技术。对于不同的材料和设计，需要选择合适的工艺方法和工具。了解和掌握各种制作工艺，可以提高制作效率和质量，同时也能够为创新设计提供更多可能性。

5. 舒适性测试

舒适性测试是评估头枕性能的重要环节。通过测试，可以了解头枕在实际使用中的支撑效果、压力分布以及使用者的感受等。这有助于发现和改进设计中的不足，提高头枕的舒适性。

6. 安全性评估

安全性评估是为了确保头枕在使用过程中不会对人体造成伤害。它涉及对头枕的支撑性能、材料安全性、边缘处理以及使用说明等方面的评估。评估过程需要参照相关的国家和行业标准，以确保产品的安全性能。

7. 品质控制

品质控制是保证头枕质量的必要手段。它涉及从原材料到成品的每一个环节的质量检查和控制。通过建立严格的品质控制体系，可以确保头枕的一致性和可靠性，提高消费者的使用体验。

说一说：汽车头枕制作过程中涉及的相关知识。

四、项目实施

分组制作布依族特色汽车头枕。

1. 选择场地

相关要求：注意安全，涉及针和缝纫机等工具。
具体安排：按照项目计划完成。
施工记录：组长记录组员的操作过程。

2. 准备材料

选购合适的布料，考虑其质地、颜色和图案。
准备填充物，如 PP 棉或其他柔软的填充物。
准备缝纫工具，如针、线、剪刀、缝纫机等。

3. 设计图样

根据布依族的传统图案和头枕的样式，设计图样。
确定头枕的尺寸，确保其符合人体工学。

4. 剪裁布料

根据设计图样，使用剪刀将布料剪裁成适当的形状。
注意布料的正反面，确保剪裁无误。

5. 缝制

使用缝纫机或手工针线，将剪裁好的布料缝合在一起（注意留一个口，然后将布料翻过来，以便后续操作）。
注意缝合的针脚要均匀，不要有明显的线头外露。

6. 填充

将准备好的填充物从预留口中均匀地填充到缝制好的布料内，然后将口缝合。
确保填充物充实，无空洞。

7. 安装扣子

选择与布料颜色相配的扣子，将其缝制在头枕的两边。
确保扣子牢固，不易脱落。

8. 细节处理

对头枕的边角进行修剪和整理，使其光滑无毛刺。

检查是否有未缝合的地方或线头，进行清理和修补。

9. 质量检查

对制作完成的头枕进行质量检查，确保没有明显的瑕疵或问题。
测试头枕的舒适度和支撑性，进行调整和完善。

五、项目总结

1. 个人总结

项目	内容
我的学习目标达成度	
我的知识能力学习收获	
我的科学技术学习收获	
我的劳动教育学习收获	
我的中华民族共同体意识发展收获	

2. 小组总结

（1）哪个同学最专注认真？哪个同学操作技能最熟练？哪个同学最有团队协作精神？
（2）本小组制作的优缺点（知识、技能、协作、意识等方面）有哪些？

3. 教师总结

（1）学生最突出的思政素养发展是什么？
（2）学生最突出的科技、劳动素质发展是什么？
（3）各组的劳动成果是什么？
（4）各组制作的优缺点有哪些？
（5）各组的改进目标是什么？

六、项目总体评价

1. 学习过程评价

姓名：　　　　　　　　　　　　　　　　　　　　　　小组：

评价维度	评价标准			自评	组评	师评
	一级	二级	三级			
参与程度	积极完成各项作业及讨论活动，主动分担任务，在班级中积极交流、发言	按时完成各项作业，在班级中发言较积极	完成作业不积极，分担任务不主动，不积极交流			
合作情况	积极参与小组讨论，有效地完成自己的任务，通过讨论的方式分享观点和想法，发言积极，内容充实	能够参与小组活动，任务基本明确，但没有很好地完成任务，能围绕一个问题进行讨论，发言较规范	对互动不感兴趣，仅进行简短的交谈，任务不明确，不发言或乱发言			

续表

评价维度	评价标准			自评	组评	师评
	一级	二级	三级			
学习情况	独立思考，自主学习，主动发现问题，提出问题，寻求解决问题的方法	能思考，但不会自主学习，能和小组成员合作发现问题，提出问题	不善于思考，不爱学习，不会发现问题，更不会提出问题			
学习态度	按照学习要求主动学习，帮助他人，宣传积极向上的学习思想	能够按照学习时间完成规定课程，与辅导教师及小组成员沟通少	学习积极性不高，畏难心理严重，以消极言论影响他人			
合理化建议	主动关注学习过程中出现的各类问题，并及时与教师沟通，提出改进意见	关心组员提出的问题，能够参与问题的讨论	只顾自己学习，遇到问题直接寻求帮助，无任何建议			
教师签名		总评				

2. 学习成果评价

姓名：　　　　　　　　　　　　　　　　　　　　小组：

评价项目	评价内容		自评/分	组评/分	师评/分
学习态度	积极主动参与学习，求知欲强，有工匠精神（20 分）				
合作探究	积极参与小组讨论，能与同学协作施工（10 分）				
	积极思考问题，能提出创新性解决方案，熟练操作流程（10 分）				
操作技能	制作熟练度（20 分）				
	技法应用（20 分）				
	作品的质量和美观度（20 分）				
教师签名		总评 （自评分占 30%+组评分占 30%+师评分占 40%）			

3. 评价记录

姓名	文化知识	技能技术	情感价值	其他	备注

模块四
社会服务劳动

项目十五
中华礼仪文化传承：中餐宴会餐巾折花制作

思政目标

在折花设计中融入中国传统元素，传达中华民族的独特美学与文化价值观；通过对餐巾折花基本技法、餐巾折花基本类型的学习和实操，培养踏实严谨的作风，提升想象力和创造力。

科技目标

掌握餐巾折花的基本类型，熟悉餐巾折花在中餐主题宴会中的运用和搭配，掌握不同餐巾布质地的优缺点，尽力实现餐巾材料的可持续利用，增强环保意识。

劳动目标

在学习餐巾折花基本技法的基础上，通过选择、折叠和摆放等练习活动，增强以劳育美、以劳树德的意识，培养精益求精和追求卓越的工匠精神。

一、启动学习

（一）中国传统餐桌礼仪文化和中餐席位礼仪

古人云“民以食为天”，而在“食”中又以“坐”为先，鸿门宴中就说到“项王、项伯东向坐；亚父南向坐，——亚父者，范增也；沛公北向坐；张良西向侍”，寥寥几笔却勾画出了安排席位的主宾尊幼的老礼。

中餐上菜时多以顺时针为上菜方向，居右者因此比居左者优先受到照顾。中座为尊：三人一同就餐时，居中坐者在位次上要高于在其两侧就座之人。面门为上：倘若用餐时，有人面对正门而坐，有人背对正门而坐，依照礼仪惯例则应以面对正门位为上座，以背对正门位为下座。就宴会而言，一般都要事先安排好座次，以方便参加宴会的人都能各就各位，也体现出对客人的尊重。通常，就座次的高低而言，主要考虑以下几点。首先，以主人的座位为中心，如果女主人参加时，则以男主人和女主人为基准，近高远低，右上左下，依次排列。其次，通常要把主宾安排在最尊贵的位置，即男主人的右手位置，把主宾夫人安排在女主人的右手位置。最后，主人方面的陪客要尽可能与客人相互交叉，便于交谈交流，避免自己人坐在一起，冷落客人。如果碰上外宾，翻译一般都被安排在主宾右侧。家宴的席次相对简单，男主人与女主人一般相对或者交叉而坐，主人一般背对厅壁。

中餐宴请席位礼仪的原则是：以右为上，以中央为上，以面门为上，以近为高、远为低。宴请时，职位或地位高者为尊，尊者上座。

单主人宴请以主人（主陪）坐主位，其余座位按“以右为贵”原则依次按“之”字形飞线排列，同时要做到主客相间，如图15-1所示。

双主人宴请常用于第一主人（主陪）、第二主人（副陪）均为同性别人士或正式场合宴请时使用。主副相对，按“以右为贵”原则依次顺时针排列，同时要做到主客相间，如图15-2所示。

图15-1　中餐单主人宴请席位礼仪

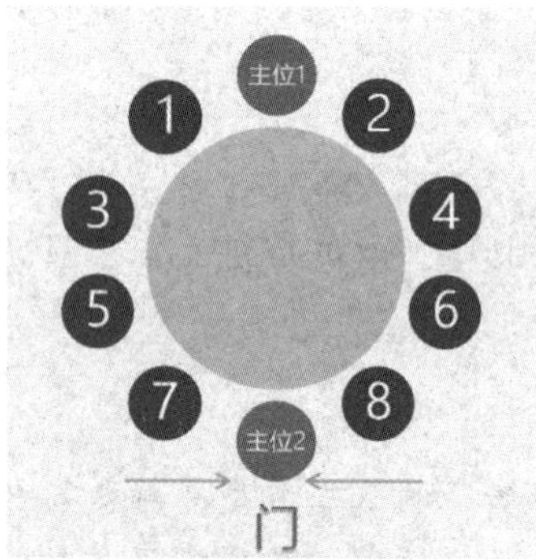

图15-2　中餐双主人宴请席位礼仪

说一说：在不同情况下，中餐宴请圆桌中主位与主宾的位置。

（二）中餐宴会餐巾折花

1. 中餐宴会餐巾折花的作用

（1）突出主题。餐巾折花的不同花形和摆设，可以点化宴会主题和标志主宾位，客人一步入餐厅就可以从不同的花形中辨认出自己的位置。

（2）美化席面。餐巾折花不仅是宴会摆台的组成部分，而且是一种不可缺少的装饰品，可以起到渲染宴会气氛、增强艺术感染力的作用。若餐巾折花的花形与美味佳肴相互呼应，协调一致，美观统一，则会收到美食美器的良好效果。

2. 中餐宴会餐巾折花的类型

中餐宴会餐巾折花的类型根据摆放方式可分为杯花、盘花两种。杯花需插入杯中才能完成造型，出杯花形即散，是目前中餐宴会中普遍运用的类型。餐巾折花按外观造型可分为植物、动物、实物三种类型。植物类花型是根据植物的花的形状造型的，如荷花、水仙花等；也有根据植物的茎、果实造型的，如慈姑叶、竹笋、玉米等，如图15-3所示。动物类花型包括鱼、虫、鸟、兽造型，其中以飞禽为主，如白鹤、孔雀、鸵鸟等，如图15-4所示。动物类造型，有的取其整体，有的取其特征，形态逼真，生动活泼。实物类花型是模仿日常生活用品中各种实物形态折叠而成的，如帽子、折扇、花篮等，多以盘花为主，如图15-5所示。

图 15-3　一叶知秋（植物类花型）

图 15-4　金鱼（动物类花型）

图 15-5　一帆风顺（实物类花型）

3. 中餐宴会餐巾折花摆放的基本要求

餐巾是餐桌上的普通用品，餐巾折花则是一项艺术创作，它可以烘托宴会的气氛，增添宴会艺术效果，因此餐厅服务员要掌握餐巾折花摆放的基本要求。

（1）突出主位。根据主宾席位选择花型。宴会上，主宾席位上的餐巾折花被称为主花，主花一般选择品种名贵、美观醒目的花型，以达到突出主位、尊敬主宾的目的。

（2）注意协调性。餐巾折花的协调性是指无论是大型还是小型宴会，除主位外的餐巾折花要高矮一致，大小一致，要把一个台面或一组台面当作一个整体来布置。一般主位的餐巾折花与其余位置的不同。

（3）注意餐巾图案的禁忌。日本忌荷花、梅花图案；英国忌大象、孔雀图案；美国讨厌蝙蝠图案；意大利忌菊花图案；埃及忌讳熊猫图案。

4. 中餐宴会餐巾折花摆放的艺术性

餐巾折花在台面上具有抽象性和形象性，要使每个花型都发挥其作用，餐厅服务员就要了解每个花型的最佳观赏位置，在摆放时应注意以下几点。

（1）主花要摆插在主位。主花摆在主位，一般情况下高度最高；一般的餐巾折花摆在其他宾客席上，但要高低均匀，错落有致，达到一种视觉艺术的美。

（2）餐巾折花将观赏面朝向宾客。摆放餐巾折花，要使宾客正面观赏，如孔雀开屏、和平鸽等花型，要将正面朝向宾客。适合侧面观赏的，要将最佳观赏面朝向宾客。

练一练：把老师所折出的 3 种植物造型的餐巾折花分别放置在中餐主人位、主宾位和副主人位，并说明摆放的理由。

二、项目计划

（1）根据项目的人员需要，自主组建 3～5 人小组，确定每人的具体分工（表 15-1）。

表 15-1 人员分工表

角色	姓名	职责
组长		组织协调项目工作
餐巾折花造型设计人员		网络查找餐巾折花造型
餐巾布准备人员		选择合适的餐巾布
折花制作人员		中餐餐巾折花制作
摆台人员		将折花造型进行摆台

（2）制订项目流程与时间计划（表 15-2）。

表 15-2 项目流程与时间计划表

环节	时间/分	工作	第一责任人	其他参与者
准备	10	材料准备		
作品构思	20	餐巾折花造型设计		
中餐餐巾折花	50	制作 6 种中餐餐巾折花		
摆台	20	中餐餐巾折花摆台		

思考：小组人员分工、项目流程与时间计划是否科学合理？

三、项目知识与技能学习

（一）中餐宴会折花餐巾的质地

1. 纯棉织品

纯棉织品是各类棉纺织品的总称。它的优点是轻松保暖，柔和贴身，吸湿性、透气性甚佳；它的缺点是易缩、易皱，外观上不大挺括美观。图 15-6 为纯棉餐巾。

2. 棉麻织品

棉麻织品是以棉和麻为原材料的纺织品。它的优点是强度高，吸湿性、导热性、透气性佳；它的缺点是外观较为粗糙。图 15-7 为棉麻餐巾。

图 15-6　纯棉餐巾

图 15-7　棉麻餐巾

3. 化纤织品

化纤织品主要可分为再生纤维和合成纤维。再生纤维的生产是受到蚕吐丝的启发，以纤维素和蛋白质等天然高分子化合物为原料，经化学加工制成高分子浓溶液，再经纺丝和后处理而制得的纺织纤维；合成纤维是由合成的高分子化合物制成的，常用的合成纤维有涤纶、锦纶、腈纶、氯纶、维纶、氨纶等。中餐餐巾布通常选择合成纤维。它的优点是品种很多，个性各异，颜色亮丽，透明感强，富有弹性，比较平整，如果一次造型不成，可以二次造型，不用浆烫，使用方便；缺点是可塑性不如纯棉织品和棉麻织品好。图 15-8 为化纤餐巾。

4. 纸质餐巾

纸质餐巾成本低，更换方便；尽管也能循环再利用，但是不够环保；有时也有非正式和低档次的感觉。图 15-9 为纸质餐巾。

图 15-8　化纤餐巾

图 15-9　纸质餐巾

（二）中餐宴会餐巾折花的基本技法

1. 折叠

折叠的演示

折叠是最基本的餐巾折花手法，几乎所有的造型都要使用折叠，就是将餐巾平行取中一折为二、二折为四或者折成三角形、长方形、正方形、菱形、多齿形、梯形等多种形状。

（1）折叠的基本技法。折叠分为折和叠两个部分，辅之以压。

① 折一般要求沿餐巾的一定线呈直线折，以食指为中轴线或支点，拇指折压餐巾

的一半或一部分。

② 叠是折的后续动作，是为了矫正折的形状，使形状更对称、美观，在叠压之前从餐巾的折的边缘或角进行矫正。

③ 叠压是为了保持折的基本形状，用掌心由中间向两端或由一端向另一端压平餐巾。

（2）折叠的基本要求。

① 一般由折而叠，或一折一叠，要求对称，或按照形状的要求有规律地折叠。

② 要熟悉基本造型，折叠前算好角度，一下折成，避免反复，以免餐巾上留下褶痕，影响餐巾美观。

③ 按压平整，保持形状，进行其他技法的操作。

④ 在折叠之前要分清餐巾的正反面，保证最终餐巾正面为折花的观赏表面；也要分清是向上或向下折叠，方便后续操作；还要分清是单面或双面折叠，防止折叠出错误的形状。

2. 推或推折

推折的演示

推折即折裥，将折叠好的餐巾推或推折成一裥一裥的形状。

（1）推折的基本技法。

① 在打折时，双手的拇指、食指捏住餐巾一端的两边，或餐巾中间的两边。

② 两个大拇指相对成一线，指面向外，指侧面按紧餐巾向前推动餐巾至中指处，用食指捏住推折的裥，从而形成均匀的折裥，这样形成的褶比较均匀。初学者可以用食指或中指向后拉折，但是这样往往不容易保证折裥均匀。

③ 这时应用食指将打好的褶挡住，把中指腾出来，去控制好下一个褶的距离。三个指头互相配合，注意观察推折的效果。

④ 推折时，要在光滑的盘子或托盘中进行。

（2）推折的基本要求。

① 由推而折，辅以捏，要求均匀。

② 根据不同的花型与后续技法，选择从一端开始还是从中间开始推折。

③ 拇指和食指要捏住裥，中指控制间距，在转换到下一个技法时注意保持最终的推折形状。

④ 推折时，工作台面要干净光滑，否则推折时会发涩，影响效果，还会损坏餐巾。

3. 卷

卷的演示

卷是将餐巾卷成圆筒或实心卷并制出各种花型的一种手法。

（1）卷的基本技法。卷分为直卷和螺旋卷两种。

① 直卷：又称为平行卷，是将餐巾一端的两头一起卷起，形成实心卷或筒。直卷时，拇指和食指捏住餐巾头或角，由内向外翻转，食指抽出压住餐巾头，拇指再从餐巾头底部捏住餐巾头，依次往复卷至要求的地方即可。在这个过程中，中指和无名指压住餐巾，不让其滑动。

② 螺旋卷：又称为斜角卷，可先将餐巾折成三角形，餐巾边参差不齐；或将餐巾

一头固定，只卷起另一头；或一头多卷，一头少卷，形成一头大、一头小的实心卷或筒。螺旋卷的技法基本同直卷，只是不同的端头用力和卷的幅度不同而已。

（2）卷的基本要求。无论是直卷还是螺旋卷，餐巾都要卷紧、挺括，如果卷得松就会在后面餐饮服务与管理折花中出现软折，弯曲变形，影响造型效果。螺旋卷要用拇指控制卷的速度和卷筒的粗细、卷的角度。

4. 穿

穿是指用工具（一般用筷子）从餐巾的夹层褶缝中边穿边收，形成皱褶，使造型更加逼真美观的一种手法。

穿的演示

（1）穿的基本技法。穿时左手握牢折好的餐巾；右手拿筷子，将筷子的一头穿进餐巾的夹层褶缝中，另一头顶在自己身上或桌子上，然后用右手的拇指和食指将筷子上的餐巾一点一点往里拉，直至把筷子穿过去。使用两根或两根以上的筷子穿时，注意后面穿的动作不要影响前面的花形。抽取筷子时应轻、慢、稳，以利于保持花形。

（2）穿的基本要求。皱褶要求拉得均匀、平、直、细小；穿时注意左手攥住餐巾，不要散型；穿好后，要先将折花插进杯子，再把筷子抽掉，否则皱褶易松散。穿时用的筷子最好粗细适中、圆形、光滑、硬度强。

5. 翻拉

翻拉常常与翻的动作相配合，是在翻折的过程中将餐巾折花的某一部分由里向外拉伸，使花型挺直的一种技法，大都用于折花、鸟。用手从基本折叠好的花模中拉出餐巾的一角或头，形成花的叶、花瓣，或鸟的翅膀、尾巴，或鱼的尾巴等。

翻拉的演示

（1）翻拉的基本技法。一手握住所折的餐巾，一手翻折，拇指和中指捏住餐巾的一角或一端，从下往上，或从上往下，或从内向外拉出来即可。

（2）翻拉的基本要求。在翻拉餐巾的过程中，两手必须配合好，否则会拉散餐巾；用力要均匀，左手拿握时该松则松，该紧则紧；大小比例适当，造型挺括。

6. 捏

捏的方法主要用于折鸟或其他动物的头部，它常常与压的动作相配合。

（1）捏的基本技法。以折鸟为例。

① 操作时先将鸟的颈部拉好（鸟的颈部一般用餐巾的一角）。

捏的演示

② 然后用一只手的大拇指、食指、中指三个指头，捏住鸟颈的顶端。

③ 食指向下，将餐巾一角的顶端尖角向里压，大拇指和中指做槽，将压下的角捏出尖嘴。

（2）捏的基本要求。捏的基本要求是用力，一次捏成。截取餐巾角或顶端时要适当，与动物的颈部比例和大小要合适。

说一说：辨别餐巾质地的方法和 6 种餐巾折花的基本技法。

四、项目实施

运用不同质地的餐巾布，折出以下 4 种不同的杯花造型，分别放置在主人位、主宾位、副主人位、其他客人位置。

第一步：材料准备。根据杯花造型，选择合适的餐巾布。

第二步：杯花造型设计（4 种）。

主人位：双尾蝴蝶，如图 15-10 所示。

主宾位：枯枝新叶，如图 15-11 所示。

图 15-10　双尾蝴蝶

图 15-11　枯枝新叶

副主人位：高山仰止，如图 15-12 所示。

其他客人位置：荷花，如图 15-13 所示。

图 15-12　高山仰止

图 15-13　荷花

第三步：成品展示。将 4 种花型摆放在中餐圆桌中（10 人位）。

五、项目总结

1. 个人总结

项目	内容
我的学习目标达成度	
我的知识能力学习收获	

续表

项目	内容
我的科学技术学习收获	
我的劳动教育学习收获	
我的中华礼仪文化学习收获	

2. 小组总结

（1）哪个同学最专注认真？哪个同学操作技能最熟练？哪个同学最有团队协作精神？
（2）本小组制作的优缺点（知识、技能、协作、意识等方面）有哪些？

3. 教师总结

（1）学生最突出的思政素养发展是什么？
（2）学生最突出的科技、劳动素质发展是什么？
（3）各组的劳动成果是什么？
（4）各组制作的优缺点有哪些？
（5）各组的改进目标是什么？

六、项目总体评价

1. 学习过程评价

姓名：　　　　　　　　　　　　　　　　　小组：

评价维度	评价标准			自评	组评	师评
	一级	二级	三级			
参与程度	积极完成各项作业及讨论活动，主动分担任务，在班级中积极交流、发言	按时完成各项作业，在班级中发言较积极	完成作业不积极，分担任务不主动，不积极交流			
合作情况	积极参与小组讨论，有效地完成自己的任务，通过讨论的方式分享观点和想法，发言积极，内容充实	能够参与小组活动，任务基本明确，但没有很好地完成任务，能围绕一个问题进行讨论，发言较规范	对互动不感兴趣，仅进行简短的交谈，任务不明确，不发言或乱发言			
学习情况	独立思考，自主学习，主动发现问题，提出问题，寻求解决问题的方法	能思考，但不会自主学习，能和小组成员合作发现问题，提出问题	不善于思考，不爱学习，不会发现问题，更不会提出问题			
学习态度	按照学习要求主动学习，帮助他人，宣传积极向上的学习思想	能够按照学习时间完成规定课程，与辅导教师及小组成员沟通少	学习积极性不高，畏难心理严重，以消极言论影响他人			
合理化建议	主动关注学习过程中出现的各类问题，并及时与教师沟通，提出改进意见	关心组员提出的问题，能够参与问题的讨论	只顾自己学习，遇到问题直接寻求帮助，无任何建议			
教师签名		总评				

2. 学习成果评价

姓名：　　　　　　　　　　　　　　　　　　　　　　　　小组：

<table>
<tr><td>评价项目</td><td colspan="2">评价内容</td><td>自评/分</td><td>组评/分</td><td>师评/分</td></tr>
<tr><td>学习态度</td><td colspan="2">积极主动参与学习，有进取心，学习兴趣浓厚，求知欲强（20 分）</td><td></td><td></td><td></td></tr>
<tr><td rowspan="2">合作探究</td><td colspan="2">积极参与讨论，能与同学互帮互助，共同学习，相互促进（10 分）</td><td></td><td></td><td></td></tr>
<tr><td colspan="2">积极思考问题，能提出创造性解决问题的方法、方案（10 分）</td><td></td><td></td><td></td></tr>
<tr><td rowspan="4">操作技能</td><td colspan="2">餐巾布质地的选择（15 分）</td><td></td><td></td><td></td></tr>
<tr><td colspan="2">餐巾折花基本技法的掌握（15 分）</td><td></td><td></td><td></td></tr>
<tr><td colspan="2">餐巾折花造型的设计（15 分）</td><td></td><td></td><td></td></tr>
<tr><td colspan="2">餐巾折花摆放的艺术性和礼仪要求（15 分）</td><td></td><td></td><td></td></tr>
<tr><td>教师签名</td><td></td><td>总评
（自评分占 30%+组评分占 30%+师评分占 40%）</td><td colspan="3"></td></tr>
</table>

3. 评价记录

姓名	文化知识	技能技术	情感价值	其他	备注

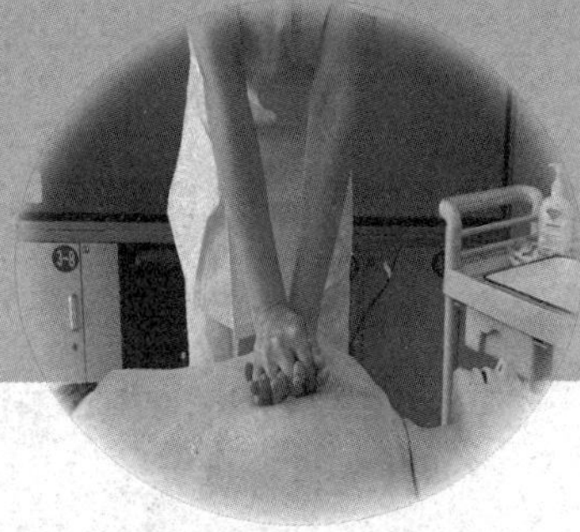

项目十六
现代医疗卫生体系中的生命文化建构：心肺复苏学习

思政目标

了解我国心肺复苏的发展史，了解中华医学对世界的贡献；培养“时间就是生命”的急救意识和仁爱精神，树立尊重生命、敬畏生命意识，增强传播急救知识的社会责任感与公众服务意识。

科技目标

了解采用心肺复苏恢复心搏骤停的科学原理；培养利用科学原理指导最佳实践的能力，提高解决问题的科学思维和科学素养。

劳动目标

体验劳动过程，感受劳动带来的成就感和乐趣，进一步增强理解劳动、尊重劳动、尊重劳动人民和劳动成果的意识，形成正确的劳动观；通过实际操作学会心肺复苏的操作流程和技巧，增强动手能力、劳动习惯和劳动管理能力；分工合作，共同完成心肺复苏，进一步发展团队协作意识和急救意识；掌握维护和保养心肺复苏模拟人的技能。

一、启动学习

1. 我国心肺复苏发展史

我国关于胸外心脏按压等复苏抢救的详细记载，远早于西方。历代医书典籍中均有关于心肺复苏的记载，积累了丰富的经验和独特的理论。

东汉时期张仲景在《金匮要略》中提出“救自缢死方”，其急救过程和原则与现代心肺复苏的基本技术高度相似，特别是“形神并重”的急救理念，对后世的医学发展，尤其是急救学，产生了深远的影响。《金匮要略》中详细描述的胸外心脏按压技术，是世界上最早的详细记载，时间比西方早了约一千年。

华佗在《华佗手札》中也记载了心肺复苏的要点，包括患者应平卧、打开气道、按压胸部、抬起手臂以协助呼吸、按压腹部膈肌等。

晋朝，葛洪在《肘后备急方》中记载了芦管吹气复苏法，这是现代人工呼吸的“口咽通气管”的早期雏形。

隋代，巢元方在《诸病源候论》中强调心肺复苏应尽早开始，恢复呼吸和循环同样重要。

唐代，孙思邈在《千金要方》中改进了口咽部插管术，使用竹筒进行人工呼吸，并结合针灸进行复苏。

北宋时期，《中藏经》中首次出现了口对口人工呼吸的记载，这是现代口对口复苏的基础。

明代，心肺复苏技术普及至民间，冯梦龙在《醒世恒言》中详细描述了口对口人工呼吸的方法。

清代出版了许多急救专著，如胡其重的《急救危症简便验方》、叶廷荐的《救急备用经验汇方》和程鹏程的《急救广生集》。这些书详细记载了各种危重症的复苏方法。

通过回顾我国古代心肺复苏的历史可以看出，心肺复苏被详细记录在各种书籍中，细节清晰准确，具有重要的医学价值，为后世医学的发展奠定了基础。

然而，尽管我国心肺复苏的历史悠久，但目前院外心搏骤停的生存率仍然较低。《中国心脏骤停与心肺复苏报告（2022 年版）》显示，我国心搏骤停总体发病率为 97.1/10万，院外心搏骤停的生存率仅为 1.2%。

目前，心肺复苏在医学院校和医院的实施率较高，但公众知晓率低。为改善这一状况，需要建立专业的心肺复苏培训机构，培养专职的心肺复苏培训师，普及心肺复苏技术，让人人都了解心肺复苏的重要性。在全球视野下，心肺复苏是每个人都应掌握的必备技能。每个人都应具备“时间就是生命”的急救意识和仁爱精神，尊重生命、敬畏生命，具有传播急救知识的社会责任感和公众服务意识，做到人人会急救，人人能施救。

2. 世界心肺复苏发展简史

世界心肺复苏的发展有着悠久的历史。我国东汉时期的名医张仲景在其著作《伤寒杂病论》中首次记录了心肺复苏。

伴随着解剖学和麻醉技术的发展，近代的心肺复苏方法不断完善。早期的西方复苏方法包括将草灰或爆灰放在受害者的胸部加热，并用羽毛刺激受害者。在人工呼吸技术上，人类经历了漫长的发展过程。抢救溺水者时，早期常采用“倒挂金钩”或木桶疗法、马背颠簸疗法，这些技术在某种程度上确实有助于呼吸。

现代心肺复苏（cardiopulmonary resuscitation，CPR）的发现具有一定的偶然性。在约翰斯·霍普金斯大学的威廉·考恩霍文（William Kouwenhoven）教授的外科研究实验室中，生物医学工程系的研究生盖伊·尼克博克（Guy Knickerbocker）在对心搏骤停的狗进行实验时，意外进行了心脏电击除颤。他观察到，在进行胸部按压时，电极片放在狗的心前区会导致动脉血压显著上升。

此外，约翰斯·霍普金斯医院外科住院医师詹姆斯·祖德（James Jude）等论证了按压胸壁不仅可以产生脉搏，还有助于恢复前向血流，最终恢复自主循环。1960 年，他们发表了一篇具有里程碑意义的论文《闭式胸部心脏按摩》。这篇论文基于对 20 个成功复苏患者的经验分析总结，其中 14 个患者情况平稳并安全出院。胸外心脏按压因此被广泛应用于临床。直到 20 世纪 50 年代，美国红十字会等组织开始向救生员介绍口对口的人工呼吸复苏法，逐渐形成了如今通用的心肺复苏方法。

在近两个世纪中，人类在电除颤理论上不断突破，研制出一代又一代的电除颤仪器。如今，社会公共场所已普遍配备自动体外除颤器（automated external defibrillator，AED）。

思考：我国心肺复苏的发展对丰富和发展后世医学有何作用？针对我国院外心搏骤停的生存率仅为1.2%的情况，作为普通大众的我们应该怎么做？

二、项目计划

（1）根据项目人员需要，自主组建2人小组，明确每人的具体分工（表16-1）。

表16-1　人员分工表

角色	姓名	职责
施救者		首要责任人，主要负责实施心肺复苏
助手		协作施救者，轮换进行心肺复苏

（2）制订项目流程与时间计划（表16-2）。

表16-2　项目流程与时间计划表

环节	时间	工作	第一责任人	其他参与者
准备	5分钟	场地、器械准备		
操作	15秒	判断意识、呼吸和心跳		
	15秒	安置体位		
	3分钟	胸外心脏按压		
		开放气道		
		人工呼吸		
	10秒	判断复苏效果		

思考：小组分员分工、项目流程与时间计划是否科学合理？

三、项目知识与技能学习

（一）心肺复苏原理

心肺复苏不仅是一种紧急救护技术，也是恢复心脏跳动和呼吸功能的一项重要技术，及时有效地实施心肺复苏对于提高心搏骤停患者的生存率至关重要。

心肺复苏原理为通过外力刺激和人工替代气体交换，维持血液循环和氧气供应，以尽可能地保护脑功能。在心肺功能停止的情况下，最关键的是尽快恢复心脏的自主跳动和呼吸道的通畅。

心肺复苏的过程分为两个主要步骤：胸外心脏按压和人工通气。在进行胸外心脏按压和人工通气时，应尽量避免中断，以确保持续的血液循环和氧气供应。在实施心肺复苏过程中，可以考虑除颤，并在需要时自动发出电击来恢复正常的心脏跳动。

（二）心肺复苏操作过程

1. 判断意识、呼吸和心跳

在安全情况下，采取轻拍患者双肩的方法，并大声呼叫：“喂，你能听见我说话吗？”判断患者有无反应（图 16-1），也就是“轻拍重喊”，同时立即检查呼吸和大动脉搏动（图 16-2）。

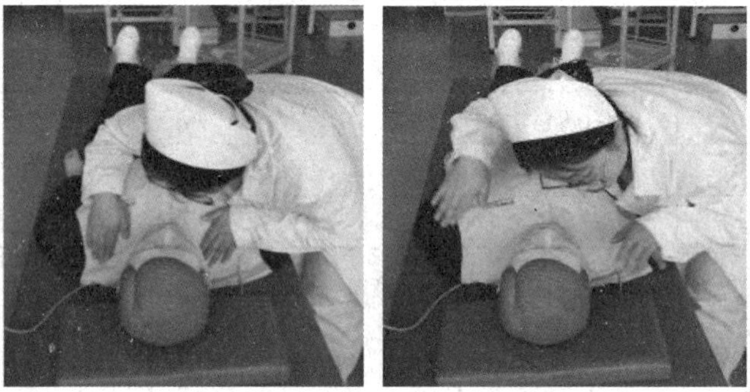

图 16-1　判断意识[1]

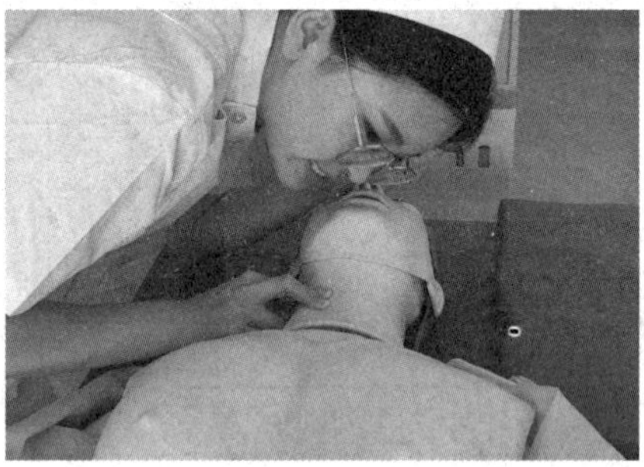

图 16-2　触摸颈动脉

判断有无有效呼吸时，可观察伤者面部、呼吸情况和胸廓有没有起伏。成人和儿童检查其颈动脉搏动，方法是食指和中指的指尖平齐并拢，从患者的气管正中部位向旁滑移 2～3 厘米，在胸锁乳突肌内侧轻触颈动脉（婴儿可检查肱动脉）并计数 1001、1002、1003、1004、1005、1006，检查时间为 5～10 秒。

2. 启动应急反应系统呼救

在医院外，如果患者无反应，应立即呼叫帮助，请他人或通过手机拨打“120”急救电话，启动应急反应系统，有条件的同时获取 AED。

3. 胸外心脏按压

一旦判断患者发生心搏骤停，或不确定是否有脉搏时，就要立即开始胸外心脏按压。胸外心脏按压是对胸骨中下段有节律地按压，使含氧血液流向心脏和大脑等重要器官。

① 本项目所有图片均来源于黔西南民族职业技术学院急危重症护理学精品课程组。

（1）按压体位。应让患者仰卧于坚硬的平面上，为保证按压时力量垂直作用于胸骨，施救者可根据患者所处位置的高低，采取跪式或站式（需要时，用脚凳垫高）等不同体位进行按压。

（2）胸外心脏按压部位（图 16-3）。成人胸外心脏按压的部位是在胸部正中，即成年男性两乳头连线之间的中点。婴儿按压部位在两乳头连线中点下一横指处。

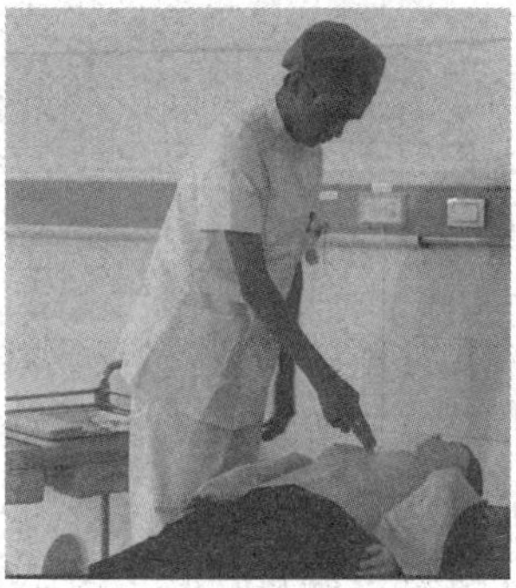

图 16-3　胸外心脏按压的部位

（3）胸外心脏按压的手型。按压时，施救者左手掌根部放在胸骨按压部位，右手平行叠加在其上，双手十指交叉紧紧相扣，五指尽力向上翘起，保证手掌根部用力在胸骨上，避免发生肋骨骨折，即双手重叠，十指相扣，掌根下压，五指翘起，如图 16-4 所示。

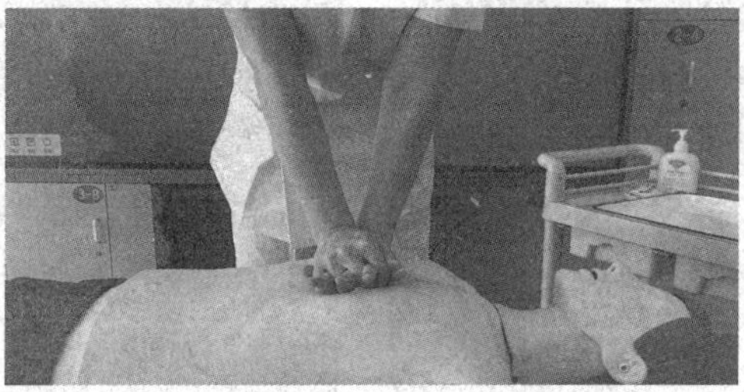

图 16-4　按压手型

（4）胸外心脏按压的姿势和方法。按压时身体前倾，双肩在伤者胸骨正上方，双手臂绷紧伸直，以髋关节为支撑点，依靠上半身的力量垂直向下用力按压（图 16-5）。按压和放松的时间大致相等，按压时匀速计数 01、02、03、04、05、……、26、27、28、29、30。每 30 次为 1 个循环，按压 5 个循环。

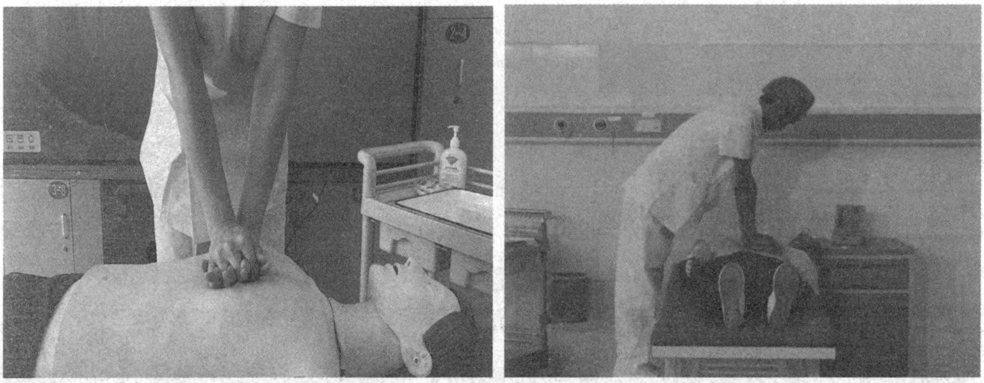

图 16-5　胸外心脏按压方法

（5）胸外心脏按压的深度和频率。成人按压的深度为 5～6 厘米，婴儿按压的深度大约为 4 厘米，儿童按压的深度大约为 5 厘米，频率为 100～120 次/分（15～18 秒完成 30 次按压），避免过度按压和按压深度的不足。按压期间保证胸廓完全回弹，按压中断时间尽量控制在 10 秒以内。

值得注意的是，按压过深会造成患者的肋骨骨折，按压过浅又不能使血液输送到大脑和全身，所以要精练心肺复苏，用精湛的技术去降低患者受伤的风险，挽救患者的生命。

4. 开放气道

常用的开放气道的方法有压额抬颏/颌法和托颌法。

（1）压额抬颏/颌法：适用于没有头和颈部创伤的患者。方法是：患者取仰卧位，施救者站在患者一侧，将一只手置于患者前额部用力使其头后仰，另一只手食指和中指置于患者下颌角处向上抬（或左手呈布的手势放在患者额头用力后仰，右手呈剪刀手势放在患者下颌角处向上抬），使患者下颌角、耳垂连线与地面垂直，如图 16-6 所示。

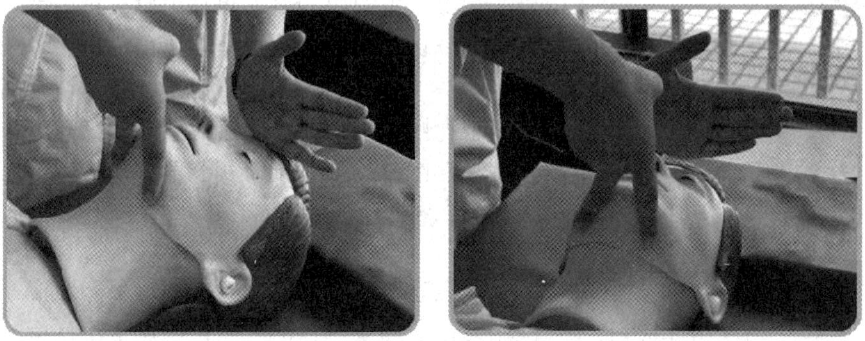

图 16-6　压额抬颏/颌法

（2）托颌法：适用于疑似头颈部损伤者。方法是：患者平卧，施救者位于患者头侧，两手拇指置于患者口角旁，其余四指托住患者下颌部位，在保证头部和颈部固定的前提下，将患者下颌向上抬起，使下齿高于上齿。

5. 人工呼吸

如果患者没有呼吸或不能正常呼吸，应立即进行口对口人工呼吸。人工呼吸在患者气道通畅和口部张开时进行。

施救者用置于患者前额的手拇指与食指捏住患者鼻孔，用口唇把患者的口唇完全罩住。施救者实行人工呼吸时正常呼吸即可，不需要深吸气，如图 16-7 所示。通气完毕，立即离开患者口唇部，同时松开捏闭患者鼻子的手指，使患者能从鼻孔呼出气体。

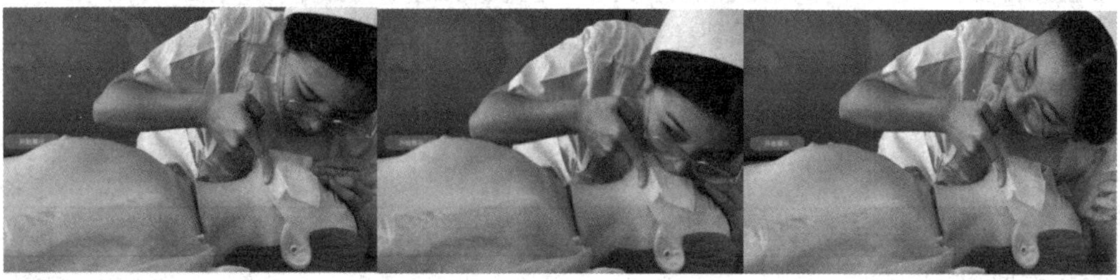

图 16-7　口对口人工呼吸

成人每 30 次按压后，人工呼吸 2 次；婴儿和儿童每 15 次按压后，人工呼吸 2 次。每次人工呼吸通气时间为 1 秒。

6. 判断心肺复苏效果

判断心肺复苏效果是心肺复苏的最后一个环节，方法如下：眼睛观看胸廓有无起伏，手指触摸颈动脉，食指和中指沿着气管旁开向左滑两横指，计数 1001、1002、1003、1004、1005、1006，判断时间在 5～10 秒。心肺复苏成功的指标如下：颈动脉搏动恢复，自主呼吸恢复，血压升高，散大的瞳孔缩小、对光反射存在，面色、口唇甲床皮肤色泽转红。

说一说： 心肺复苏的科学原理。

思考： 如何实施心肺复苏？在实施心肺复苏过程中如何减少患者的并发症？

四、项目实施

1. 准备

场地要求：干净宽敞、明亮安全。

用物准备：心肺复苏模拟人、血压计、手电筒、纱布等。

2. 心肺复苏操作流程

各小组按照心肺复苏操作过程（包括判断意识、呼吸和心跳，呼救，摆放体位，胸外心脏按压，开放气道，人工呼吸，判断效果）进行操作。

3. 心肺复苏模型使用后的维护

为了确保心肺复苏模拟人的正常运行和使用效果，需要定期对其进行维护和保养。具体维护内容包括检查设备的外观和功能是否正常、清洁模型、定期更新配件等。同时，在使用过程中，如果发现设备存在故障或问题，应及时联系相关人员进行维修或更换。

五、项目总结

1. 个人总结

项目	内容
我的学习目标达成度	
我的知识能力学习收获	
我的科学技术学习收获	
我的劳动教育学习收获	
我的急救意识和仁爱精神发展收获	

2. 小组总结

(1)哪个同学最专注认真？哪个同学操作技能最熟练？哪个同学最有团队协作精神？
(2)本小组制作的优缺点(知识、技能、协作、意识等方面)有哪些？

3. 教师总结

(1)学生最突出的思政素养发展是什么？
(2)学生最突出的科技、劳动素质发展是什么？
(3)各组的劳动成果是什么？
(4)各组制作的优缺点有哪些？
(5)各组的改进目标是什么？

六、项目总体评价

1. 学习过程评价

姓名： 小组：

评价维度	评价标准			自评	组评	师评
	一级	二级	三级			
参与程度	积极完成各项作业及讨论活动，主动分担任务，在班级中积极交流、发言	按时完成各项作业，在班级中发言较积极	完成作业不积极，分担任务不主动，不积极交流			
合作情况	积极参与小组讨论，有效地完成自己的任务，通过讨论的方式分享观点和想法，发言积极，内容充实	能够参与小组活动，任务基本明确，但没有很好地完成任务，能围绕一个问题进行讨论，发言较规范	对互动不感兴趣，仅进行简短的交谈，任务不明确，不发言或乱发言			
学习情况	独立思考，自主学习，主动发现问题，提出问题，寻求解决问题的方法	能思考，但不会自主学习，能和小组成员合作发现问题，提出问题	不善于思考，不爱学习，不会发现问题，更不会提出问题			
学习态度	按照学习要求主动学习，帮助他人，宣传积极向上的学习思想	能够按照学习时间完成规定课程，与辅导教师及小组成员沟通少	学习积极性不高，畏难心理严重，以消极言论影响他人			
合理化建议	主动关注学习过程中出现的各类问题，并及时与教师沟通，提出改进意见	关心组员提出的问题，能够参与问题的讨论	只顾自己学习，遇到问题直接寻求帮助，无任何建议			
教师签名		总评				

2. 学习成果评价

姓名： 小组：

评价项目	评价内容	自评/分	组评/分	师评/分
学习态度	积极主动参与学习，有进取心，学习兴趣浓厚，求知欲强(20分)			
合作探究	积极参与讨论，能与同学互帮互助，共同学习，相互促进(10分)			
	积极思考问题，能提出创造性解决问题的方法、方案(10分)			

续表

<table>
<tr><th>评价项目</th><th colspan="2">评价内容</th><th>自评/分</th><th>组评/分</th><th>师评/分</th></tr>
<tr><td rowspan="3">操作技能</td><td colspan="2">心肺复苏技能的掌握程度（20 分）</td><td></td><td></td><td></td></tr>
<tr><td colspan="2">细致认真程度（20 分）</td><td></td><td></td><td></td></tr>
<tr><td colspan="2">注意事项掌握程度（20 分）</td><td></td><td></td><td></td></tr>
<tr><td>教师签名</td><td></td><td>总评
（自评分占 30%+组评分占 30%+师评分占 40%）</td><td colspan="3"></td></tr>
</table>

3. 评价记录

姓名	文化知识	技能技术	情感价值	其他	备注

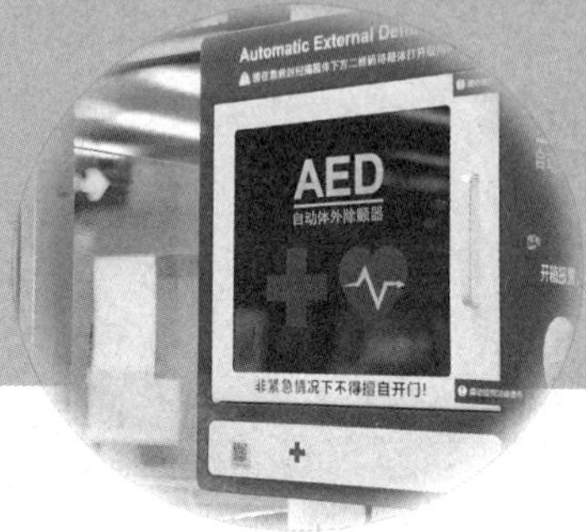

项目十七
现代医疗卫生体系中的生命文化建构：AED 使用

思政目标

培养“时间就是生命”的急救意识和仁爱精神；通过 AED 的操作使用练习，树立尊重生命的价值观，了解心搏骤停的症状及影响，进一步培养传播急救知识的社会责任感与公众服务意识。

科技目标

学习 AED 的除颤科学原理，学会科学正确使用 AED，形成解决问题的科学思维方式。

劳动目标

能够对 AED 设备进行维护和保养，具体维护内容包括检查设备的外观和功能是否正常、清洁电极片和机身、定期更新软件等；掌握 AED 使用的标准操作流程，通过实践训练，能够在模拟或实际紧急情况下迅速、准确地操作 AED；在紧急情况下，学会与他人合作，有效沟通，共同完成救援任务；遵守安全规范，学会在使用 AED 时注意个人安全和被救助者的安全；保持知识更新与持续学习，不断提高自己的救援技能。

一、启动学习

扫码观看介绍 AED 使用的视频，学会 AED 使用操作步骤。

自动体外除颤器使用

说一说： 短视频所介绍的 AED 使用操作步骤。

（一）生命无价，我国心搏骤停形势严峻

急性心搏骤停是公共卫生和临床医学领域最危急的情况之一，表现为心脏机械活动突然停止，患者对外界刺激无反应，无脉搏，无自主呼吸或濒死喘息等，如果不能得到及时有效的救治，常常会即刻死亡。据不完全统计，我国每分钟约有 1 人发生心搏骤停，目前一些发达国家平均抢救成功率可以达到 10%，而在部分城市及地区的抢

救成功率已达到 30%～50%，而我国院外心搏骤停的生存率仅为 1.2%。

对于心搏骤停的抢救，国际上普遍认可"生存链"的提法，需尽快进行心肺复苏并配合 AED 进行治疗。

心搏骤停类型包括心室颤动（简称室颤）、无脉电活动和心室停顿，其中室颤最为常见。室颤是指心室肌在不协调的乱颤下，心脏无排血，心音和脉搏消失，导致全身血液循环即刻停止，3～5 分钟即可致人死亡。若发生室颤，须在"黄金 4 分钟"内及时除颤。医学研究表明，除颤每延迟 1 分钟，生存率下降 7%～10%。在心搏骤停发生 1 分钟进行电除颤，患者存活率可达 90%；4 分钟内完成有效除颤，抢救成功率可达 60%；5 分钟后则下降到 50%左右，第 7 分钟约 30%，9～11 分钟后约 10%，而超过 12 分钟则只有 2%～5%。超过 5 分钟进行除颤，即使生命得以挽救，患者的大脑也将会出现不可逆的损害。数据显示，中国各大城市救护车到达现场至少要 15 分钟，及时施救显得尤为重要。《2020 年美国心脏协会心肺复苏和心血管急救指南》指出，90%以上的心搏骤停发生在院外，非专业急救者在面对突发情况时，应不离开患者并立即拨打急救电话，鼓励非专业人士进行心肺复苏，利用除颤器对患者及时除颤，等待急救团队的救助。

总的来说，不论是院内还是院外，致命性室颤发生后及时进行电除颤是患者"生存链"中最关键的环节。临床试验结果显示，AED 正确鉴别需电击事件的敏感程度为 100%，对室颤的诊断与治疗的有效性已被公认。为获得 AED 治疗的最佳效果，对 AED 使用的培训是有必要的。

（二）急救法宝，AED 操作简单便利

除颤器的核心机理为电除颤，利用足够大的电流刺激心脏，通过电击所有能被兴奋的组织使心室兴奋同步，让心肌细胞同时去极化，促使颤动的心肌恢复同步收缩状态，使心脏恢复正常。除颤过程要保持一定的幅度和持续时间。除颤器的分类见表 17-1，心脏起搏器与除颤器的差异见表 17-2。

表 17-1　除颤器的分类

分类标准	划分	说明
除颤电流的工作方式	交流除颤	在最大输出状态时，电流过高会干扰其他仪器的使用，目前已不再使用
	直流除颤	RLC 阻尼放电
R 波是否同步	同步型	用于室颤或心室扑动（室扑）
	非同步型	除室颤和室扑以外所有快速性心律失常
电极片放置位置	植入式心脏除颤器	将电极片放置于胸内，直接接触心肌进行除颤，防止心搏骤停
	体外除颤器	将电极片放置于胸外，间接接触心肌进行除颤

表 17-2　心脏起搏器与除颤器的差异

比较项目	心脏起搏器	除颤器
特点	心脏起搏点的替代品	心脏的重启器
机制	节律性放点，替代心脏起搏点功能	高电压放电消除所有心电活动，"重启"心脏功能

续表

比较项目	心脏起搏器	除颤器
刺激	小块心肌	整个心脏
心肌兴奋	依次	同步
电击面积	数平方毫米	数十平方厘米
电流	数微安	数安

AED 使用方便，可被非专业人士用于除颤治疗。心肺复苏是急救第一措施，但非专业人士较难掌握，急救效果有限。目前 AED 是公认心搏骤停急救的最有效方法。AED 通过脉冲电流作用于心脏，实施电击治疗，消除心律失常，使心脏恢复正常心律。此外，AED 利用语音或屏幕动画指导操作人员将电极片贴在患者胸部，可通过分析患者心律判断是否需要电除颤，操作简单，有助于操作者冷静面对突发情况，对患者进行有效治疗。

总的来说，AED 设备的使用在心搏骤停人员的急救中有着非常重要的作用，学会正确地使用 AED 设备，可以极大提高抢救成功率，挽救患者生命。

近年来，我国高度重视 AED 配置工作，《健康中国行动（2019—2030 年）》已明确指出完善公共场所急救设施设备配备标准。《中华人民共和国基本医疗卫生与健康促进法》规定公共场所应当按照规定配备必要的急救设备、设施。目前，国家卫生健康委员会积极与红十字会总会等部门协调，已在我国多个城市开始 AED 部署工作。

思考： 心搏骤停对患者的身体可能造成哪些影响？患者晕倒后的最佳抢救时间为什么是 4 分钟？AED 除颤的科学原理是什么？如何正确使用 AED 实施救援？怎样对 AED 设备进行维护和保养？在校园放置 AED 的适合位置由哪些因素决定？

二、项目计划

（1）根据项目人员需要，自主组建 3 人小组，确定每人的具体分工（表 17-3）。

表 17-3 人员分工表

角色	姓名	职责
施救者		首要责任人，主要负责施救措施实施
助手 1		从旁协助，轮换操作
助手 2		从旁协助，轮换操作

（2）制订项目流程与时间计划（表 17-4）。

表 17-4 项目流程与时间计划表

环节	时间	工作	第一责任人	其他参与者
准备	5 分钟	场地、器械准备		

续表

环节	时间	工作	第一责任人	其他参与者
操作	15 秒	判断意识、呼吸和心跳		
	15 秒	安置体位		
	2 分钟	启动 AED		
		贴电极片		
		将电极片插头插入主机		
		放电		
	5 分钟	心肺复苏（CPR）		

思考：小组人员分工、项目流程与时间计算是否科学合理？

三、项目知识与技能学习

（一）AED 除颤原理相关知识

AED 是一种便携式的医疗设备，它可以自动识别并治疗心搏骤停患者的快速心律失常。AED 可以通过电击除颤，使心脏恢复正常心律，对于抢救心搏骤停患者的生命至关重要。

电击除颤是一种常见的紧急救治方法，用于恢复心脏颤动的正常节律，从而维持心脏的正常功能。除颤的核心原理是通过电刺激心脏，使其重新回到正常的心律。这是一种非常有效的方法，经常被用于抢救突发心搏骤停的患者。

为了更好地理解除颤的原理，我们首先需要了解心脏颤动的机制。心脏颤动是心脏电传导系统功能异常的结果，通常是由于异常的电冲动产生而导致的，这种异常的电冲动可以在心脏的不同区域产生，从而导致心脏无规律地颤动。

心脏的电冲动是由离子通道的流动所产生的。这些离子通道可以在神经系统的调节下打开或关闭，在正常情况下，它们可以使心跳的节律保持规律和协调。但在某些情况下，离子通道可能会紊乱，导致电冲动的混乱和心脏的颤动。

AED 是一种电子设备，可以通过给予心脏电击恢复其正常的心律。除颤器的原理是利用高强度电流来直接影响心脏，使其重新回到正常的节律，电流可以穿透心脏的组织，直接作用于心肌细胞，从而使心脏恢复正常跳动。当人体受到强烈的电流冲击时，电流会激活心脏的大量肌纤维，从而使其同时紧缩。这个过程可被比作电击后的“重置按钮”，它能够清除一些错乱的电冲动，让心脏重新回到正常的心律。

（二）AED 使用相关知识与技能学习

1. 判断患者状态，确定是否心搏骤停

（1）轻拍重喊，判断反应。

在安全的情况下，快速识别和判断心搏骤停的方法为：轻拍患者双肩，并大声呼喊：“你好，能听到我说话吗？”判断患者有无反应。

（2）判断大动脉搏动及呼吸。

① 判断大动脉搏动。对于大动脉搏动检查，成人和儿童一般选择触摸颈动脉，感受颈动脉有无搏动。具体方法是：食指和中指并拢，指尖从患者气管正中部位向旁滑移2～3 厘米，在胸锁乳突肌内侧轻触颈动脉，感受有无搏动。检查时间应在 5～10 秒之内。一般可边触摸边计数 1001、1002、1003、1004、1005、1006。

② 判断呼吸。在判断患者大动脉搏动的同时，俯下身让自己的一侧面部贴近患者口鼻，感受患者口鼻有无气流呼出，听有无呼吸音，同时眼睛观察患者胸廓有无起伏。

2. 呼救

如果判断患者同时具备以下两种状况（无反应、无自主呼吸及无大动脉搏动），应立即大声呼救求助，请在场人员一人拨打 120 急救电话，一人去取 AED 设备。在等待 AED 的过程中，首先确保患者处于安全环境，并将其从水源或湿地上移开。按心肺复苏要求持续进行高质量胸外心脏按压（按压频率为 100～120 次/分，按压深度为成人胸骨下陷 5～6 厘米）。

3. 启动 AED 设备

AED 一般自带储备电源，打开 AED 盖子，找到电源开关并打开，按设备语音提示进行操作（语音提示一般为：已开机，保持镇定，按指示操作）。

4. 选择患者类型，对患者进行预处理

（1）选择患者类型：拨动患者选择开关。对于 8 岁以上或体重 25 千克以上的患者，选择成人模式，拨动开关后会听到语音提示“成人模式”。对于 8 岁以下或体重 25 千克以下的患者，选择小儿模式，拨动开关后会听到语音提示“小儿模式”。

（2）对患者进行预处理：解开患者衣扣，露出患者胸腹部，检查患者胸前皮肤，如有汗水需快速擦干，必要时剃去过多的毛发。

5. 贴放电极片

按照电极片上的图片指示，将电极片贴附在患者相应部位。以成人为例，一块贴附在右上胸壁（右锁骨下胸骨右侧），如图 17-1 所示，一块贴附在左乳头外下方（左腋中线）位置。一定要确保电极片按紧贴牢。

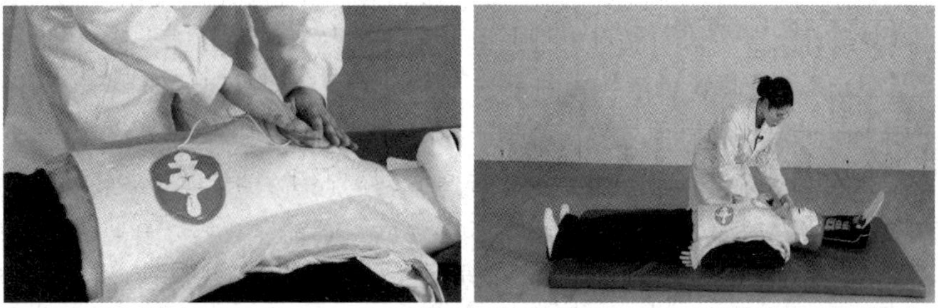

图 17-1　AED 安装

6. 插入主机，等待 AED 自动分析心律

将电极片插头插入 AED 主机接口，环顾四周，确保无人触碰患者，等待 AED 自动分析心律，一般时间为 5～15 秒，如图 17-2 所示。

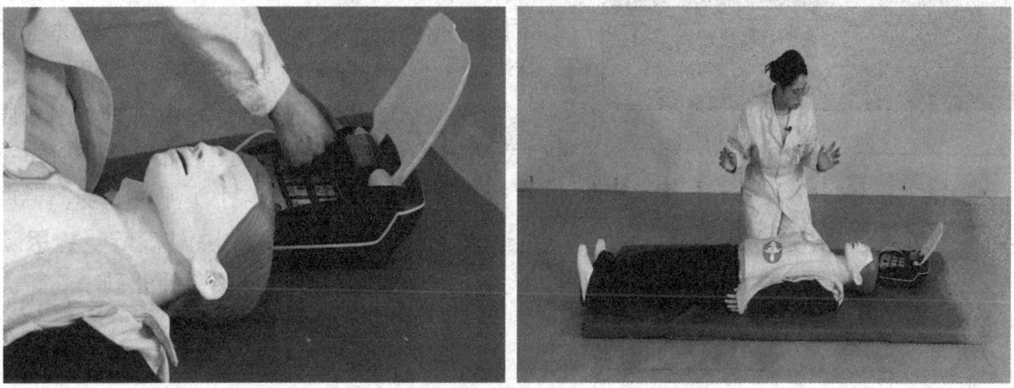

图 17-2　将电极片插头插入 AED 主机接口分析心律

7. 实施电击

AED 在完成心律分析后，会有语音提示，有以下两种情况。

（1）确定需要电击除颤，语音提示为：建议除颤，正在充电，不要接触患者身体（此时施救者应环顾四周，确保无人与患者有任何接触）→立即进行除颤，请按下橘黄色按钮（确认安全后，按下灯光闪烁的除颤键，实施放电除颤）→电击已完成，立即开始心肺复苏（进行高质量心肺复苏），如图 17-3 所示。

AED 与 CPR 配合使用

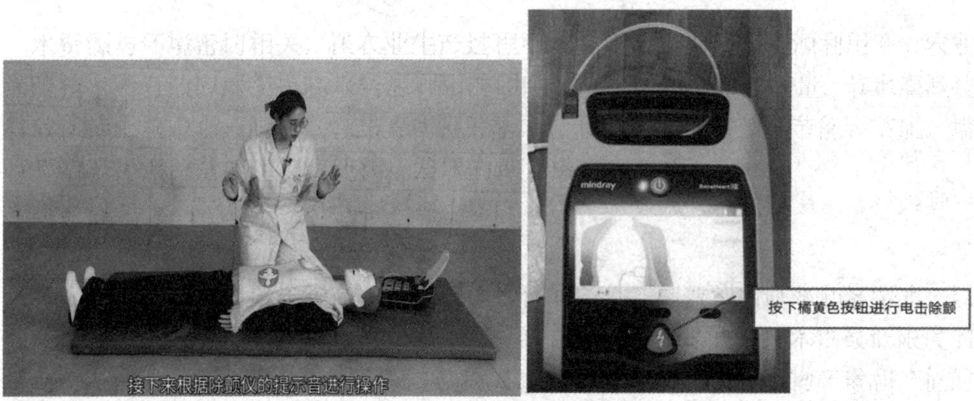

图 17-3　按 AED 放电按钮

（2）无须除颤，语音提示为：不建议电击，实施 CPR。此时施救者需要按 CPR 操作要求进行高质量心肺复苏，如图 17-4 所示。

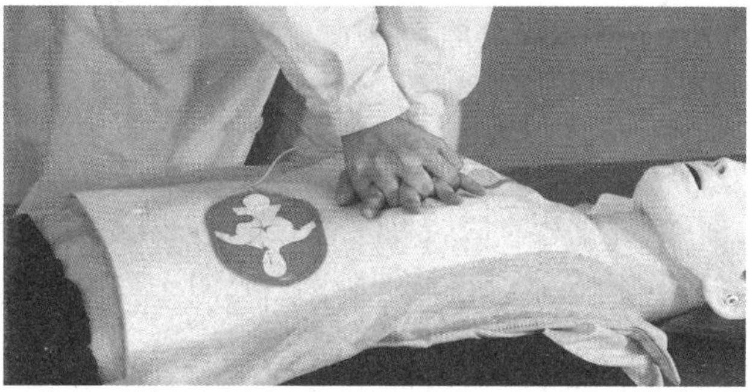

图 17-4　继续实施 CPR

8. 电击后继续心肺复苏

（1）2 分钟后 AED 会提示，对患者心律进行自动分析，暂停 CPR，不要接触患者，等待心律分析完成。施救者可同时观察患者意识和呼吸情况。

（2）持续进行心肺复苏直到患者有反应，恢复自主呼吸或急救人员到达。

注意：不要关闭 AED，根据它的提示进行操作，直到专业医疗急救人员到达。

思考： 如何正确使用 AED？

说一说： AED 除颤的原理及作用。

四、项目实施

根据心肺复苏操作标准和 AED 使用操作标准，在心肺复苏智能模拟人上分组练习 AED 使用、心肺复苏和 AED 除颤配合操作。

1. 操作准备

AED 模拟器、心肺复苏智能模拟人。

2. AED 的使用流程

在使用 AED 之前，需要先确认患者是否出现了心搏骤停的症状，如意识丧失、无自主呼吸等。发现患者心搏骤停后，快速取得 AED，打开 AED，按照 AED 的语音提示进行操作。

通常 AED 的操作步骤包括开机、贴放电极片、插入主机、分析心律和给以电击等（可用 1 开、2 贴、3 插、4 放口诀进行记忆）。

（1）开启 AED，按照语音提示操作。

（2）将电极片贴附在患者胸部上，电极片应分别贴附在患者右锁骨下胸骨右侧和左乳头外侧。确保电极片紧密接触患者的皮肤，以获取准确的心电图信号。

（3）AED 会自动分析患者的心律，并给出相应的提示。

（4）如果 AED 判断需要除颤，会提示施救者或周围人远离患者，然后自动放电除颤。

（5）AED 会持续监测患者的心律，如果心律仍未恢复正常，会提示再次除颤或进行心肺复苏。

AED 使用中的注意事项如下。

（1）在使用 AED 之前，确保患者已经失去意识，并且无自主呼吸。

（2）不要在患者胸前涂抹任何可能导致电击效果降低的物质，如乳霜、乙醇等。

（3）在使用 AED 之前，确保患者没有佩戴任何金属物品，如项链、胸针等。

（4）在除颤过程中，确保所有人员远离患者，避免受到电击。

（5）在使用 AED 之后，如果患者的意识没有恢复，应立即进行心肺复苏。

3. AED 与 CPR 的协同配合

练习 CPR 与 AED 的配合使用。

4. AED 使用后的设备维护

为了确保 AED 的正常运行和使用效果，需要定期对设备进行维护和保养。具体维护内容包括检查设备的外观和功能是否正常、清洁电极片和机身、定期更新软件等。同时，在使用过程中，如果发现设备存在故障或问题，应及时联系相关人员进行维修或更换。

五、项目总结

1. 个人总结

项目	内容
我的学习目标达成度	
我的知识能力学习收获	
我的科学技术学习收获	
我的劳动教育学习收获	
我的急救意识和仁爱精神发展收获	

2. 小组总结

（1）哪个同学最专注认真？哪个同学操作技能最熟练？哪个同学最有团队协作精神？

（2）本小组制作的优缺点（知识、技能、协作、意识等方面）有哪些？

3. 教师总结

（1）学生最突出的思政素养发展是什么？

（2）学生最突出的科技、劳动素质发展是什么？

（3）各组的劳动成果是什么？

（4）各组制作的优缺点有哪些？

（5）各组的改进目标是什么？

六、项目总体评价

1. 学习过程评价

姓名：　　　　　　　　　　　　　　　　　　　　　　小组：

评价维度	评价标准			自评	组评	师评
	一级	二级	三级			
参与程度	积极完成各项作业及讨论活动，主动分担任务，在班级中积极交流、发言	按时完成各项作业，在班级中发言较积极	完成作业不积极，分担任务不主动，不积极交流			
合作情况	积极参与小组讨论，有效地完成自己的任务，通过讨论的方式分享观点和想法，发言积极，内容充实	能够参与小组活动，任务基本明确，但没有很好地完成任务，能围绕一个问题进行讨论，发言较规范	对互动不感兴趣，仅进行简短的交谈，任务不明确，不发言或乱发言			
学习情况	独立思考，自主学习，主动发现问题，提出问题，寻求解决问题的方法	能思考，但不会自主学习，能和小组成员合作发现问题，提出问题	不善于思考，不爱学习，不会发现问题，更不会提出问题			
学习态度	按照学习要求主动学习，帮助他人，宣传积极向上的学习思想	能够按照学习时间完成规定课程，与辅导教师及小组成员沟通少	学习积极性不高，畏难心理严重，以消极言论影响他人			
合理化建议	主动关注学习过程中出现的各类问题，并及时与教师沟通，提出改进意见	关心组员提出的问题，能够参与问题的讨论	只顾自己学习，遇到问题直接寻求帮助，无任何建议			
教师签名		总评				

2. 学习成果评价

姓名：　　　　　　　　　　　　　　　　　　　　　　小组：

评价项目	评价内容		自评/分	组评/分	师评/分
学习态度	积极主动参与学习，有进取心，学习兴趣浓厚，求知欲强（20分）				
合作探究	积极参与讨论，能与同学互帮互助，共同学习，相互促进（10分）				
	积极思考问题，能提出创造性解决问题的方法、方案（10分）				
操作技能	AED技能的掌握程度（20分）				
	细致认真程度（20分）				
	注意事项掌握程度（20分）				
教师签名		总评 （自评分占30%+组评分占30%+师评分占40%）			

3. 评价记录

姓名	文化知识	技能技术	情感价值	其他	备注

项目十八 现代医疗卫生体系中的生命文化建构：气道异物梗阻处理

思政目标

了解如何拯救生命和保护他人的安全，树立社会主义核心价值观和道德准则；通过练习海姆立克急救法，树立尊重生命的价值观；尊重生命，敬畏生命，进一步培养传播急救知识的社会责任感与公众服务意识，遇到紧急情况时积极伸出援手。

科技目标

通过对气道异物梗阻处理的知识学习和应用操作练习，了解气道异物梗阻的处置方法（海姆立克急救法）的科学原理，学会解决问题的科学思维。

劳动目标

掌握海姆立克急救法；能正确维护和清理气道异物梗阻模型；感受劳动过程和劳动的快乐，形成尊重劳动、尊重劳动人民、尊重劳动成果的劳动观。

一、启动学习

扫码观看介绍气道异物梗阻处理的视频，掌握海姆立克急救法的操作步骤。

气道异物梗阻处理

说一说：短视频所介绍的海姆立克急救法的操作步骤。

1. 生命无价，气道异物梗阻危害形势严峻

气道异物梗阻是生活中常见的意外事件，也是一种非常危险的急性危重性疾病，成人和儿童均为高发人群，表现为剧烈咳嗽、憋气、呼吸困难等。据不完全统计，在发生气道异物梗阻的患者中，儿童占60%～70%，其中以5岁以内的儿童最为常见。我国因气道异物梗阻死亡的人数占相应人群总死亡人数的比例持续上升。成人气道异物梗阻的

发病率也较高，在当今全国老龄化的时代背景下，老年人吃东西不当而造成的气道异物梗阻已越来越多见。

气道异物梗阻会导致通气功能障碍，使氧气不能吸入，二氧化碳不能排出，致使呼吸受阻，面色青紫，失去知觉，如果超过 4 分钟就会危及生命，而且即使抢救成功，也常因脑部缺氧过久而导致失语、智力障碍、瘫痪等后遗症；而超过 10 分钟，其损伤几乎不可恢复。因此，当发现气道进入异物后，正确、快速开展急救，有可能挽回一条生命。

2. 急救法宝，海姆立克急救法操作简单便利

急性呼吸道异物梗阻在生活中并不少见，发生气道异物梗阻后患者无法呼吸，可能因缺氧而意外死亡。海姆立克急救法（Heimlich maneuver）被美国红十字会及美国心脏协会等机构认可，并作为抢救气道异物患者的标准方法进行推荐。目前，全球普遍将海姆立克急救法作为气道异物梗阻引起窒息的首选急救方法。

海姆立克急救法也称为海姆立克腹部冲击法、海氏手法，是美国外科医生亨利·海姆立克在 20 世纪 70 年代发明的一种能够有效地处理气道异物梗阻的急救方法。1974 年他首次应用该法成功抢救了一名因食物堵塞了呼吸道而发生窒息的患者，从此该法在全世界被广泛应用，拯救了无数患者，因此该法被人们称为“生命的拥抱”。为了表彰海姆立克的卓越贡献，人们用他的名字命名了这种急救方法。

海姆立克急救法的原理是当气道异物梗阻者发生窒息时，其肺内仍有残留气体，当其腹部受外力冲击压迫时，腹腔内的压力会骤然增加，引起膈肌快速上移，造成肺部残留气体迅速排出，形成气流冲出异物。海姆立克急救法的原理并不复杂，但面对不同的施救对象和场景，需要快速评估和选择正确适宜的操作方法。常见的操作体位和方法有成人站立位海姆立克急救法、仰卧位海姆立克急救法及婴幼儿海姆立克急救法等。海姆立克急救法简单快速、方便易行。对于气道异物梗阻的患者，根据气道异物梗阻的情况，快速、正确、灵活运用海姆立克急救法能在关键时刻挽救患者生命。

思考： 我国因气道异物梗阻死亡的人数占相应人群总死亡人数的比例持续上升，作为普通大众的我们应该怎么做？海姆立克急救法对大众有什么意义？

二、项目计划

（1）根据项目人员需要，自主组建 3 人小组，明确确定每人的具体分工（表 18-1）。

表 18-1 人员分工表

角色	姓名	职责
患者		扮演气道异物梗阻患者
施救者		首要责任人，主要负责施救措施实施
助手		从旁协助，轮换操作

（2）制订项目流程与时间计划（表 18-2）。

表 18-2　项目流程与时间计划表

环节	时间	工作	第一责任人	其他参与者
准备	5 分钟	场地、人员准备		
操作	2 分钟	判断气道异物梗阻		
	15 秒	成人海姆立克急救手法——腹部冲击法（立位）		
	3 分钟	成人海姆立克急救手法——腹部冲击法（卧位）		
	3 分钟	成人海姆立克急救手法（孕妇）——胸部冲击法		
	3 分钟	自行腹部冲击法		
	3 分钟	儿童海姆立克急救手法		

思考：小组分工、项目流程与时间计划是否科学合理？

三、项目知识与技能学习

（一）气道异物梗阻处理相关知识

1. 气道异物梗阻原理

气道异物梗阻是指异物进入气管和支气管，导致呼吸道阻塞，从而引起一系列呼吸道症状。异物进入呼吸道后，大的异物多停留在气道，小的异物易嵌于支气管。较大的、表面不光滑的异物或植物性异物对气管黏膜的刺激强，黏液分泌增加，植物性异物易被黏液浸泡而膨胀，加重病情。气道是外界气体进出体内的必经之道，气道异物堵塞呼吸通道，引起通气障碍，导致患者窒息，严重者甚至立即死亡。因此，气道异物梗阻的急救应引起重视。

2. 气道异物梗阻常见原因

（1）婴幼儿：因会厌软骨发育不成熟，功能不健全，进食或口含其他物品时，在说话、哭笑、打闹或剧烈活动时，容易将口含物吸入气道。

（2）成人：多因在进食时谈话大笑，抛高接食花生米等食物，或进食过快、吞咽过猛，将食物碎块吸入气管造成梗阻。

（3）老年人：近年来有资料表明，老年人或体弱多病者因吞咽机能减退，更容易将口中食物等吸入气道造成气道梗阻。

3. 海姆立克急救法原理

可以将人的肺部设想成一个气球，气道就是气球的气嘴儿，假如气嘴儿被异物阻塞，可以用手捏挤气球，气球受压后球内空气上移，从而将阻塞气嘴儿的异物冲出，这就是海姆立克急救法的物理学原理。

海姆立克急救法原理

通过冲击腹部膈肌下软组织，产生向上的压力，压迫两肺下部，从而驱使肺部残留空气形成一股气流。这股带有冲击性、方向性的长驱直入于气道的气流，就能将堵住气道的食物硬块等异物驱除，使人获救。

（二）海姆立克急救法操作相关知识

1. 判断患者是否呼吸道异物梗阻

判断气道异物梗阻

气道异物梗阻的临床表现（图 18-1）如下。

（1）气道不完全梗阻：呼吸困难，呛咳不止，面色苍白。

（2）气道完全梗阻：面色灰暗、青紫，不能说话，不能咳嗽，不能呼吸，昏迷倒地，呼吸停止。

（3）特殊表现：颜面青紫，不能发声，“V”形手势，肢体抽搐，呼吸停止。

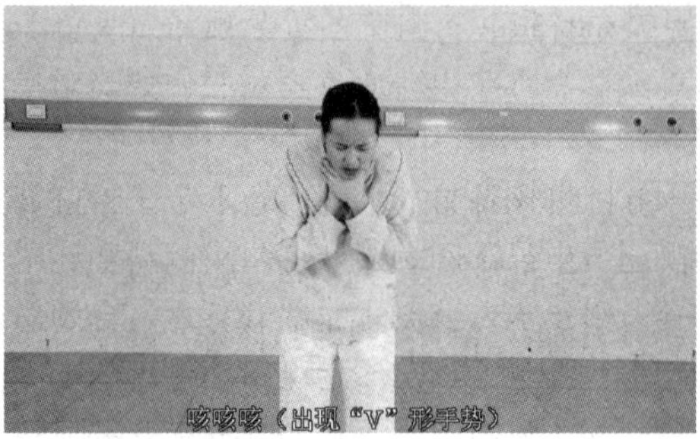

图 18-1　气道异物梗阻的临床表现

在以上情况中，如果患者出现特有的“窒息痛苦样表情”（手掐咽喉部，呈“V”形手势），此即“海姆立克”征象。此时应立即询问：“你卡着了吗？”如果患者点头表示肯定，即可确定发生了气道异物梗阻。

如果无这一苦恼征象，但观察到以下征象，也可判断为气道异物阻塞，应立即施行海姆立克急救法施救：患者不能说话或呼吸，面、唇青紫，失去知觉。

2. 气道异物梗阻的急救

立位腹部冲击法

（1）成人海姆立克急救法——立位腹部冲击法。

适用人群：常用于神志清醒的患者，也适用于 1 岁以上的儿童。

实施急救方法（图 18-2）：

① 施救者站在患者身后，脚呈弓步状，前脚置于患者双脚间。

② 用左手将患者背部轻轻推向前，使患者处于前倾位，头部略低，嘴要张开，这样有利于呼吸道异物被排出。

③ 用双臂环抱其腰部，一手握拳，以大拇指侧与食指侧对准患者剑突与肚脐之间的腹中线部位，具体在肚脐上两横指处。

④ 另一手置于拳头上并握紧，双手急速冲击性地向内上方压迫其腹部，反复有节奏、有力地进行，用形成的气流把异物冲出。

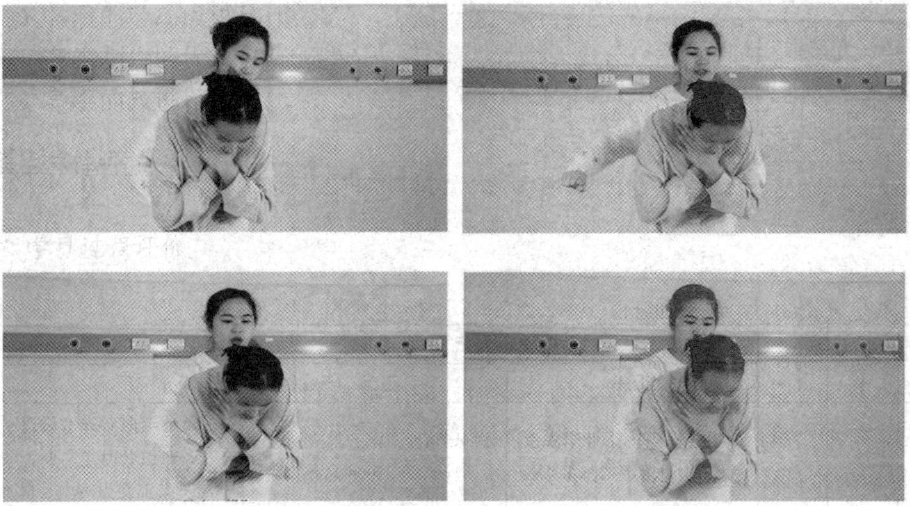

图 18-2　成人海姆立克急救法——立位腹部冲击法

（2）成人海姆立克急救法——卧位腹部冲击法。

卧位腹部冲击法

适用人群：患者意识不清卧位在地，或者患者站立不便于操作者进行施救时，取患者于仰卧位。

实施急救方法（图 18-3）：

① 开放患者的呼吸道，患者仰卧位，头偏向一侧。

② 施救者骑跨在患者大腿外侧。

③ 一手以掌根按压肚脐与剑突之间的部位，另一手掌覆盖其手掌之上，进行冲击性地、快速地向前上方压迫，反复至呼吸道异物被冲出。

④ 检查口腔，如果异物已经被冲出，迅速用手指从口腔一侧取出。

⑤ 呼吸道异物取出后应及时检查呼吸、心跳，若无呼吸和心跳，应立即进行心肺复苏。

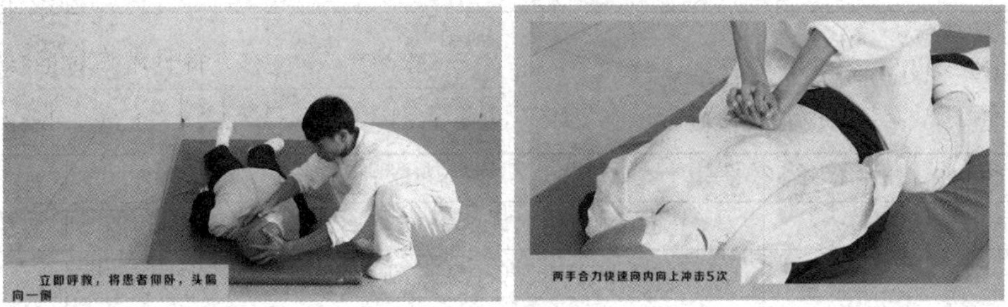

图 18-3　成人海姆立克急救法——卧位腹部冲击法

（3）成人海姆立克急救法（孕妇）——胸部冲击法。

适用人群：施救者无法用双臂环抱患者腰部，可使用胸部冲击法代替腹部冲击法。常用于妊娠末期或过度肥胖患者。

实施急救方法：与腹部冲击法不同的是冲击部位为胸部中央，其他操作手法同腹部冲击法。

① 施救者站在患者身后，上肢放于患者腋下，环抱患者胸部。

② 一只拳的拇指侧在患者胸骨中线，避开剑突和肋骨下缘，另一只手握住拳头，向后冲击，直至把异物排出。

（4）自行腹部冲击法（自救法）。

适用人群：此为患者本人的自救方法，可自行冲击腹部或借助外物进行自救。

自救法

实施急救方法（图 18-4）：

① 患者一手握拳，用拳头大拇指侧与食指侧对准剑突与肚脐之间的腹中线部位，具体在肚脐上两横指处。

② 另一手紧握该拳，快速、用力向内、向上冲击腹部。

③ 如果不成功，患者应迅速将上腹部倾压于椅背、桌沿、护栏或其他硬物上，然后用力冲击腹部，重复动作，直至异物排出。

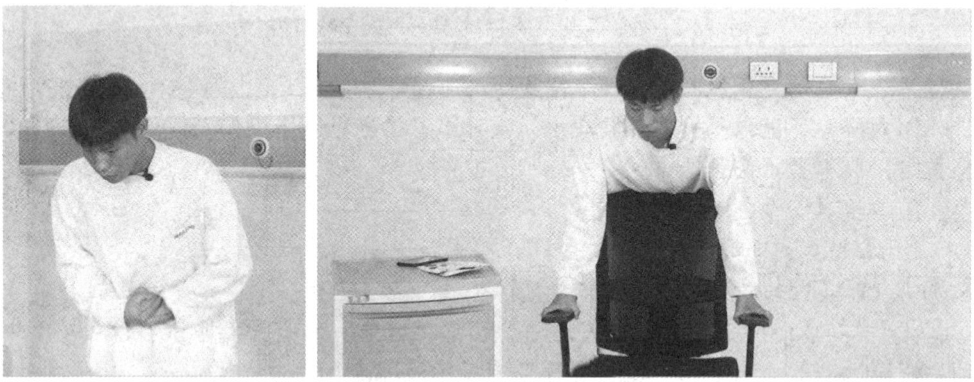

图 18-4　成人海姆立克急救法——自救法

（5）儿童海姆立克急救法。

对于有意识的 1 岁以上儿童发生气道梗阻时的处理方法同成人的海姆立克急救法。

婴儿海姆立克急救法

（6）婴儿海姆立克急救法。

适用人群：常适用于有反应、1 岁以下的婴儿。

实施急救方法：推荐使用婴儿背部叩击联合胸部冲击法。

① 施救者取坐位，前臂放于大腿上，将患儿俯卧位于其上，手指张开托住患儿下颌并固定头部，保持头低位；用另一只手的掌根部在患儿背部肩胛区用力叩击 5 次，拍背后并保护患儿颈部。

② 将患儿翻转过来，使其仰卧于另一只手的前臂上，前臂置于大腿上，仍维持头低位，实施 5 次胸部冲击，位置与胸外心脏按压相同，每次 1 秒。

③ 如果能看到患儿口中异物，可小心将其取出；不能看到异物，重复上述动作，直至异物排出。

④ 对于意识丧失的患儿，应立即实施心肺复苏救治。

说一说：海姆立克急救法的原理、分类及使用对象。

📖**思考**：如何判断“海姆立克”征象？海姆立克急救法的注意事项有哪些？

四、项目实施

根据气道异物梗阻的处理方法——海姆立克急救法操作标准，在气道异物梗阻模型上分组练习海姆立克急救法。

1. 操作准备

气道异物梗阻模型、纸巾。

2. 实施海姆立克急救法

（1）判断患者是否发生气道异物梗阻。

（2）成人海姆立克急救法：立位腹部冲击法、卧位腹部冲击法、胸部冲击法、自行腹部冲击法。

（3）儿童海姆立克急救法。

（4）婴儿海姆立克急救法。

3. 海姆立克急救法的注意事项

（1）尽早、尽快识别气道异物梗阻的表现，迅速作出判断。

（2）每一次新的快速按压都应该有独立的明确操作，以便于解除梗阻。

（3）操作过程中密切观察患者病情变化。

（4）虽然采取上述方法，但仍需要立即拨打 120 急救电话。

（5）患者病情严重，如面色青紫、重度呼吸困难，甚至呼吸停止，应立即拨打 120 急救电话并到就近的医院进行抢救。

（6）切忌将婴儿双脚抓起倒吊从背部拍打，否则不仅无法将气道异物排出，还会增加婴儿颈椎受伤的风险。

（7）应注意预防气道异物梗阻的发生，如将食物切成小条，缓慢、完全地咀嚼，儿童口含食物时不要跑步或玩耍等。

（8）预防急救实施后并发症的发生，如肋骨骨折、腹部或胸腔内脏的破裂或撕裂，故除非必要时，一般不随便采用海姆立克急救法。如果患者呼吸道部分梗阻，气体交换良好，就应鼓励患者用力咳嗽，并自主呼吸；如果患者呼吸微弱，咳嗽乏力或呼吸道完全梗阻，则立刻使用此法。在使用海姆立克急救法成功抢救患者后应检查患者有无并发症发生。

4. 气道异物梗阻处理后模型的维护

正确维护和清理气道异物梗阻模型，归类整理模型和实训室。

五、项目总结

1. 个人总结

项目	内容
我的学习目标达成度	
我的知识能力学习收获	
我的科学技术学习收获	
我的劳动教育学习收获	
我的急救意识和仁爱精神发展收获	

2. 小组总结

（1）哪个同学最专注认真？哪个同学操作技能最熟练？哪个同学最有团队协作精神？
（2）本小组制作的优缺点（知识、技能、协作、意识等方面）有哪些？

3. 教师总结

（1）学生最突出的思政素养发展是什么？
（2）学生最突出的科技、劳动素质发展是什么？
（3）各组的劳动成果是什么？
（4）各组制作的优缺点有哪些？
（5）各组的改进目标是什么？

六、项目总体评价

1. 学习过程评价

姓名： 小组：

评价维度	评价标准			自评	组评	师评
	一级	二级	三级			
参与程度	积极完成各项作业及讨论活动，主动分担任务，在班级中积极交流、发言	按时完成各项作业，在班级中发言较积极	完成作业不积极，分担任务不主动，不积极交流			
合作情况	积极参与小组讨论，有效地完成自己的任务，通过讨论的方式分享观点和想法，发言积极，内容充实	能够参与小组活动，任务基本明确，但没有很好地完成任务，能围绕一个问题进行讨论，发言较规范	对互动不感兴趣，仅进行简短的交谈，任务不明确，不发言或乱发言			
学习情况	独立思考，自主学习，主动发现问题，提出问题，寻求解决问题的方法	能思考，但不会自主学习，能和小组成员合作发现问题，提出问题	不善于思考，不爱学习，不会发现问题，更不会提出问题			
学习态度	按照学习要求主动学习，帮助他人，宣传积极向上的学习思想	能够按照学习时间完成规定课程，与辅导教师及小组成员沟通少	学习积极性不高，畏难心理严重，以消极言论影响他人			

续表

评价维度	评价标准			自评	组评	师评
	一级	二级	三级			
合理化建议	主动关注学习过程中出现的各类问题，并及时与教师沟通，提出改进意见	关心组员提出的问题，能够参与问题的讨论	只顾自己学习，遇到问题直接寻求帮助，无任何建议			
教师签名		总评				

2. 学习成果评价

姓名：　　　　　　　　　　　　　　　　　　　　　　　　　　　　小组：

评价项目	评价内容		自评/分	组评/分	师评/分
学习态度	积极主动参与学习，有进取心，学习兴趣浓厚，求知欲强（20 分）				
合作探究	积极参与讨论，能与同学互帮互助，共同学习，相互促进（10 分）				
	积极思考问题，能提出创造性解决问题的方法、方案（10 分）				
操作技能	海姆立克急救法的掌握程度（20 分）				
	细致认真程度（20 分）				
	注意事项掌握程度（20 分）				
教师签名		总评 （自评分占 30%+组评分占 30%+师评分占 40%）			

3. 评价记录

姓名	文化知识	技能技术	情感价值	其他	备注

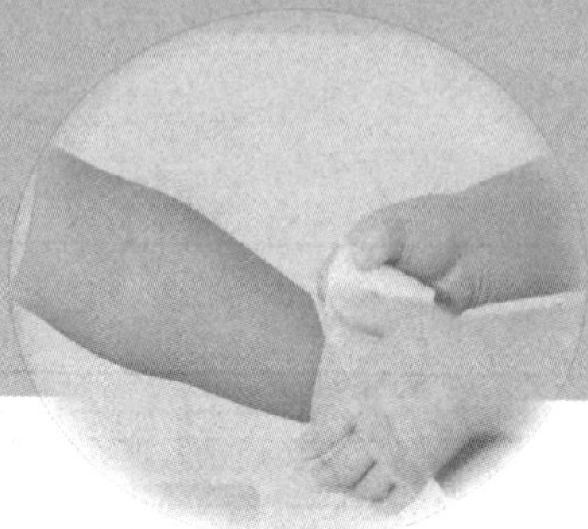

项目十九 现代医疗卫生体系中的生命文化建构：紧急包扎法学习

思政目标

了解如何拯救生命和保护他人的安全，培育和践行社会主义核心价值观；在应用各种包扎法止血时，不仅要遵循严格的规范和程序，确保包扎的安全性和有效性，同时也要考虑患者的生命安全和权益，并通过包扎法的操作练习，体会尊重生命的价值观，进一步培养社会责任感，在遇到紧急情况时积极伸出援手挽救生命。

科技目标

了解包扎法的科学原理，学会在紧急情况下如何快速反应、选择合适的包扎法进行止血，学会解决问题的科学思维。

劳动目标

学会自行制作包扎材料如三角巾；对包扎模拟人进行维护和保养，具体维护内容包括检查包扎模拟人的外观和功能是否正常、清理包扎模拟人、整理各处包扎伤口模型配件、拆除模拟人包扎后的绷带和三角巾、归类整理包扎材料等。

一、启动学习

扫码观看为伤者包扎止血的视频，掌握包扎的方法和步骤、原理。

包扎法的介绍

说一说： 短视频所展示的包扎的方法和步骤、原理。

思考： 如何应用紧急包扎法？

二、项目计划

（1）根据项目需要，自主组建 3～6 人小组，明确每人的具体分工（表 19-1）。

表 19-1　人员分工表

角色	姓名	职责
患者		扮演患者
施救者		首要责任人，主要负责施救措施的实施
助手		从旁协助施救者完成施救

（2）制订项目流程与时间计划（表 19-2）。

表 19-2　项目流程与时间计划表

环节	时间/分	工作	第一责任人	其他参与者
准备	5	场地、人员、物品准备		
操作	5	包扎前检查评估及处理		
	3	采用环形包扎法包扎		
	4	采用螺旋包扎法包扎		
	5	采用绷带“8”字包扎法包扎		
	6	采用三角巾包扎法中的一种包扎		

思考：小组分工、项目流程与时间计划是否科学合理？

三、项目知识与技能学习

（一）包扎法原理

现场止血包扎固定是一项常见的急救措施，可以有效地阻止出血，保护伤口，减少感染风险，并为伤者争取时间，等待进一步的医疗救助。现场止血包扎固定的原理主要包括应用压力和包扎固定。

1. 应用压力

应用压力是止血包扎固定的核心原理之一。通过增加伤口区域的压力，可以有效地压迫受伤血管，减少或停止血液的流动。具体来说，应用压力有以下几个作用。

（1）压迫血管：应用压力可以直接压迫受伤的血管，阻止血液的流动。压迫的力度越大，血液流动的阻断效果就越好。这可以通过使用止血带、手指或手掌等来实现。

（2）增加血管阻力：应用压力可以通过增加血管阻力来减少出血。血液在经过收缩的血管时，会受到较大的阻力，从而减缓流速并减少出血量。

（3）促使血液凝结：应用压力还可以通过促使血液凝结来实现止血的效果。在受伤后，身体会启动凝血系统，通过血管收缩、血小板血栓形成和血液凝固三个过程使出血停止，而增加压力可以促进血小板和凝血因子的聚集，加速血液凝固的过程。

2. 包扎固定

包扎固定是实施止血的另一个措施。它通过使用绷带等材料将伤口紧密包裹起来，固定伤口位置，并提供支撑，以稳定伤口，减少伤口的移动、摩擦和进一步损伤。具体来说，包扎固定有以下几个作用。

（1）控制出血部位：包扎固定可以将受伤部位紧密包裹起来，压迫出血的血管，通过增加局部压力来有效控制局部出血。

（2）保护伤口：包扎固定可以将伤口遮盖起来，防止外部细菌和污染物进入伤口，减少感染的风险。

（3）稳定伤口：包扎固定可以固定伤口的位置，防止伤口的移动和畸形，减少骨折等创伤的并发症。

（4）减少疼痛：包扎固定可以对伤口进行轻度的压迫，减少疼痛的感觉，并起到安抚和保护的作用。

总体而言，现场止血包扎法的原理主要包括应用压力和包扎固定。应用压力可以通过压迫血管、增加血管阻力和促使血液凝结来实现止血效果。包扎固定则通过控制出血部位、保护伤口、稳定伤口和减少疼痛等作用来促进伤口愈合和保护伤者。在实际应用中，医护人员通常会根据不同的伤情和需求，选择合适的包扎方法和材料，以最大限度地发挥止血和固定的作用。

包扎法是每个人都应该掌握的必备技能，每个人都应该学会，做到人人学急救、急救为人人，人人有传播急救知识的社会责任感与公众服务意识。

（二）包扎法操作过程

1. 包扎前检查评估及处理

（1）包扎前检查评估。首先抢救生命，优先解决危及生命的损伤，仔细寻找较隐蔽的损伤。现场处理时，要仔细检查伤口的位置、大小、深度、污染程度、有无异物及何种异物。

① 伤口深，出血多，可能有血管损伤。

② 胸部伤口较深时可能有气胸。

③ 腹部伤口可能有肝脾或胃肠损伤。

④ 肢体畸形可能有骨折。

⑤ 异物扎入人体可能损伤大血管、神经或重要脏器。

（2）包扎前处理。

表浅伤口的处理：伤口周围用肥皂水（有条件时用生理盐水）擦洗或用浓度为75%的乙醇溶液消毒后用无菌敷料包扎。

较深伤口的处理：用过氧化氢溶液冲洗后包扎，而后送医院。

2. 呼救并准备包扎物品

呼救求助，寻求获取包扎材料。快速、准确地将伤口用绷带、三角巾或其他现场可以利用的材料包扎，是外伤救护的重要一环，可以起到快速止血、保护伤口、防止污染和减轻疼痛的作用，有利于转运和进一步治疗。

常见的包扎材料有创可贴、绷带、三角巾、敷料、干净的毛巾、卫生巾、手绢、衣服、床单、胶条、领带等。

3. 实施包扎

（1）环形包扎法（图 19-1）。环形包扎法适用于腕部、踝部、颈部、额部及身体其他粗细相等部位的包扎，是最基础和最常用的包扎方法。

操作要点如下：

① 伤口用敷料覆盖并固定。

② 绷带一端稍斜放于敷料处环绕一圈，第二圈将第一圈斜出一角压入环形圈内。

③ 加压继续环绕，每圈盖住前一圈，绷带缠绕范围要超出敷料边缘，最后固定绷带末端。

环形包扎法

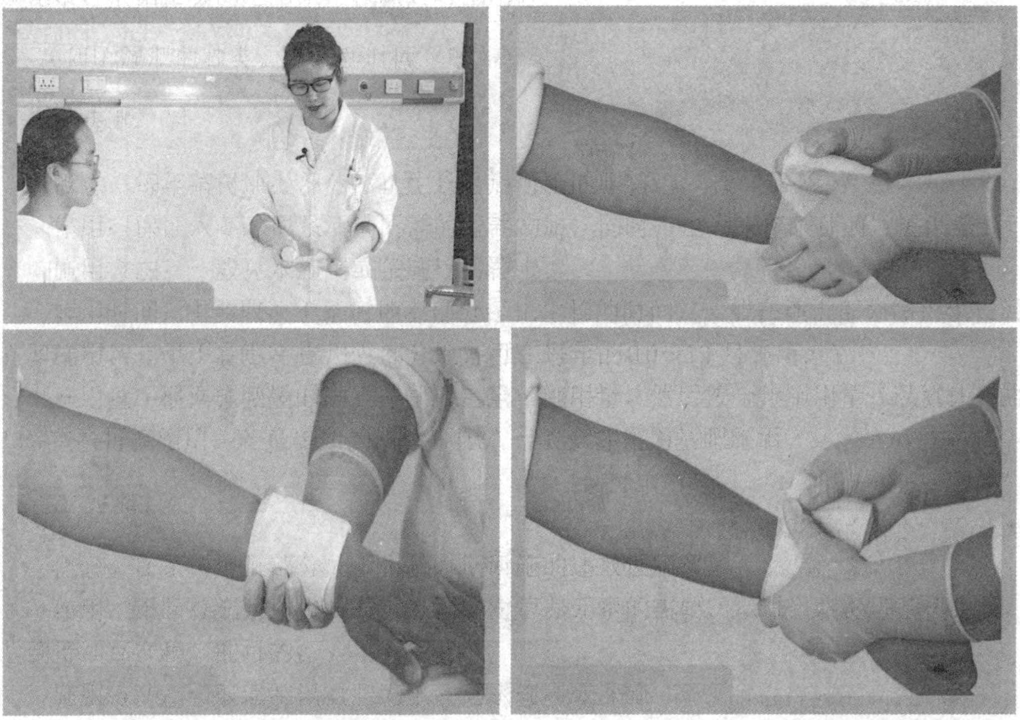

图 19-1　环形包扎法

注意：如果现场没有绷带，可以用干净的领带、围巾、布条等替代。

（2）螺旋包扎法（图 19-2）。包扎伤口时，应根据受伤的部位及伤口的大小，选择合适的包扎方法。螺旋包扎法适用于肢体上、下粗细相等，伤口较大、较长部位的包扎，如上臂、躯干等。

螺旋包扎法

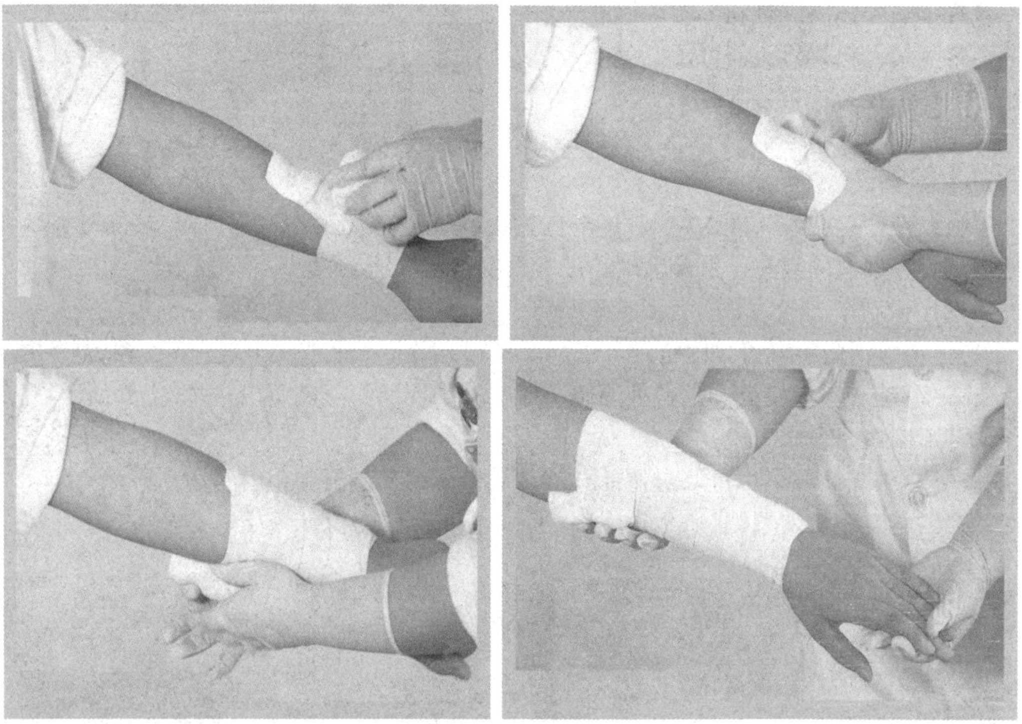

图 19-2　螺旋包扎法

操作要点如下：

① 伤口用敷料覆盖并固定。

② 在伤口远心端环形包扎两圈，固定起始端。

③ 从第三圈开始，每环绕一圈压住前一圈的 1/2 或 1/3，包扎完成后固定绷带末端。

（3）绷带“8”字包扎法。当意外发生时，身体的每个部位都有可能受伤。“8”字包扎法适用于手掌、手背、足部、踝部、肘关节和膝关节的包扎。

① 手背“8”字包扎法（图 19-3）。

第一步：用敷料覆盖伤口并固定。

第二步：在腕部环形包扎两圈，固定起始端。

第三步：第三圈斜行经手背至手指，在手指处环形包扎一圈（要暴露小手指末端）。

手背“8”字包扎法

第四步：将绷带自环形圈一侧的最远端斜向腕关节，绕腕关节至手指环形圈对侧的最远端，如此在手背与腕关节之间做“8”字包扎。

第五步：伤口包扎完毕后，在腕关节环形包扎两圈，固定绷带末端。

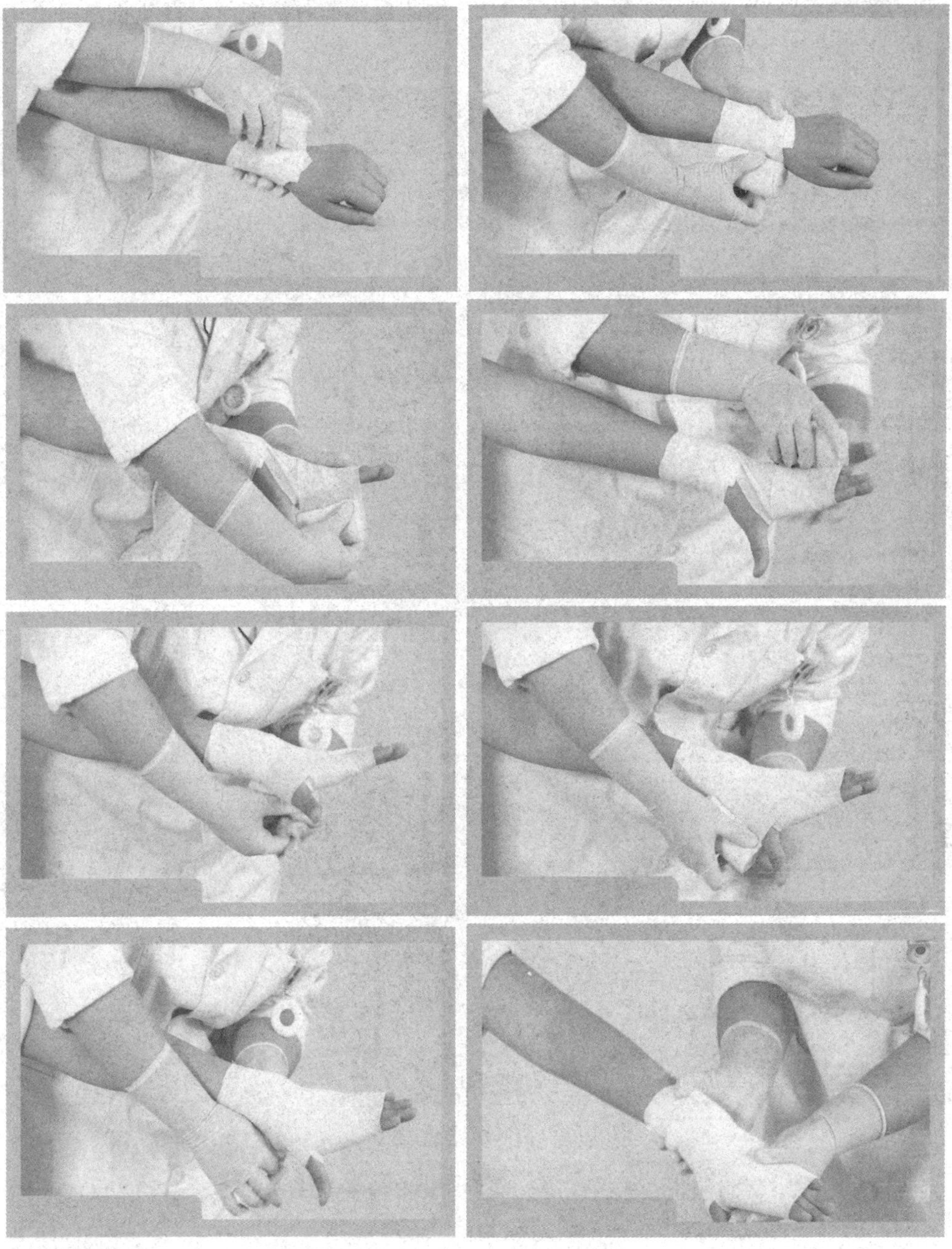

图 19-3　手背“8”字包扎法

② 足背部“8”字包扎法：操作方法同手背。

③ 肘关节“8”字包扎法（图 19-4）。

第一步：用敷料覆盖伤口并固定。

第二步：在肘关节中央环形包扎两圈。

第三步：从第三圈开始，绷带绕肘向近心端压住环形圈上 1/2，

肘关节“8”字包扎法

第四圈绷带绕肘向远心端压住环形圈下 1/2。如此反复在肘窝交叉，直至将伤口包扎完毕，在肘关节上方的外侧固定绷带末端。

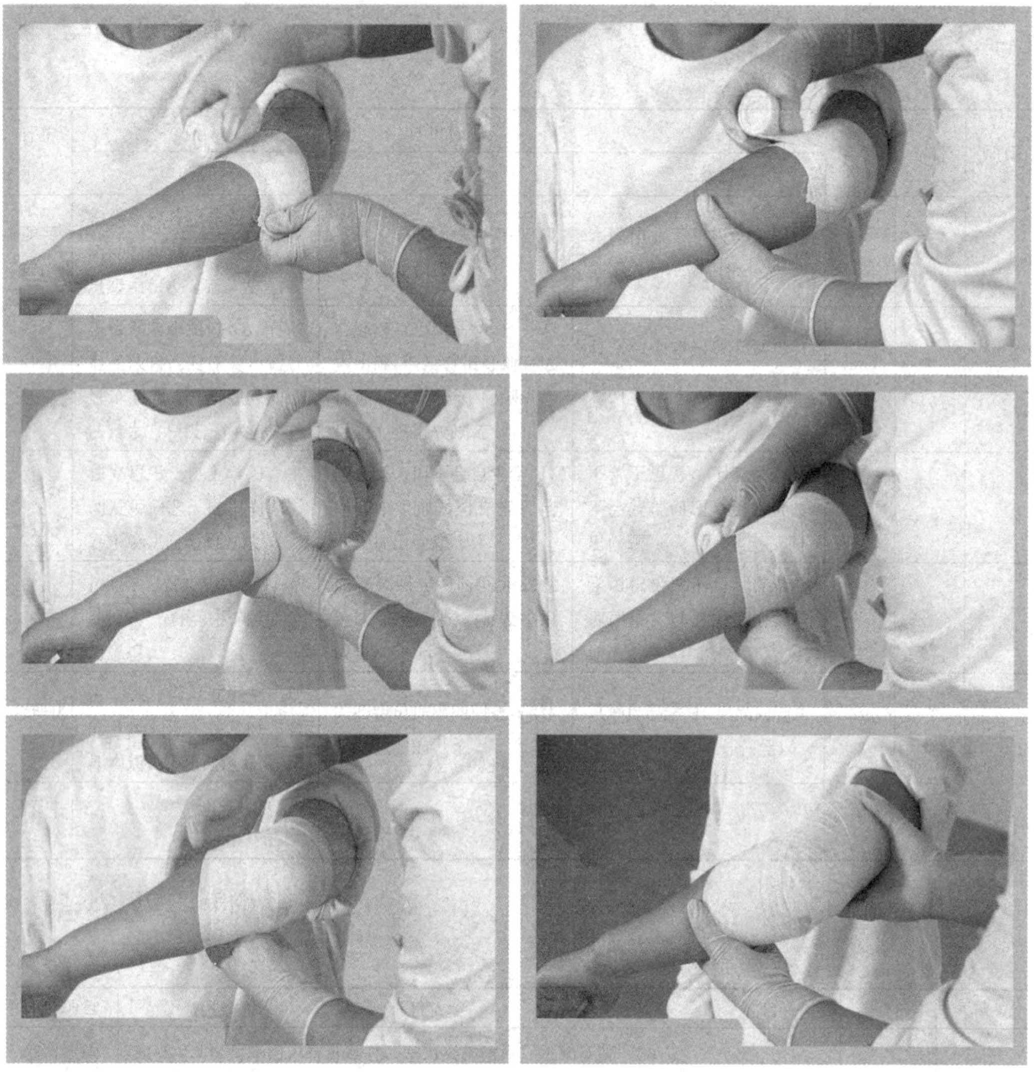

图 19-4　肘关节“8”字包扎法

④ 踝关节“8”字包扎法的操作方法同手背，在踝关节前方交叉。

（4）肢体离断伤的包扎法——回返包扎法（图 19-5）。

第一步：用敷料覆盖伤口并固定。

第二步：在腕关节中央环形包扎两圈。

第三步：从第三圈开始，绷带绕腕向上在断端处进行回返包扎，回返时绷带尽量压迫断端处，如此反复，直至绷带完全覆盖断端，再由断端部位由上往下螺旋向下至腕部，固定绷带末端。

踝关节“8”字包扎法

回返包扎法

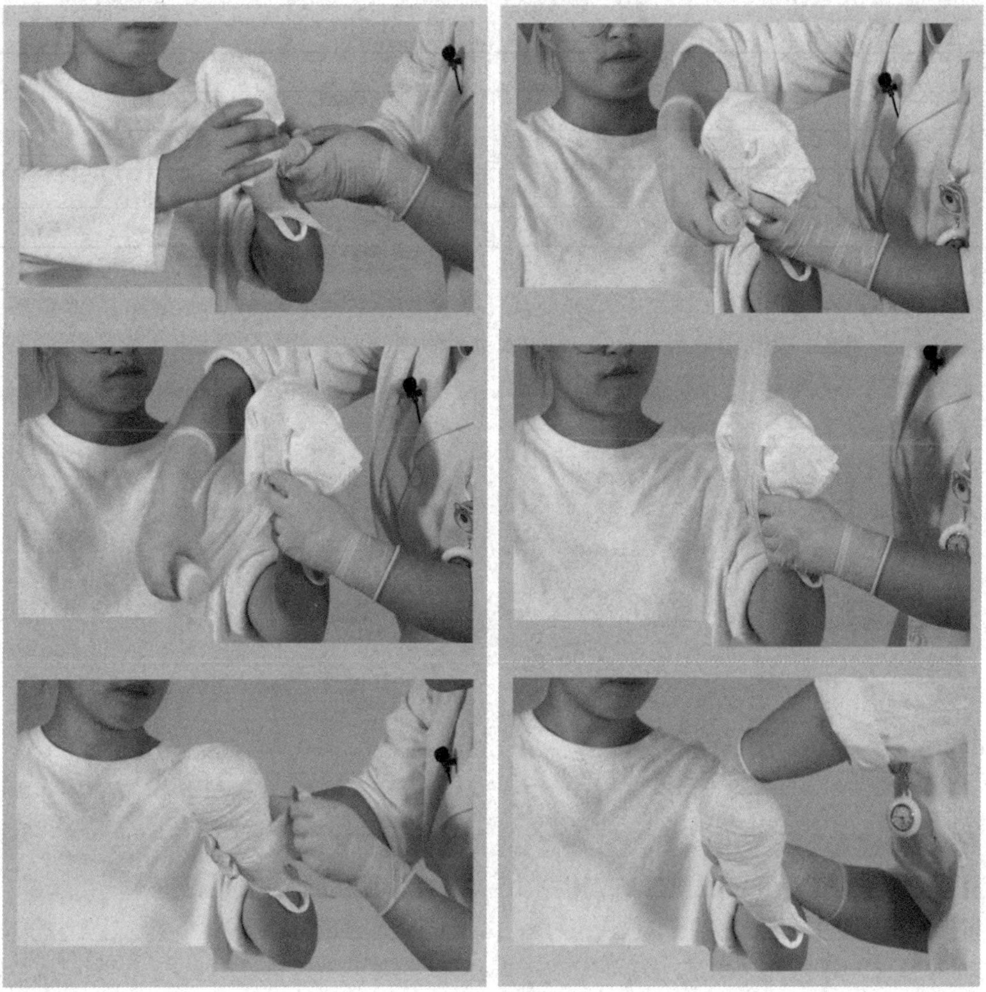

图 19-5　回返包扎法

（三）三角巾包扎法

三角巾是一种便捷好用的包扎材料，同时还可作为固定夹板、敷料和代替止血带使用。使用三角巾的目的是保护伤口，减少感染，压迫止血，固定骨折，减少疼痛。

三角巾适用于包扎多种大面积伤口、人体不规则部分的伤口，也用于悬挂受伤的上肢、承托上肢、夹板绑扎等。

三角巾展开状态：底边为 150 厘米、两斜边均为 85 厘米、高为 40 厘米的等腰三角形，有顶角、底边、两条斜边与两个底角。

1. 头顶帽式包扎法

头顶帽式包扎法（图 19-6）适用于头顶部外伤，伤口无异物。

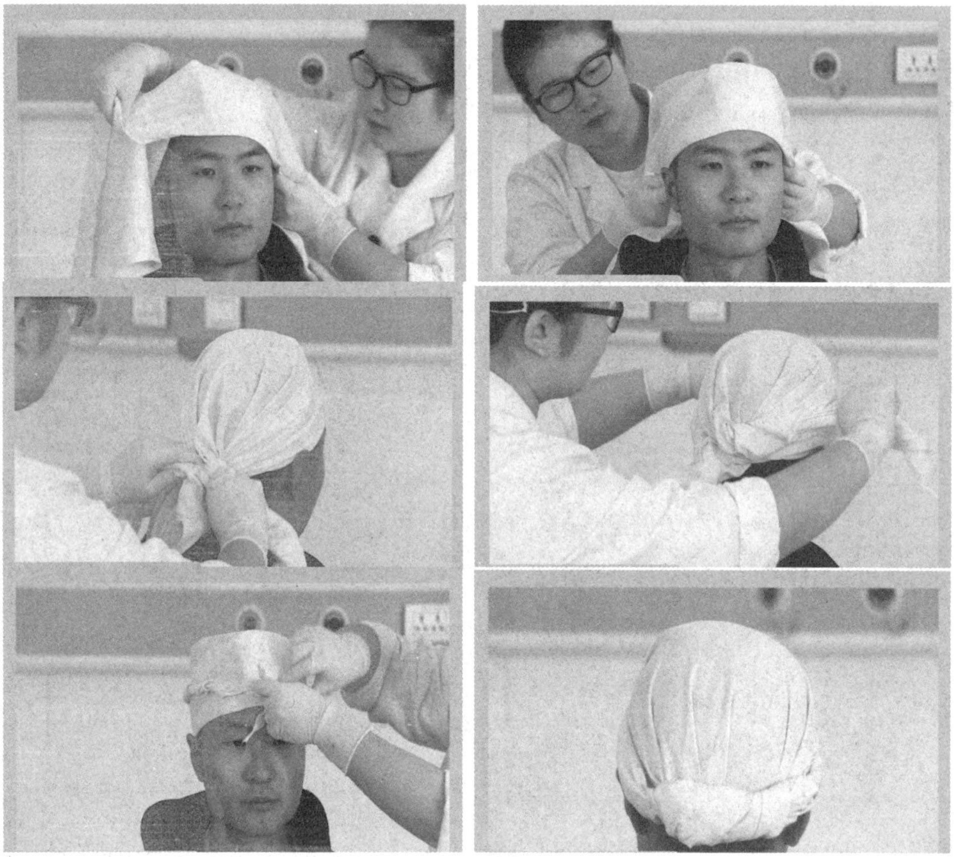

图 19-6　头顶帽式包扎法

操作步骤如下：

第一步：确认现场安全，做好个人防护。

第二步：检查伤口有无异物，用敷料覆盖伤口。

第三步：将三角巾的底边叠成约两横指宽，边缘置于患者前额齐眉处，顶角向后（齐眉露耳）。

头顶帽式包扎法

第四步：三角巾的两底角经两耳上方拉向头后部交叉（不打结）并压住顶角。

第五步：经耳上绕回前额于健侧眉弓上方打结。

第六步：顶角拉紧，折叠后塞入头后部交叉处内。

2. 膝部（肘部）带式包扎法

膝部带式包扎法（图 19-7）的操作步骤如下：

第一步：将三角巾折叠成适当宽度的带状。

第二步：将中段斜放于伤口上，两端向后交叉缠绕，返回时分别压于中段上下两边。

第三步：包绕肢体一周，在肢体外侧打结。

膝部带式包扎法

肘部的包扎方法同膝部。

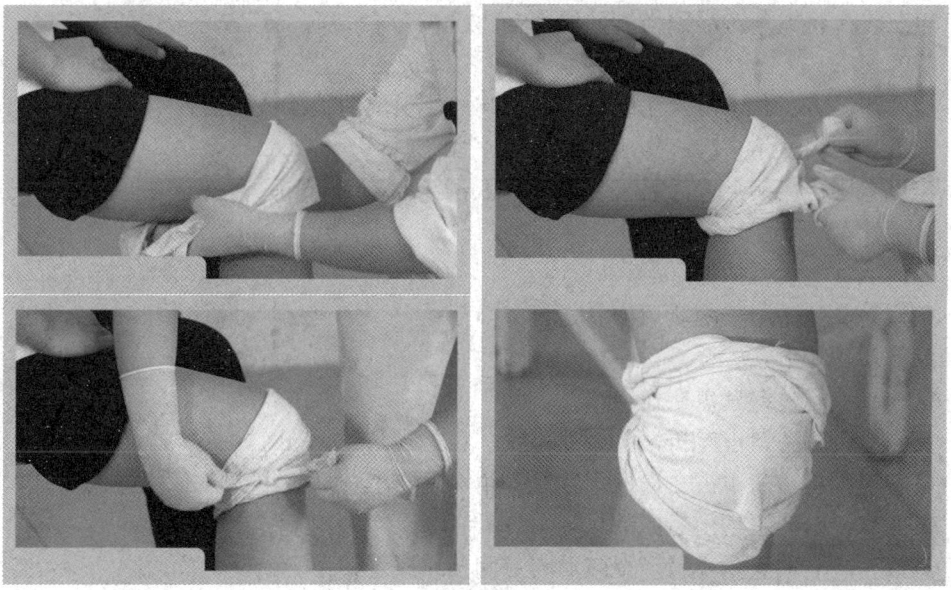

图 19-7　膝部带式包扎法

3. 单肩包扎法

单肩包扎法（图 19-8）适用于一侧肩部受伤。

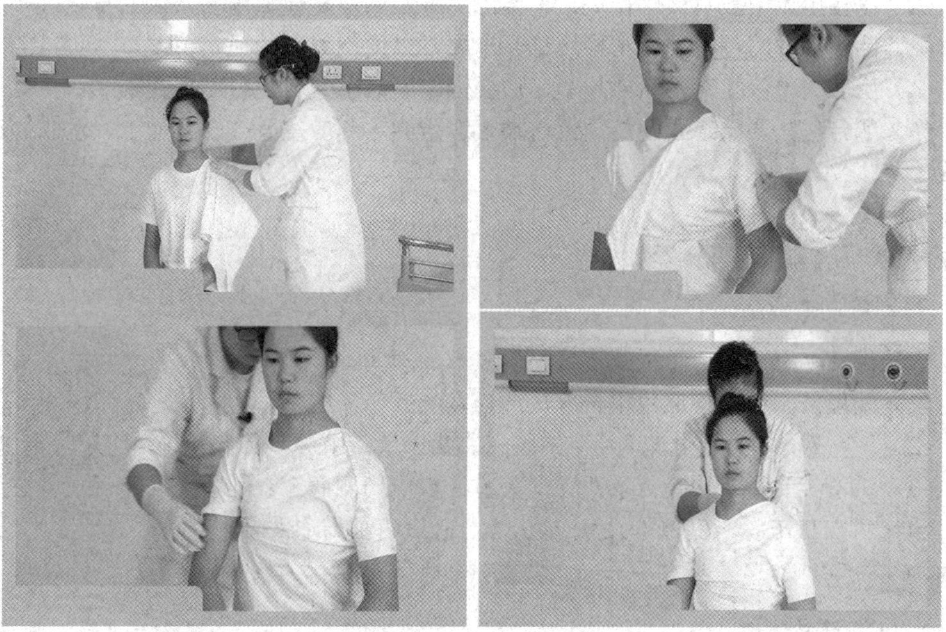

图 19-8　单肩包扎法

操作步骤如下：
第一步：用敷料遮盖住伤口，施救者位于患者健侧。
第二步：将三角巾对折，叠成燕尾状（燕尾夹角约 90°）。

第三步：将夹角对准距伤侧颈根部 1/2 处，燕尾大片在肩后，小片在肩前（大片压住小片）。

第四步：将三角巾两底角绕过肩后、胸前，至健侧腋前或腋后打结。

第五步：用三角巾缠绕伤肩处的上臂并系紧。

也可先固定伤侧上臂后系紧，再将两底角绕过肩后、胸前，至健侧腋前或腋后打结。

4. 双肩包扎法

双肩包扎法适用于两侧肩部受伤。

双肩包扎法

操作步骤如下：

第一步：用敷料遮盖住伤口。

第二步：将三角巾对折，叠成燕尾状，燕尾夹角约 120°。

第三步：将三角巾披在肩上，燕尾夹角对准伤者颈后正中央。

第四步：两燕尾角由后向前包肩。

第五步：右侧底角经腋下至腋后与右侧燕尾底边相系。

第六步：左侧底角经腋下至腋后与左侧燕尾底边相系。

5. 包扎时的注意事项

（1）包扎动作要轻柔、迅速、准确、牢靠、松紧适宜。

（2）尽量用无菌敷料接触伤口，不要乱用外用药及随便取出伤口内的异物。

（3）四肢部位的包扎要露出指（趾）末端，以便观察末梢血运情况。

（4）用三角巾包扎时，角要拉紧、边要固定，对准敷料，打结要避开伤口。

（5）绷带包扎要从远心端缠向近心端，绷带圈与圈应重叠 1/2 或 2/3，绷带头要固定好。

（四）三角巾悬臂带固定方法

1. 小悬臂带固定

小悬臂带可用于上臂骨折及上臂、肩关节的损伤。

（1）处理伤口后，将三角巾折叠成适当宽的条带（约 10 厘米）。

（2）将条带一端置于健侧肩上，伤肢屈曲置于条带中央，末端抬高。

（3）将条带的另一端翻折承托腕掌关节，放于伤侧肩上。

（4）两端在伤者的健侧颈后侧方打结。最后将前臂悬吊于伤者的胸前。

小悬臂带固定

2. 大悬臂带固定

大悬臂带可用于前臂、肘关节的损伤，也可用于上臂损伤时的躯干固定。

（1）处理伤口后，把三角巾展开，一底角置于健侧肩部，底边与身

大悬臂带固定

体长轴平行，顶角对向伤肢肘关节。

（2）将伤肢屈曲放于三角巾中部，末端抬高。

（3）将另一底角翻折包绕伤肢至伤侧肩部。

（4）两底角在健侧颈后侧方打结，打结处加衬垫。

（5）将顶角由前向后拧紧掖入肘部，承托伤肢的三角巾底边必须超过掌指关节，露出小指末端。

（6）也可将顶角延长线向后绕背部至腋前与底边相系。

（7）包扎完成。

3. 三角悬臂带固定

三角悬臂带可用于锁骨骨折、手掌和手指骨折等。

（1）伤者伤侧上肢屈曲，置于健侧胸前。

（2）双手分别持三角巾的顶角和一底角，顶角覆盖伤侧肘部，底角放于健侧肩部，盖住前臂和手。

三角悬臂带固定

（3）将前臂下方的底边折入前臂内侧包裹前臂。

（4）将下方的底角自伤侧肩胛骨下方拉至健侧肩部，两底角在健侧锁骨上凹处打结。

（5）拉紧顶角，由前向后拧紧，掖入肘部。

（6）包扎完成。

说一说：3 种三角巾包扎法的具体操作步骤。

四、项目实施

（一）用物准备

包扎模拟人、各种伤口配件、纱布、包扎绷带、三角巾等。

（二）包扎操作流程

以手背“8”字包扎法为例分组操作。

1. 包扎前检查评估

（1）检查评估：首先抢救生命，优先解决危及生命的损伤，仔细寻找较隐蔽的损伤。现场处理时，要仔细检查伤口的位置、大小、深度、污染程度、有无异物及何种异物。

（2）包扎前处理。

表浅伤口的处理：伤口周围用肥皂水（有条件时用生理盐水）擦洗或用浓度为 75% 的乙醇溶液消毒后用无菌敷料包扎。

较深伤口的处理：用过氧化氢溶液冲洗后包扎，而后送医院。

2. 实施包扎

（1）用敷料覆盖伤口并固定。

（2）在腕部环形包扎两圈，固定起始端。

（3）第三圈斜行经手背至手指，在手指处环形包扎一圈（要暴露小手指末端）。

（4）将绷带自环形圈一侧的最远端斜向腕关节，绕腕关节至手指环形圈对侧的最远端，如此在手背与腕关节之间做“8”字包扎。

（5）伤口包扎完毕后，在腕关节环形包扎两圈，固定绷带末端。

3. 包扎后评估

包扎后评估包扎情况，松紧适宜，评估伤肢血液循环情况。

4. 包扎法使用后的模型维护

对包扎模拟人进行维护和保养。具体维护内容包括检查设备的外观和功能是否正常、清理包扎模拟人、整理各处伤口配件、拆除模拟人包扎后的绷带和三角巾、归类整理包扎材料等。同时，在使用过程中，如果发现设备存在故障或问题，应及时联系相关人员进行维修或更换。

五、项目总结

1. 个人总结

项目	内容
我的学习目标达成度	
我的知识能力学习收获	
我的科学技术学习收获	
我的劳动教育学习收获	
我的急救意识和仁爱精神发展收获	

2. 小组总结

（1）哪个同学最专注认真？哪个同学操作技能最熟练？哪个同学最有团队协作精神？

（2）本小组制作的优缺点（知识、技能、协作、意识等方面）有哪些？

3. 教师总结

（1）学生最突出的思政素养发展是什么？

（2）学生最突出的科技、劳动素质发展是什么？

（3）各组的劳动成果是什么？

（4）各组制作的优缺点有哪些？

（5）各组的改进目标是什么？

六、项目总体评价

1. 学习过程评价

姓名：　　　　　　　　　　　　　　　　　　　　　　　　　　小组：

评价维度	评价标准			自评	组评	师评
	一级	二级	三级			
参与程度	积极完成各项作业及讨论活动，主动分担任务，在班级中积极交流、发言	按时完成各项作业，在班级中发言较积极	完成作业不积极，分担任务不主动，不积极交流			
合作情况	积极参与小组讨论，有效地完成自己的任务，通过讨论的方式分享观点和想法，发言积极，内容充实	能够参与小组活动，任务基本明确，但没有很好地完成任务，能围绕一个问题进行讨论，发言较规范	对互动不感兴趣，仅进行简短的交谈，任务不明确，不发言或乱发言			
学习情况	独立思考，自主学习，主动发现问题，提出问题，寻求解决问题的方法	能思考，但不会自主学习，能和小组成员合作发现问题，提出问题	不善于思考，不爱学习，不会发现问题，更不会提出问题			
学习态度	按照学习要求主动学习，帮助他人，宣传积极向上的学习思想	能够按照学习时间完成规定课程，与辅导教师及小组成员沟通少	学习积极性不高，畏难心理严重，以消极言论影响他人			
合理化建议	主动关注学习过程中出现的各类问题，并及时与教师沟通，提出改进意见	关心组员提出的问题，能够参与问题的讨论	只顾自己学习，遇到问题直接寻求帮助，无任何建议			
教师签名		总评				

2. 学习成果评价

姓名：　　　　　　　　　　　　　　　　　　　　　　　　　　小组：

评价项目	评价内容		自评/分	组评/分	师评/分
学习态度	积极主动参与学习，有进取心，学习兴趣浓厚，求知欲强（20 分）				
合作探究	积极参与讨论，能与同学互帮互助，共同学习，相互促进（10 分）				
	积极思考问题，能提出创造性解决问题的方法、方案（10 分）				
操作技能	包扎法的掌握程度（20 分）				
	细致认真程度（20 分）				
	注意事项掌握程度（20 分）				
教师签名		总评 （自评分占 30%+组评分占 30%+师评分占 40%）			

3. 评价记录

姓名	文化知识	技能技术	情感价值	其他	备注

模块五
农业生产劳动

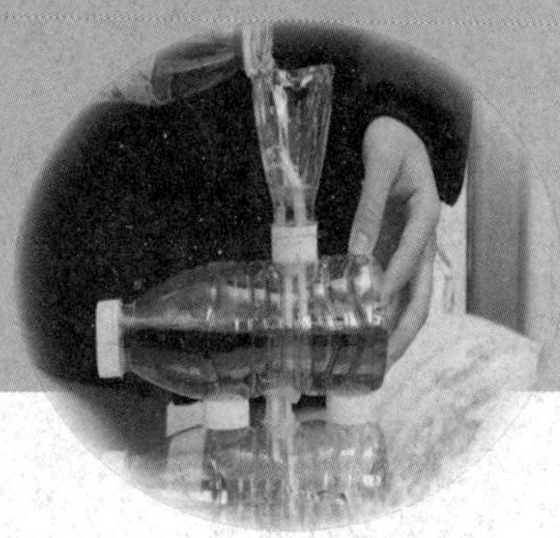

项目二十
中国式现代化见证：从万峰湖美丽蜕变中学习节水灌溉技术

思政目标

建立系统思维，深刻领悟习近平生态文明思想，明晰青年大学生在构建人与自然和谐共生的中国式现代化建设中的使命担当；培养环保意识、生态文明观念、社会责任感和爱国情感；提高应用马克思主义理论分析人与自然辩证关系的能力和解决生态环境问题的能力。

科技目标

理解人与自然和谐共生的重大意义；理解水循环、节水灌溉的科学原理，培养科学兴趣和好奇心；提升科学技能、环保意识、科学素养和科学精神。

劳动目标

掌握节水等劳动技能，提高动手能力，树立节水意识，养成保护环境、尊重劳动、热爱劳动的意识习惯；通过分工合作完成水循环装置和自动智能浇花器的制作，学会分工合作，培养合作意识和团队精神；制作过程中需要仔细认真、不断尝试、一丝不苟、精益求精，培养创造能力和工匠精神。

一、启动学习

（1）学习《习近平新时代中国特色社会主义思想概论》第十二章“建设社会主义生态文明”，了解习近平生态文明思想的科学内涵。

说一说： 建设美丽中国的主要任务。

思考： 如何理解中国式现代化是人与自然和谐共生的现代化和“绿水青山就是金山银山”的科学内涵？

（2）学习《水利部办公厅关于加强农业用水管理大力推进节水灌溉的通知》（办农水函〔2022〕456 号）、《水利部 中央精神文明建设办公室 国家发展改革委 教育部 工业和信息化部 住房城乡建设部 农业农村部 广电总局 国管局 共青团中央 中国科协关于加强节水宣传教育的指导意见》（水节约〔2023〕148 号）、《“十四五”重大农业节水供水工程实施方案》，了解发展节水农业、加快调整种植结构、推进高效节水灌溉、提高农业用水效率，对于保障国家粮食安全、生态安全、区域安全的重要性。

思考：发展节水农业有何意义？

二、项目计划

（1）根据项目需要，自主组建4～7人小组，明确每人的具体分工（表20-1）。

表20-1　人员分工表

角色	姓名	职责
组长		负责小组统筹协调及任务管理
材料准备员		准备水循环装置、智能浇花器的制作材料
问卷调查员		调查问卷制作与发放
数据分析师		问卷回收和数据汇总
水循环装置制作员		制作水循环装置
智能浇花器制作员		制作智能浇花器
文案员		拍照记录和报告撰写

（2）制订项目流程与时间计划（表20-2）。

表20-2　项目流程与时间计划表

环节	时间/分	工作	第一责任人	其他参与者
实地参观	180	实地参观万峰湖治理成效		
制作水循环装置	5	材料、器械准备		
	40	制作水循环装置		
制作智能浇花器	5	材料、器械准备		
	40	制作智能浇花器		

思考：小组人员分工、项目流程与时间计划是否科学合理？

三、项目知识与技能学习

（一）“两山”理论实践——万峰湖美丽蜕变

绿水青山就是金山银山，是时任浙江省委书记的习近平，于2005年8月在浙江省湖州市安吉县考察时提出的科学论断。2017年10月18日，习近平总书记在党的十九大报告中指出，坚持人与自然和谐共生，我们必须树立和践行绿水青山就是金山银山的理念，坚持节约资源和保护环境的基本国策。

为深入贯彻落实“两山”理念，黔西南州通过“清网、绿水、共享”三大行动，聚焦万峰湖船舶、码头水污染、生活垃圾等重点污染问题，以大数据赋能，通过“船E行”App、智慧交通监管等方式，推动“智慧码头”建设，实现流域监管的信息化，推动万峰湖治理向“智”理的转变。2023年8月15日全国生态日，万峰湖（图20-1）获评为首批省级美丽幸福河湖之一。

与此同时，为降低取缔网箱对万峰湖周边渔民生计的影响，当地政府聚力发展生态产业。一方面在沿湖五乡镇发展精品水果产业；另一方面通过库湾拦网绿色养、稻渔结合生态养、陆基循环流水养三大方式，形成沿湖生态经济带；同时在“野钓天堂”这一优良口碑的基础上，科学化、规范化管理野钓，大力发展配套的旅游项目。多举措使万峰湖的生态治理成效转化为绿色发展的新动能，实现了生态美、百姓富的有机统一。

图 20-1　万峰湖（向杰 摄）

思考：万峰湖污染的原因有哪些？万峰湖综合治理后水体是如何变化的？当地政府为降低取缔网箱对万峰湖周边渔民生计的影响，采取了哪些措施？

（二）水循环原理

水循环是指地球上各种形态的水，在太阳辐射、地球引力等的作用下，通过水的蒸发、水汽输送、凝结降落、下渗和径流等环节，不断发生的周而复始的运动过程（水相不断转变的过程）。本项目使用三个矿泉水瓶自制简单水循环装置，利用气压原理使水流动起来，模拟地球水循环过程。形成水循环的外因是太阳辐射和地球引力作用，形成水循环的内因是水在通常环境条件下气态、液态、固态三种形态容易相互转化的特性。降水、蒸发和径流是水循环过程的三个最重要的环节，这三个环节构成的水循环决定了全球的水量平衡。本项目通过制作简单水循环装置模拟水循环，了解水质治理的必要性和重要性。

（三）节水灌溉技术

水资源与环境密切相关，在农业生产过程中，需要切实提高水资源利用率。农业节水灌溉技术的有效应用在提高水资源利用的同时进一步增加了农业产量。节水灌溉技术可有效保持土壤中水、肥、气、热等的良好状态，具有省水、省工、节能、节肥、增产增收等诸多优点，是推动农业现代化发展的重要措施。

1. 节水灌溉技术的作用

节水灌溉技术是根据作物需水规律和当地供水条件，高效利用降水和灌溉水，以取得农业最佳经济效益、社会效益和环境效益的综合措施。节水灌溉技术以最低限度的用水量获得最大的产量或收益，是最大限度地提高单位灌溉水量的农作物产量和产值的灌溉措施。农业节水灌溉技术可以做到局部精确灌溉，除了用于补充土壤水分满足植物生长需要外，还可将肥料、农药溶解在水中，结合注肥泵等现代化的施肥装置进行施肥打药作业。此外，还可避免土壤盐碱化，对已经出现盐碱化的土壤，可利用灌溉冲洗土壤中的可溶盐分，以改良土壤。科学灌溉方式还可起到预防作物霜冻和预防干热风危害，以及防止土壤风蚀等作用。

2. 节水灌溉技术常见类型

（1）喷灌。喷灌是将有压水通过装有喷头的管道喷射到空中形成水滴，洒到田间的灌水方法。这种灌溉方法不仅比传统的地面灌溉节水30%～50%，还有保土、保水、保肥、省工和改善田间小气候等优点。喷灌系统主要由水源工程、水泵及动力机械、管网和喷头等部分组成。

（2）滴灌。滴灌就是按照作物需水要求，通过低压管道系统与特制灌水器，将水和作物生长所需养分以较小的流量，均匀、准确地直接输送到作物根部附近的土壤表面或土层中。同时，滴灌可以与施肥结合，利用施肥器将可溶性的肥料随水施入作物根区，及时补充作物所需水分和养分，具有良好的增产效果。滴灌系统的灌水器常见的有滴灌管、滴头、滴箭、滴灌带、发丝管、多孔管等。

（3）微喷。微喷是利用低压管道系统，将灌溉水通过微喷头喷洒于作物和土壤。微喷灌溉系统分为固定式和移动式两种，是介于喷灌、滴灌之间的一种节水灌溉技术，它比喷灌需要的水压小，雾化程度高，喷洒均匀，需水量少。喷头也不像滴灌那样易堵塞，但出水量较少。常见微喷灌溉系统的灌水器有各种微喷头、多孔管、喷枪等。

（4）渗灌。渗灌是一种地下微灌形式，它是在低压条件下，通过埋于作物根系活动层的灌水器（微孔渗灌管），根据作物的生长需水量定时定量地向土壤中渗水，供水给作物。这项技术的特点是节水、节能，便于中耕，不破坏土壤结构，有利于防止杂草和病虫发生。

（四）果园智能灌溉控制系统

果园智能灌溉控制系统主要由以下装置或系统构成。

（1）无线传感器：采集土壤水分数据，判断是否需要灌溉。

（2）电磁阀：实现喷头的电动打开，自动灌溉。

（3）传输终端：可以实时监测灌溉情况，远程监控，无人值守。

（4）管理平台：通过手机可以实现远程自动化灌溉。

果园智能灌溉控制系统可通过中央控制软件实现灌溉的远程无线控制，并可对后期监测的多个土壤含水量数据进行进一步分析。系统通信有多种方式，包括有线和无线，无须去现场，只需轻轻点击控制室计算机即可实现远程灌溉。

果园智能灌溉控制系统是灌溉节水技术、农作物栽培技术和节水灌溉工程运行管理技术的有机结合，同时，集成了电子信息技术、远程监控网络技术、计算机控制技术、信息采集与处理技术等多种技术，并通过计算机通用化、模块化的设计来实现灌溉节水。为了实现灌溉节水并对作物生理和湿度的近似控制，果园智能灌溉控制系统构建了供水流量、供水压力、土壤水、作物生长信息和气象数据的自动监测与控制，并进行土壤环境因素模拟与优化，从而将农业节水的理论研究提高到现实的应用技术水平。果园智能灌溉控制系统具有较强的实用性，可精准把握灌溉时机和用水量，有适用范围广、功能强大、操作简单、节约用水的优点，可广泛应用于粮食、蔬菜、花卉、果树等作物和温室的灌溉。

思考：地球水循环的内因和外因有哪些？节水灌溉技术常见类型有哪些？

简单水循环小实验

四、项目实施

（一）实景参观学习万峰湖治理成效

（1）出发前，组织学生在班级进行外出研学安全、低碳出行教育。

（2）思政课教师带领学生参观万峰湖，以对话方式，实地讲解万峰湖水资源治理的背景、目的、意义，交流讨论“绿水青山”与“金山银山”的辩证关系。

（3）以小组为单位，走访当地村民，调研万峰湖治理对当地村民生活变化的影响。

（二）制作水循环装置

（1）教师以简单水循环装置讲述大自然水循环工作原理，教育引导学生理解万峰湖治理的重要性和必要性。

（2）学生以小组为单位，根据课前提示自备的器具，跟着教师（或教学视频）动手制作水循环装置。此环节采用计时比赛制，考验学生的团队协作能力。计时结束后评比各小组成品，作为课程积分。制作材料和步骤详见表 20-3[①]。

（3）小组评价，每个小组派代表上台交流水循环装置制作过程中的心得体会，展示作品，同时结合实际分享对保护和改善水资源的建议和想法。

表 20-3　水循环装置的制作材料和步骤

项目	图示
制作所需材料和设备	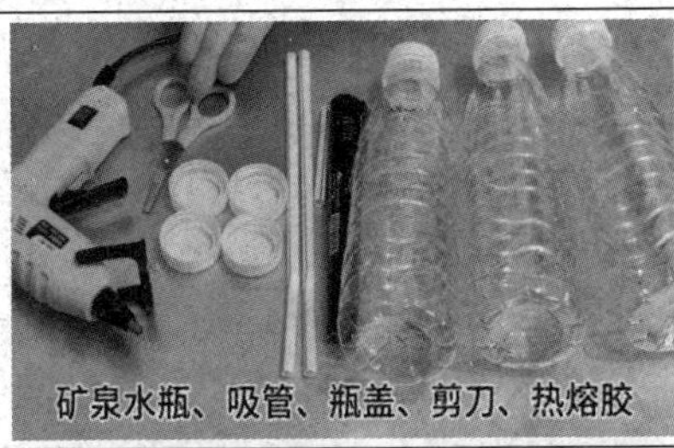
制作第一步	

① 表 20-3 中的图片由梁昊摄。

续表

项目	图示
制作第二步	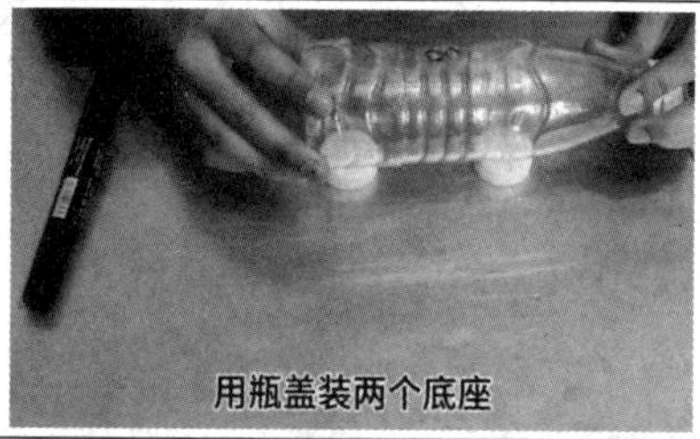
制作第三步	
制作第四步	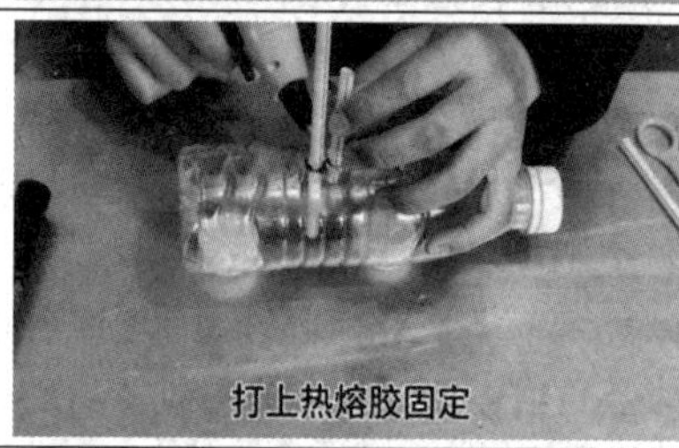
制作第五步	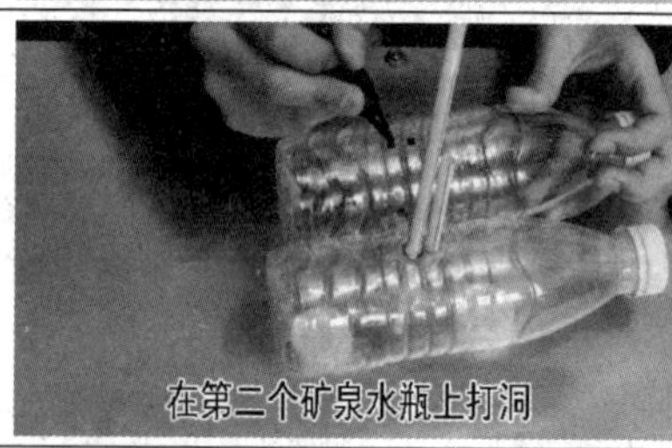
制作第六步	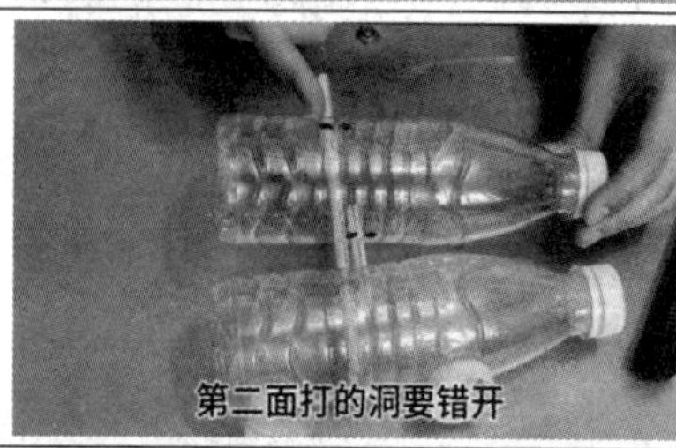
制作第七步	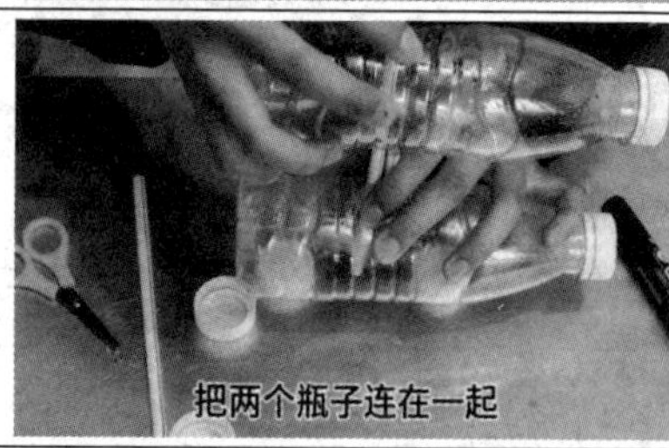

续表

项目	图示
制作第八步	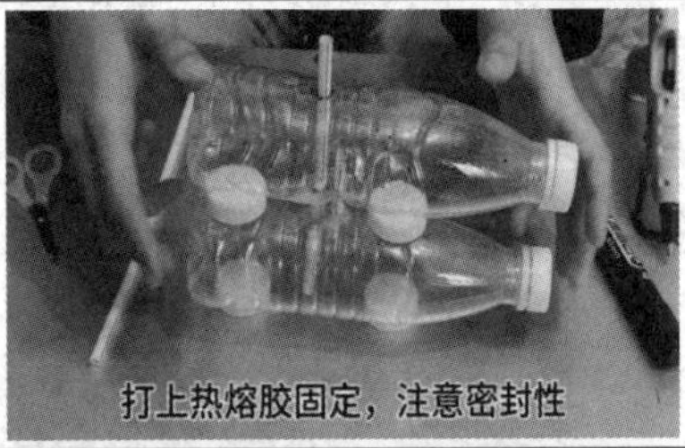
制作第九步	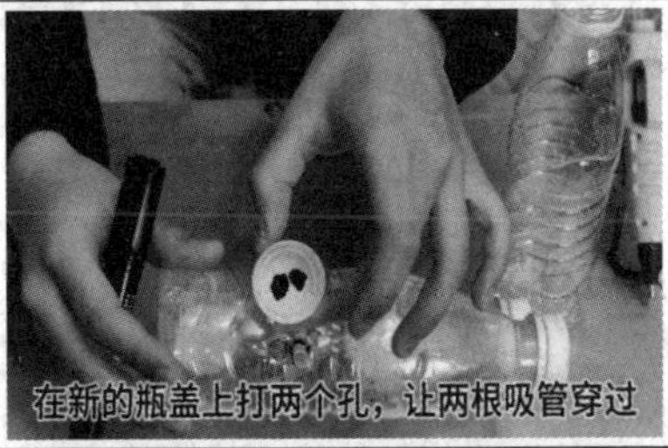
制作第十步	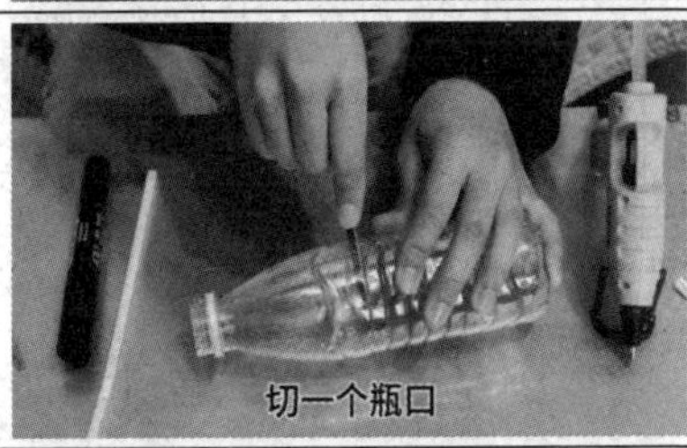
制作第十一步	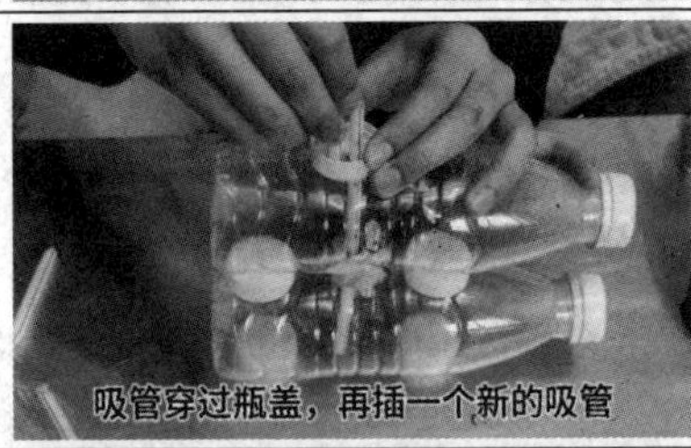
制作第十二步	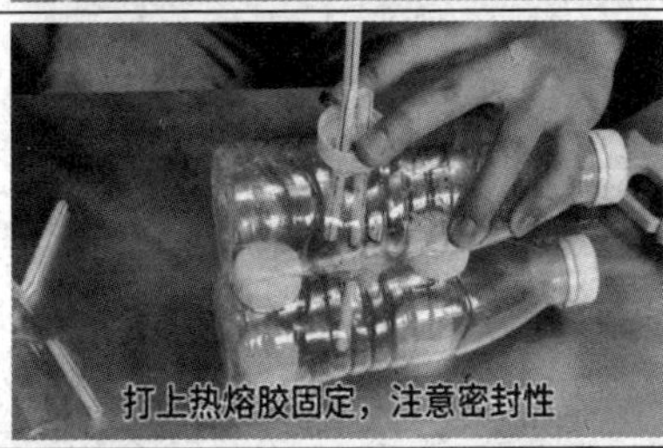
制作第十三步	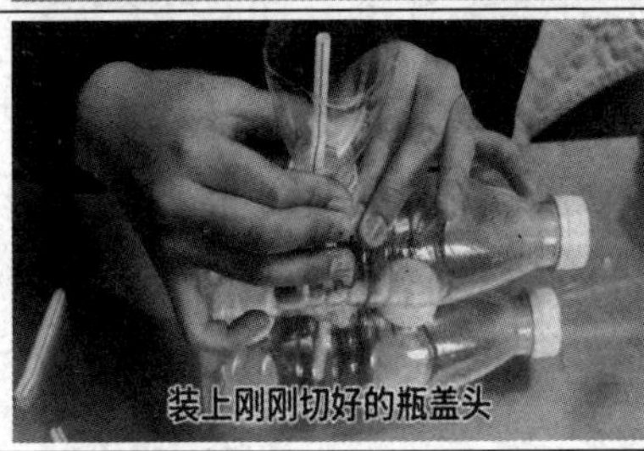

续表

项目	图示
成果展示（1）	
成果展示（2）	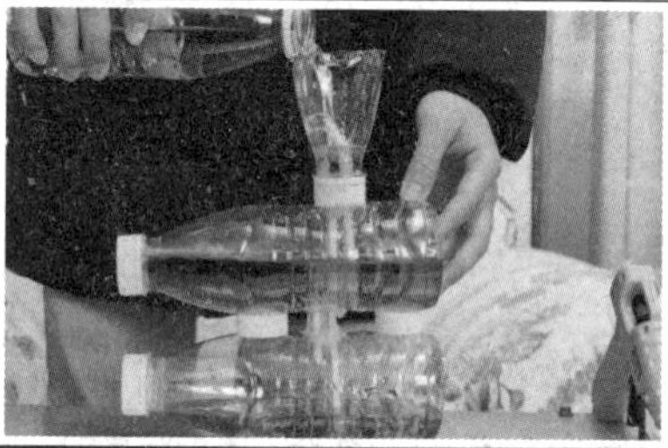

（三）制作智能浇花器

（1）专业课教师讲解智能浇花器的工作原理、器材和工具的使用及制作步骤。制作步骤详见表 20-4①。

表 20-4 智能浇花器的制作步骤

步骤	图示
1. 准备螺丝刀、5 号电池、PVC 管件、一次性输液器	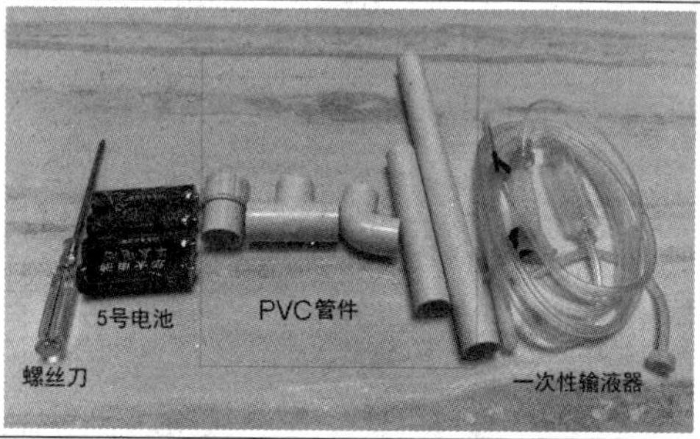
2. 将一个剪掉瓶盖的塑料瓶作为盛水容器，准备一个土壤湿度检测仪、一台小水泵	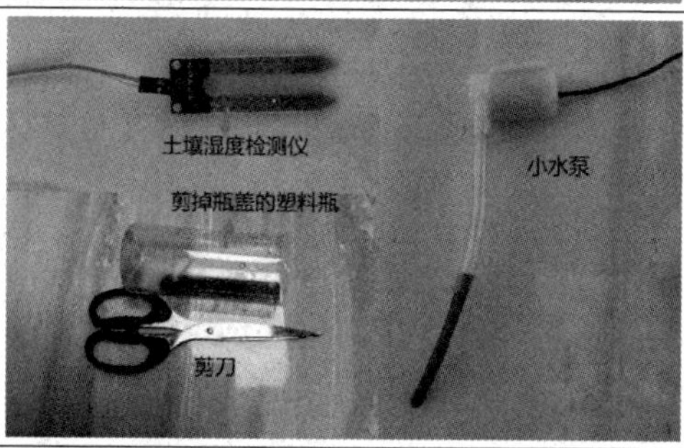

① 表 20-4 中的图片由罗礼红摄。

续表

<table>
<tr><th>步骤</th><th>图示</th></tr>
<tr><td>3. 准备木板、开关、细导线、电池盒、继电器、螺丝钉、管道底座等器材</td><td>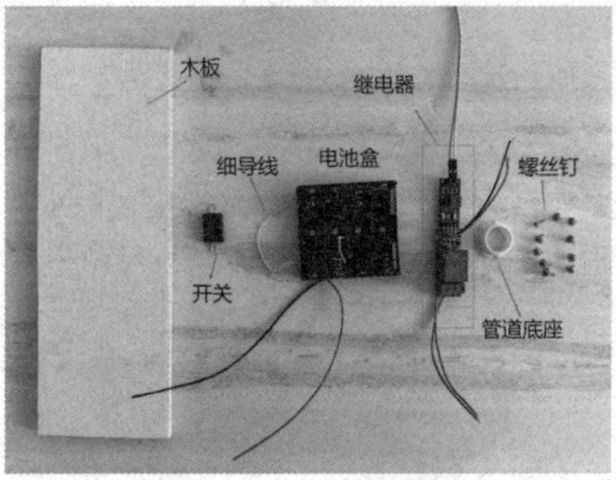
</td></tr>
<tr><td>4. 将开关、电池盒、继电器、管道底座按图示用螺丝钉固定</td><td></td></tr>
<tr><td>5. 连接小水泵、土壤湿度检测仪、电池盒、开关和继电器的线路</td><td>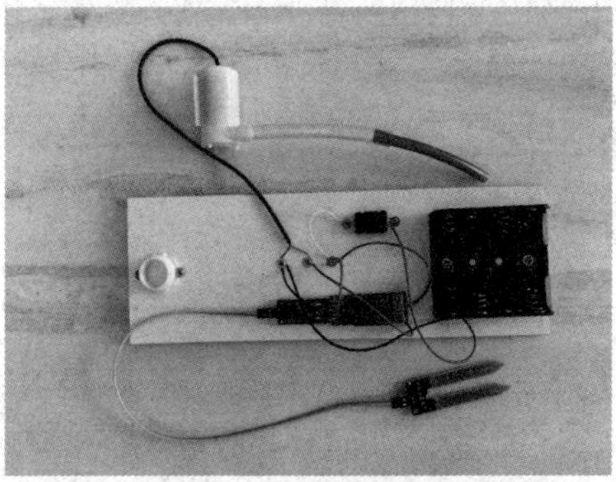</td></tr>
<tr><td>6. 拔掉输液管的针头，将塑料圆盘接入水泵蓝色管内</td><td>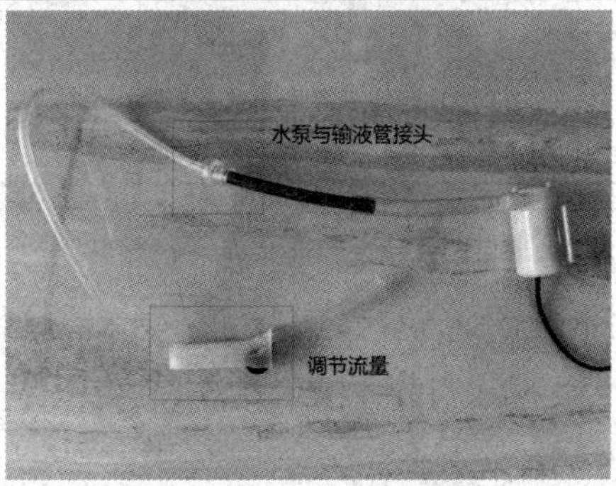
</td></tr>
</table>

续表

步骤	图示
7. 按图示安装好PVC管件，将输液管剪下合适的长度，穿入PVC管中。塑料瓶中盛水，将小水泵放在塑料瓶水中，湿度检测仪插入花盆土壤中。按下开关，就开始浇水了。	

（2）学生以小组为单位完成灌溉装置的制作，并进行成果展示和评比。

（3）学生以小组为单位在校内种植区实地使用节水灌溉装置，并进行灌溉观测和数据记录。

（4）学生以小组为单位展开节水灌溉技术技能提升的讨论，并推选代表汇报成果。

当土壤干燥时，土壤湿度检测仪探头两铁片间不导电，检测模块发出高电平给继电器，继电器里的电磁开关吸合，水泵开始抽水浇花。当土壤达到一定的湿润度后（水能导电），探头的两铁片间的电流通过水导通，这时检测模块发出低电平给继电器，继电器里的电磁开关断开，控制水泵停止抽水浇花。

五、项目总结

1. 个人总结

项目	内容
我的学习目标达成度	
我的知识能力学习收获	
我的科学技术学习收获	
我的劳动教育学习收获	
我的生态文明学习收获	

2. 小组总结

（1）哪个同学最专注认真？哪个同学操作技能最熟练？哪个同学最有团队协作精神？

（2）本小组制作的优缺点（知识、技能、协作、意识等方面）有哪些？

3. 教师总结

（1）学生最突出的思政素养发展是什么？

（2）学生最突出的科技、劳动素质发展是什么？

（3）各组的劳动成果是什么？
（4）各组制作的优缺点有哪些？
（5）各组的改进目标是什么？

六、项目总体评价

1. 学习过程评价

姓名：　　　　　　　　　　　　　　　　　　　　　　　　　小组：

评价维度	评价标准			自评	组评	师评
	一级	二级	三级			
参与程度	积极完成各项作业及讨论活动，主动分担任务，在班级中积极交流、发言	按时完成各项作业，在班级中发言较积极	完成作业不积极，分担任务不主动，不积极交流			
合作情况	积极参与小组讨论，有效地完成自己的任务，通过讨论的方式分享观点和想法，发言积极，内容充实	能够参与小组活动，任务基本明确，但没有很好地完成任务，能围绕一个问题进行讨论，发言较规范	对互动不感兴趣，仅进行简短的交谈，任务不明确，不发言或乱发言			
学习情况	独立思考，自主学习，主动发现问题，提出问题，寻求解决问题的方法	能思考，但不会自主学习，能和小组成员合作发现问题，提出问题	不善于思考，不爱学习，不会发现问题，更不会提出问题			
学习态度	按照学习要求主动学习，帮助他人，宣传积极向上的学习思想	能够按照学习时间完成规定课程，与辅导教师及小组成员沟通少	学习积极性不高，畏难心理严重，以消极言论影响他人			
合理化建议	主动关注学习过程中出现的各类问题，并及时与教师沟通，提出改进意见	关心组员提出的问题，能够参与问题的讨论	只顾自己学习，遇到问题直接寻求帮助，无任何建议			
教师签名		总评				

2. 学习成果评价

姓名：　　　　　　　　　　　　　　　　　　　　　　　　　小组：

评价项目	评价内容		自评/分	组评/分	师评/分
学习态度	积极主动参与学习，有进取心，学习兴趣浓厚，求知欲强（20 分）				
合作探究	积极参与讨论，能与同学互帮互助，共同学习，相互促进（10 分）				
	积极思考问题，能提出创造性解决问题的方法、方案（10 分）				
操作技能	操作技能的掌握程度（20 分）				
	细致认真程度（20 分）				
	注意事项掌握程度（20 分）				
教师签名		总评 （自评分占 30%+组评分占 30%+师评分占 40%）			

3. 评价记录

姓名	文化知识	技能技术	情感价值	其他	备注

项目二十一
中国农耕文化传承：贵州山地茶园施肥

思政目标

关注土壤健康及食品安全，培养环保意识，树立可持续发展的理念，成为有责任感的环保公民；进一步理解“绿水青山就是金山银山”的理念；了解贵州山地茶园的独特优势，感受以悠久茶文化为代表的中华文化的源远流长，增强文化自信。

科技目标

了解不同类型的肥料、施肥时间与剂量等对茶树生长的影响；了解植物与土壤之间的关系、茶树的发育周期和不当施肥对环境的潜在危害；了解茶树所需的基本营养元素及其作用，从而增强对植物生态系统的科学理解；掌握土壤分析、施肥方法的实践技能，提高实验设计、数据分析、结果应用的能力。

劳动目标

培养动手能力和团队协作意识，培养学好专业知识技能所需要的不怕脏、不怕累、耐心细致、一丝不苟、精益求精、责任担当的劳动精神、工匠精神；强化对“劳动创造美，劳动创造财富”的理解，树立热爱劳动、尊重劳动、尊重劳动人民的观念。

一、启动学习

（一）感受中国茶文化的源远流长

中国茶文化是指中国人发现、利用茶叶，以及围绕茶叶展开的一系列文化活动和礼仪习俗。

（1）悠久的历史：中国是茶的故乡，据说始于神农氏时代，少说已有 4700 多年的历史。茶文化在中国源远流长，从最初的植物利用发展至今日丰富多彩的茶艺和茶道。

（2）多样的茶类：中国的茶叶种类繁多，包括但不限于绿茶、红茶（在西方称为黑茶）、乌龙茶、白茶、黄茶和黑茶（如普洱茶）。每种茶都有其独特的制作工艺和风味特点。

（3）饮茶方式：中国的饮茶方式丰富多样，如煮茶、煎茶、点茶、泡茶等。这些饮茶方式不仅体现了不同地区的文化特色，也展示了茶艺的独特魅力。

（4）茶与礼仪：在中国，茶常常作为一种礼节的表现，如以茶待客、以茶为礼等。

茶文化已深深融入中国人的日常生活中，成为社交和文化交流的重要媒介。

（5）哲学意蕴：中国茶文化蕴含着深刻的哲学思想，如“和合”思想。饮茶被视为一种修身养性的生活方式、与自然和谐共处的生活态度。

（6）世界影响：随着历史的推移，茶文化从中国传播到世界各地，成为连接不同文化的桥梁。茶作为一种国际饮品，促进了不同国家之间的文化交流和相互理解。

（7）非物质文化遗产：中国的茶文化中有许多元素被列为国家级非物质文化遗产代表性项目名录和联合国教科文组织人类非物质文化遗产名录。

综上所述，中国茶文化不仅是中国传统文化的重要组成部分，也是中华民族对世界文化贡献的重要体现。它不仅仅是品饮茶叶的简单行为，更是一种包含了历史、艺术、哲学和社交等多方面的文化现象。

茶树为多年生木本常绿植物，其寿命长达百年以上，一次种植后可长年生产。茶树种植可以改变当地的生态环境，防止水土流失，维持生态平衡。我国是茶的故乡，到目前已经有几千年的发展历史，在茶树的栽培、茶叶制作和饮用、茶具生产等过程中积累了经验，在历经复杂历史变革后，逐渐形成了内涵丰富、具有民族特色的茶文化。

思考： 中华茶文化包含哪些内容？

（二）贵州茶树的耕种历史及施肥的由来

贵州高原是一个神奇的“茶叶王国”，是茶树原产地和茶文化发祥地之一。贵州地处我国西南，位于云贵高原东部，是一个典型的喀斯特高原内陆省。1980 年在贵州黔西南州晴隆县和普安县交界处发现了四球茶茶籽化石，这是迄今为止世界上最古老的茶籽化石，这说明，今天的贵州黔西南一带在远古时代，就已经生长了大量的茶科植物。

在黔西南普安一带，当地布依族口口相传数千年的《摩经》记载，他们的祖先古濮人的女性精神领袖“娅雅洛”发现了茶，并用茶来为族人治病、驱散瘟疫。古濮人吃下古茶树的树叶，尝出先苦后甜的滋味，发现还有去病解毒的功效。渐渐地，先民们又尝试将茶煮入水中当作饮品，后又开始尝试将古茶树进行培育，将得到的茶叶晒干，最终让茶叶广为流传。古代先民在早期就实现了茶叶的种植、加工、销售。至此，布依族先是择茶而居，后来演变到植茶而居，在植茶而居的过程中逐渐意识到施用肥料能起到增加产量的作用，早期的植茶施肥主要依赖自然肥，如将落叶、枯枝等有机物质埋入土中，使其自然分解，从而提供养分给茶叶。

贵州不仅是茶叶的起源地，也是茶树种植、加工、销售的发源地之一。茶产业已经成为贵州省的重要支柱产业之一，2023 年，茶园（图 21-1）面积 675.3 万亩，“贵州绿茶”（图 21-2）更是成为全国首个省级茶叶地理标志农产品，其独特的色泽、香味、口感有别于贵州以外生产的绿茶，以“翡翠绿、嫩栗香、浓爽味”的特点而闻名。国内外市场对贵州绿茶的需求不断增加，特别是在国内，由于人们对健康生活方式的追求，茶叶消费量逐渐增长，贵州绿茶作为高品质茶叶的代表之一，受到了广大消费者的青睐。

图 21-1　贵州茶园

图 21-2　贵州绿茶

贵州茶产业的发展，首先离不开种好这一片“茶”，而茶长势的好坏，离不开土壤的孕育。随着时间的推移，布依族植茶人逐渐意识到依赖自然肥，土壤养分供应不稳定，难以满足茶叶生长的持续需求。随着布依族农业的发展，他们开始意识到动物粪便是一种高效的肥料。因此，牛、马、猪等家畜的粪便被广泛用作茶树的肥料。这一阶段的施肥方式使土壤养分的供应更为稳定，促进了茶叶的优质和高产。然而，这种方式对动物饲养有较高的依赖，一旦动物饲养出现问题，可能会影响到茶叶的生产。后来，布依族人也曾将人粪尿用作肥料。这是一种高效的有机肥料，含有丰富的氮、磷、钾等茶叶生长所需的营养元素。然而，由于种种原因，如卫生条件的限制，人粪尿的使用逐渐减少，人们转而寻求其他更现代化的肥料。再后来，随着科技的进步和农业的发展，化学肥料开始进入布依族人的农业生产中，这些肥料能够快速地提供茶叶生长所需的养分，极大地提高了茶叶的产量。然而，化学肥料的使用也带来了一些问题，如土壤板结、环境污染等。如今，布依族人开始寻找更为可持续的施肥方式，以平衡茶叶的高产与环境的保护。

思考：布依族人给茶树施肥用了哪些肥料？

（三）茶树对矿质营养的需求特性和需肥规律

1. 茶树对矿质营养的需求特性

（1）多元性。茶树体内含有 40 多种元素，不管其含量高低，在茶树体内都各有自己特殊的功能，彼此之间不能相互代替，所以在茶园施肥时，要根据茶树对营养元素需求的多元性特点，施足各种必需的矿质元素物质，保证茶树生长过程中对各种元素的需求。

（2）喜铵性。在茶园追肥施用氮肥时，应优先选择铵态氮肥或酰胺态氮肥，如硫酸铵、尿素等。

（3）聚铝性。茶树由于长期生长在酸性的富铝化土壤上，在其个体发育过程中，树体各器官都聚集了大量的铝化物。铝元素能促进茶树根系生长，且当铝和磷达到一定比例时，茶树根系生长较好。铝元素还能提高叶片的光合能力，促进碳水化合物的转化，尤其是铝能促进茶氨酸转化成儿茶素的代谢，同时铝还能促进茶树对磷的吸收。茶树在富铝化土壤上的生长，比在其他土壤上更好，所以，对于 pH 偏高的茶园，应施用一定量的硫酸铝肥料，以满足茶树对铝元素的需求。

（4）嫌钙性。茶树对钙的需求比一般植物低得多，当土壤中活性钙的含量超过 0.5%（以 CaO 计）时，茶树生长就会不正常，严重时还会死亡。但要知道，茶树的嫌钙性并不是不需要钙，钙有中和植物体内代谢产物中有机酸的作用，避免植物因酸过多而中毒。

（5）低氯性。当茶树老叶含氯量高于 0.8%，芽叶中含氯量高于 0.4%时，就会表现出氯害症状，因此，在茶园中施用过量含氯化肥，容易造成“氯害”，特别是幼年茶树对氯离子极为敏感，极易受害，所以在茶园，特别是幼年茶园施肥时，应尽量选择不含氯离子的肥料。

2. 茶树需肥规律

茶树进行光合作用的产物约有 10%被用于呼吸消耗，其余的 90%则是进行同化和积累，因此茶树对养分的吸收具有以下规律。

（1）营养的连续性。茶树在个体发育和年发育周期中所需要的营养物质不能间断，上一年的营养条件影响下一年的产量，前期的积累供给后期的生长需要，所以，茶树对营养的需求是一个连续的过程，在它的生长发育过程中，需要不断地从外界吸收养分，以满足生命活动的需要。

（2）营养的阶段性。在茶树不同的生长发育时期以及一年当中不同的时间段，随着生长发育的不同，茶树对各种营养元素的吸收有所侧重。例如，茶树幼年期时，营养主要消耗在根，其次是茎和叶，所以应该适当地增施磷、钾肥，可促进根系和茎秆的生长；而青壮年时期，则应增施氮肥以促进树冠的扩大并抑制花芽形成，增加茶叶的产量。因此，应根据茶树不同的时期和不同的季节，选择施肥的种类、时期、方法，便于充分发挥施肥效果。

（3）营养的集中性。在茶树的年生长发育周期中，每年 4～9 月为茶树地上部分生长最旺盛期，所吸收的养分占全年总吸收量的 65%～70%；10 月至翌年 3 月为茶树地上部分生长相对休止期，所吸收的养分仅占全年总吸收量的 30%～35%；4 月中旬至 5 月中旬的短短 20～40 天时间内，对矿质营养元素的吸收量是总吸收量的 55%～60%，所以，在这一时间段，必须采取追肥措施，在生长旺盛期集中供肥。在肥料三要素氮、磷、钾中，又以吸收氮最多，钾其次，磷最少，所以追肥应以增施氮肥为主。

说一说：茶树对矿质营养的需求特性和需肥规律。

（四）野外考察

了解掌握以上知识后，到学校周边的农田或者植物种植基地进行野外考察，亲身感受不同植物的生长环境和施肥情况。在考察过程中，要观察植物的生长状态，了解不同植物对营养元素的需求，以及不同的施肥方法对植物生长的影响。

二、项目计划

（1）根据施肥的人员需要，自主组建 3～6 人小组，明确每人的具体分工（表 21-1）。

表 21-1　人员分工表

角色	姓名	职责
组长		负责小组统筹协调
材料准备员		材料和工具准备
开沟（穴）员		开沟（穴）
施肥员		施肥
覆土员		覆土

（2）制订项目流程与时间计划（表 21-2）。

表 21-2　项目流程与时间计划表

环节	时间/分	工作	第一责任人	其他参与者
1	10	材料和工具准备		
2	20	肥料种类确定、施肥量计算		
3	30	开沟（穴）		
4	10	施肥		
5	25	覆土		

思考：小组分工、项目流程与时间计划是否科学合理？

三、项目知识与技能学习

（一）茶园施肥注意事项及主要肥料种类和特性

茶园施肥注意事项及主要肥料种类和特性分别如表 21-3 和表 21-4 所示。

表 21-3　茶园施肥注意事项

环节	具体工作
肥料的选择	应根据茶树“四喜四怕”中喜酸怕碱的特性，尽量避开生理碱性肥料；应根据茶树的喜氨低氯的特性，尽量选择铵态氮肥，避开含氯的肥料
施肥原则	施肥要把握植物对营养需求的特性，即植物吸收利用养分的种类、数量、比例、速度的差异，植物营养的个性与共性，植物营养的临界期与关键期；要了解土壤中养分的基本状况；要把握平衡施肥与满足最小养分律；要有机肥与无机肥配合施用，基肥与追肥相结合，根部施肥与根外施肥相结合
施肥时间的确定	根据茶树年生长发育周期特点，秋冬季施基肥，春茶前施用催芽肥，夏茶前追肥，秋茶前追肥
施肥量的确定	土壤的养分环境是施肥的依据并决定施肥的效果，肥沃土壤与贫瘠土壤施肥量相同时，前者更易达到高产，所以茶园施肥量的确定，跟茶园自身土壤养分含量有着极其重要的关系；另外，不同年限的茶园，对养分的需求量也是不一样的
施肥方法的选择	有基肥、追肥之分，还要看是根际施肥还是根外追肥。根际施肥可撒施、条施、穴施，根外追肥（叶面施肥）时将营养液喷洒在植株叶片上

表 21-4　茶园主要肥料种类和特性

肥料	种类	商品	肥效	注意事项
无机肥	氮肥	尿素	速效	深施
		碳酸氢铵	速效	
		硝酸铵	速效	
		石灰氮	速效	注意施用安全
	磷肥	磷矿粉	缓效	
		过磷酸钙	速效	
	钾肥	草木灰	速效	
		氯化钾	速效	
	复合肥	化合复合肥	速效+缓效	
		有机无机复合肥	速效+缓效	
有机肥		厩肥类	速效+缓效	
		堆肥类	速效+缓效	
		饼肥	缓效	
		绿肥	缓效	
		微生物肥		
其他		土杂肥	缓效	

说一说：茶树主要施用肥料种类和肥效。

（二）茶园肥料选择的原则及依据

1. 根据茶树对矿质营养的需求特性选择肥料

茶树喜酸怕碱，就应选用生理酸性肥料或生理中性肥料（过磷酸钙、硫酸钾、尿素等）；喜铵就应多施铵态氮肥（硫酸铵、碳酸氢铵等）；嫌钙决定了在 pH 偏高的土壤中，不再施用含钙的肥料（过磷酸钙等）；低氯则尽量不施用含氯的肥料（氯化铵等）；富铝则在 pH 偏高的土壤中，施用硫酸铝肥料。

2. 根据茶园土壤特性选择肥料

若土壤有机质丰富，就多施含肥丰富的饼肥；若土壤质地黏重、通气性差就多施土杂肥；质地粗、沙性重、通气性较好的茶园则多施塘泥、河泥等；pH 偏高的茶园，多施酸性肥料；若是极度酸化的茶园，施用中性肥料或碱性肥料。

3. 根据气候特点选择肥料

在年降雨量少、土壤淋溶程度弱的茶园，宜施用酸性肥料，其增产效果好；在雨水集中的季节，不宜施用硝态氮肥，否则，硝态氮会因雨水淋溶而损失。

4. 根据施用方法选择肥料

基肥应以有机肥和磷、钾肥为主；追肥的话以速效氮肥为主，可溶性磷、钾肥为辅；

若是采用根外追肥的方式，则只适用于微量元素肥和植物生长调节剂类，不适用于大量元素肥。

（三）茶园总施肥量的确定

对于施肥量的确定，常见的做法或依据是目标产量法：先根据土壤条件、茶树生长状况，结合气候条件和管理水平，确定目标产量。对于成年茶园，该目标产量大致相当于在前3年的平均产量水平上加10%～15%的增量。针对茶园土壤普遍缺氮以及茶树对氮素需求比较高的特点，结合各地经验和田间试验，每生产100千克干茶需要施用12～15千克的氮素；对于磷、钾则根据氮素的量来确定，按照适宜茶树生长的氮∶磷∶钾的比例（4～2）∶1∶（1～2）来确定磷和钾的用量，幼龄茶园因尚未开采，耗氮量不多，以培养健壮骨架与庞大根系为主要任务，应特别增加磷、钾比例。

茶园氮肥参考用量要结合茶园条件、土壤肥力茶树品种以及预期的生长目标等多种因素来确定，通常1～2龄的茶园，氮肥用量每亩可以在5～10千克（以纯氮计），具体数值可根据茶园实际情况进行调整。如果茶园土壤肥力本身较低，可适当增加施用量；反之，如果茶园土壤肥力本身较高，则可相应减少施用量，以避免养分过剩或浪费。再根据氮肥（以纯氮计）的用量确定磷和钾的用量，根据土壤测定结果，适时调整比例。针对磷、钾肥严重缺乏的土壤，增加磷、钾肥施用比例。其他营养元素，如硫、镁等微量元素，根据土壤测定结果，在缺乏时施用。

（四）施肥的种类、方法和时间

1. 基肥

概念：每年茶树地上部分停止生长之后所施的肥料。

作用：保证入冬时根系活动所需的营养物质，同时，也为来年茶芽萌发提供养分。

施用方法：一般兑水施用或条施以后覆土。

施用时间：主要取决于茶树地上部分停止生长的时间，一般在地上部分停止生长后立即施用，宜早不宜迟，贵州大部分地方可在每年的10～12月施用。

施用量：根据施肥量的确定方法拟定全年施用量，然后按全年施用量（以氮计）的30%左右折算施用。若是单质的磷、钾肥，一般全部作为基肥施用。

2. 追肥

概念：在茶树地上部分处于生长时期所施的速效性肥料。

作用：不断补充茶树生长发育过程中对营养元素的需要，以进一步促进茶树生长，达到持续高产稳产的目的。

施用方法：一般追肥以氮肥为主，兑水施用或深施。

施用时间：一年至少三次（催芽肥、夏茶肥、秋茶肥）。第一次催芽肥施用时间一般在每年地上部分恢复生长后，越冬芽鳞片初展期最好，一般在开采前的15～20天为宜，贵州最早的地方于2月中旬便可施用，晚的地方在3月上旬左右施用；第二次为夏茶肥，施用时间一般在春茶采摘结束后或春梢生长基本停止后进行，一般在 4 月中下旬至 5 月上旬前追施；第三次为秋茶肥，施用时间在夏茶采摘后或夏梢生长基本停止后进行，“伏旱”来临早时应于“伏旱”后施，“伏旱”来临迟时则可在“伏旱”前施，大部分在 7 月中下旬到 8 月上旬施用；对于部分气温高、雨水充沛的高产茶园，还需进行第四次甚至更多次的追肥，每轮新梢生长间隙期间都是追肥的适宜时间。

施用量：将拟定全年施用量（以氮计）剩余的 70%分三次按 4∶3∶3 或 5∶2.5∶2.5 的用量比施用。

常用施肥方法

说一说： 茶园肥料选择的原则及依据，茶园总施肥量的确定和施肥的种类、方法和时间。

四、项目实施

第一步：各小组根据季节、施肥原则、施肥方式，确定肥料种类和数量，准备施肥工具和肥料。根据茶树的生长需要，选择含有适当比例的氮、磷、钾等主要营养成分的复合肥料。

基肥：优先选择有机肥+无机肥，在选择无机肥时应根据茶树需肥特性，尽量避开含氯、含钙的肥料，选择含铵态氮、含铝元素的肥料，并且由于茶树喜酸怕碱，应选择中性或酸性肥料，忌用碱性肥料，如选择硫酸铝、硫酸钾、尿素、硫酸铵、碳酸氢铵、磷酸铵等。

追肥：以氮肥为主，主要为尿素或氮、磷、钾复合肥。

第二步：确定施肥具体时间。根据茶树年生育周期特点、地上部分和地下部分的生长顺序，一般选择在地下部分根系最活跃的时间段进行施肥，每年的 10～12 月是根系最活跃的阶段，因此，选择在 10～12 月对茶园进行施基肥，以补充一年中茶树需求的营养；在春茶茶芽萌发前追一次催芽肥，时间根据各茶区气候条件，一般在 2～3 月；在春茶结束，夏茶茶芽萌发前追施一次肥，夏茶结束、秋茶茶芽萌发前再追施一次肥。

第三步：确定施肥量。茶园氮肥参考用量：1～2 龄茶园，氮肥用量为每亩 5～10 千克（以纯氮计）。根据氮肥量确定磷、钾肥用量。根据土壤的测试结果，适时对比例进行调整。

第四步：确定施肥方式。施肥方式有撒施、条施（图 21-3）、穴施（图 21-4）等。针对茶园施肥，一般选择撒施或条施，施肥时要注意深度和距离，避免损伤茶树根系。在施肥后及时覆盖土壤，以减少肥料的流失。施肥时需注意个人安全，避免肥料接触皮肤和吸入呼吸道。有条件时，也可将肥料溶于水中，浇施到茶苗根部。

图 21-3　条施

图 21-4　穴施

第五步：施肥操作。一般常用的方法是在距茶苗根系 5 厘米左右的地方开一条深 25～30 厘米的沟，将事先准备好的肥料均匀地撒施到沟中，然后覆土。

五、项目总结

1. 个人总结

项目	内容
我的学习目标达成度	
我的知识能力学习收获	
我的科学技术学习收获	
我的劳动教育学习收获	
我的生态文明、茶文化学习收获	

2. 小组总结

（1）哪个同学最专注认真？哪个同学操作技能最熟练？哪个同学最有团队协作精神？
（2）本小组制作的优缺点（知识、技能、协作、意识等方面）有哪些？

3. 教师总结

（1）学生最突出的思政素养发展是什么？
（2）学生最突出的科技、劳动素质发展是什么？
（3）各组的劳动成果是什么？
（4）各组制作的优缺点有哪些？
（5）各组的改进目标是什么？

六、项目总体评价

1. 学习过程评价

姓名：　　　　　　　　　　　　　　　　　　　　　　　　小组：

评价维度	评价标准			自评	组评	师评
	一级	二级	三级			
参与程度	积极完成各项作业及讨论活动，主动分担任务，在班级中积极交流、发言	按时完成各项作业，在班级中发言较积极	完成作业不积极，分担任务不主动，不积极交流			
合作情况	积极参与小组讨论，有效地完成自己的任务，通过讨论的方式分享观点和想法，发言积极，内容充实	能够参与小组活动，任务基本明确，但没有很好地完成任务，能围绕一个问题进行讨论，发言较规范	对互动不感兴趣，仅进行简短的交谈，任务不明确，不发言或乱发言			
学习情况	独立思考，自主学习，主动发现问题，提出问题，寻求解决问题的方法	能思考，但不会自主学习，能和小组成员合作发现问题，提出问题	不善于思考，不爱学习，不会发现问题，更不会提出问题			
学习态度	按照学习要求主动学习，帮助他人，宣传积极向上的学习思想	能够按照学习时间完成规定课程，与辅导教师及小组成员沟通少	学习积极性不高，畏难心理严重，以消极言论影响他人			
合理化建议	主动关注学习过程中出现的各类问题，并及时与教师沟通，提出改进意见	关心组员提出的问题，能够参与问题的讨论	只顾自己学习，遇到问题直接寻求帮助，无任何建议			
教师签名		总评				

2. 学习成果评价

姓名：　　　　　　　　　　　　　　　　　　　　　　　　小组：

评价项目	评价内容		自评/分	组评/分	师评/分
学习态度	积极主动参与学习，有进取心，学习兴趣浓厚，求知欲强（20 分）				
合作探究	积极参与讨论，能与同学互帮互助，共同学习，相互促进（15 分）				
	积极思考问题，能提出创造性解决问题的方法、方案（15 分）				
知识技能	对茶树肥料的种类、作用、配比原理以及茶树对养分的需求等知识的掌握情况（15 分）				
	根据土壤分析结果制订合理的施肥方案是否科学合理（15 分）				
	撒施、条施、穴施、叶面喷施等的实际操作技巧的掌握情况，能否正确使用施肥工具（15 分）				
	遵守肥料施用安全规定情况（5 分）				
教师签名		总评 （自评分占 30%+组评分占 30%+师评分占 40%）			

3. 评价记录

姓名	文化知识	技能技术	情感价值	其他	备注

项目二十二
康养文化建构发展：康养型庭院景观造园

思政目标

了解黔西南州康养型庭院的特色和康养艺术环境之美，认识庭院景观在提升生活质量和保护环境中的作用，增强生态文明意识；学习中国传统园林文化和现代景观设计理念，培养对本民族文化的自信和良好的审美鉴赏能力，增强文化自信；学会尊重自然、尊重生命行为准则。

科技目标

掌握基本的生态学知识，以便在庭院设计中考虑生态平衡和生物多样性；将建筑学、环境科学、艺术设计等相关知识整合应用于庭院景观设计和施工中；探索新的设计理念和技术，如使用垂直园艺、可食用景观等创新方法，培养创新思维；持续关注景观设计和园林科技的最新发展，如智能化、物联网、自动化技术的融入。

劳动目标

掌握庭院设计与施工技能，培养园艺技能，增强体力和耐力，体验劳动快乐和成就感，培养热爱劳动、尊重劳动、尊重劳动人民的观念；学会分工合作，培养团队合作精神；遵守劳动纪律，树立安全施工意识，养成良好的劳动习惯。

一、启动学习

（一）康养型庭院

1. 康养型庭院研究背景

随着我国经济发展和城市居民生活水平的不断提高，康养型庭院成为当今热门的新型园林形式。康养型庭院景观营造“以人为本”科学养生理念，以生态、社会、景观设计为主线，结合自然环境康养效益，推出接触自然、亲近自然的景观场所。其中，乡村康养度假是新兴的康养方式，是室内外空间的连接媒介。

2. 康养型庭院特点

（1）设计意向更倾向于老年人的实际需求。康养是当前人们在闲暇时光的新追求，正在成为美好生活的新内涵。特别是人口老龄化进一步加速了康养的需求，度假型养老模式已经兴起，养心、养生、养老的健康旅游逐渐成为主流。因此，康养型庭院倾向于根据老年人的实际需求进行设计。

（2）结合休闲农业旅游多元化发展。产业融合能促进旅游多元化，提升其价值。一些农场农业休闲旅游项目，由农业产业转型发展成休闲旅游产业，并将农业发展作为提升休闲旅游品质的重要因素。在整体休闲旅游板块中，民宿产业通过旅游与农业产业融合达到质的飞跃。

（3）融合乡村生产、生活、生态发展，传承发展乡土文化。结合特色文化和康养、旅游资源，能有效带动产业及经济的发展。例如，四川成都多利农庄打造完善基础配套设施的农户社区，并通过土地房屋等空间多元化产业营造促进农户增收。

（二）黔西南州康养型庭院

黔西南州典型的康养型庭院有乡愁集市和纳具·和园。

乡愁集市（图 22-1、图 22-2）位于贵州省黔西南州兴义市万峰林景区，集商业功能、民宿功能、八音堂演绎功能于一体，形成文化展示、餐饮配套、原乡民宿和特色农产品市集等多元素组团。乡愁集市的建筑保留了传统建筑的原真性，建筑之间有农田、花圃、水体和步行道路交互成趣，开放空间内容丰富。

图 22-1　乡愁集市民宿

图 22-2　乡愁集市步道

纳具·和园（图 22-3、图 22-4）康养小镇依托布依族古村寨建设，将当地闲置的老

图 22-3　康养型庭院

图 22-4　康养小镇书法协会

式民居流转后进行整体修复提升性改造，尽可能保留原有结构，既还原了古寨百年的风貌与韵味，又保证了现代舒适感。“闲置屋”华丽变身为一批独具特色的民宿院落，为当地村民带来了额外的经济收入。小镇以中医康养为主线，重点打造养生养老、养生药膳、中医药生态拓展、农耕文化体验等精品旅游线路，将山水美景、特色美食、中医中药、养生体验等巧妙融合，让游客感受中医药文化的博大精深。

（三）庭院常用植物

庭院常用植物如表 22-1 所示。

表 22-1　庭院常用植物

类型	特点	植物名称
视觉观赏型	花、果、叶、形等具有较高观赏价值	美女樱、大丽花、木芙蓉、垂柳、海桐、龙爪槐、鸡爪槭、枫香、雪松
芳香型	能散发宜人香气	桂花、茉莉、栀子、白兰
触感型	质感柔软或触摸散发香气	碰碰香、迷迭香、天竺葵、薄荷、驱蚊草
听觉感受型	枝叶摩擦声响韵律较好	芭蕉、竹子、荷花
药用型	可食用或外用	土人参、芦荟、紫苏、车前草、薄荷、马齿苋、百合

说一说：康养型庭院景观的特色。

二、项目计划

（1）根据项目的人员需要，自主组建 6～10 人小组，明确每人的具体分工（表 22-2）。

表 22-2　人员分工表

角色	姓名	职责
组长		统筹整个组的项目工作
园林施工员 1		根据组长的安排完成相应的模块作品
园林施工员 2		根据组长的安排完成相应的模块作品
园林施工员 3		根据组长的安排完成相应的模块作品
园林施工员 4		根据组长的安排完成相应的模块作品
……		……

（2）制订项目流程与时间计划（表 22-3）。

表 22-3　项目流程与时间计划表

环节	时间/分	工作	第一责任人	其他参与者
队伍组建	5	选择组员和组长		
施工图识图	10	组长带领组员认识施工模块和相应的尺寸		
认识工具	5	清点工具是否配齐，明确哪个模块施工用哪些工具		

续表

环节	时间/分	工作	第一责任人	其他参与者
掌握施工技术流程	10	明确每个模块的施工步骤和技巧，认识施工材料		
进场施工	60	组长给组员和自己分配施工任务后开始按步骤施工		

思考：小组人员分工、项目流程与时间计划是否科学合理？

三、项目知识与技能学习

（1）学习图 22-5 和图 22-6 中的知识，指出与总平面图对应的模块和效果图对应的模块所用的材料。

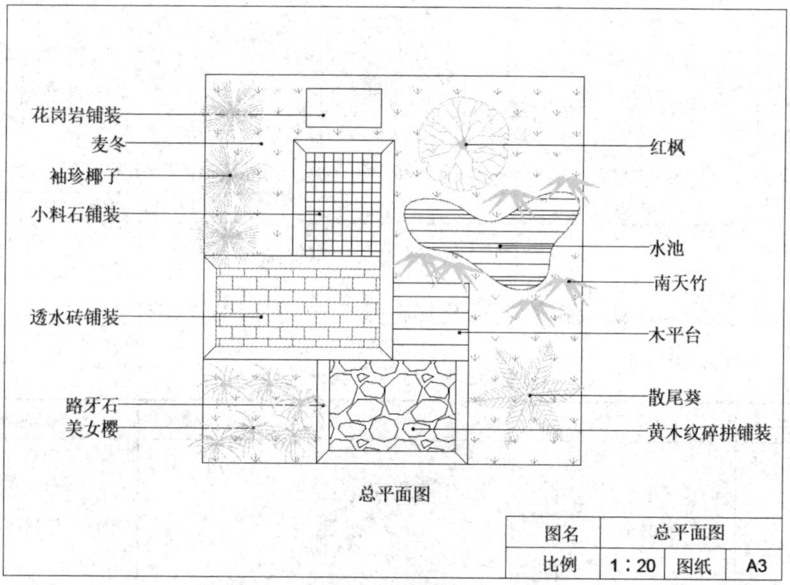

图 22-5　庭院总平面图

图 22-6　庭院效果图

思考： 应通过设计图掌握哪些知识？

（2）根据图 22-7 提供的尺寸定位图，掌握各模块的尺寸。

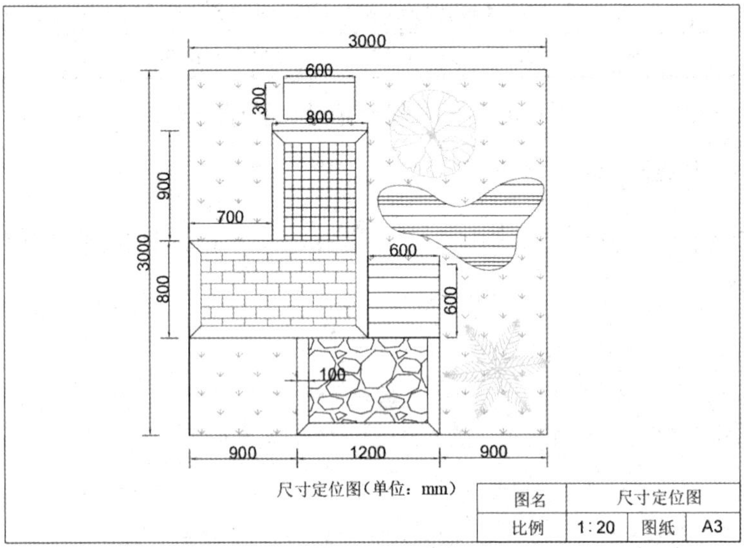

图 22-7　庭院尺寸定位图

（3）根据表 22-4，认识相关工具及其在施工中的作用。

表 22-4　施工工具一览表

序号	工具名称	参考图示	功能及用途
1	修枝剪		植物枝条修剪
2	泥桶		盛砂浆、砂石
3	砖刀		砖头砌筑

续表

序号	工具名称	参考图示	功能及用途
4	刮板		平整场地
5	橡皮锤		铺装时，捶打铺装材料，使铺装更平整
6	卷尺		施工测量
7	手套	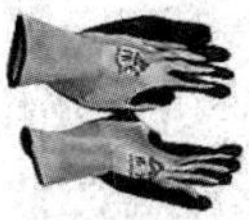	施工保护，必须全程戴上
8	棉线		放线定位
9	铁锹		场地平整，施工开挖
10	园艺小铲子		局部开挖，植物种植

续表

序号	工具名称	参考图示	功能及用途
11	直角尺		直角放线
12	水平尺	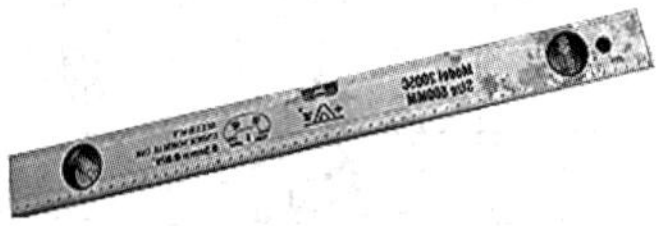	测量施工内容是否水平
13	扫把		铺装扫缝、打扫现场卫生

（4）认识图 22-8 中的植物材料，并根据植物配置图正确指出对应的种植位置。

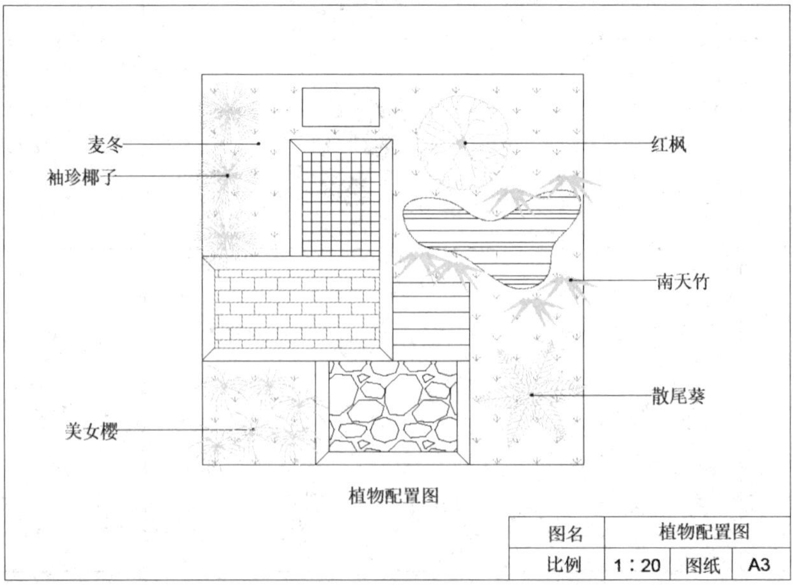

图 22-8　庭院植物配置图

四、项目实施

第一步：工位校正。

相关要求：根据图纸中限定的场地大小进行测量和拉线。

具体安排：用卷尺量出场地需要的长和宽，用砖头绕棉线两圈，拉出长和宽的距离。

施工记录：工具选择、测量人员、拉线人员、指挥人员。

第二步：平整场地。

相关要求：将工位里的沙子整平，清除多余的石子。

具体安排：使用刮板将工位刮平，清除多余石子等异物。

施工记录：工具选择、动手人员。

第三步：铺装施工。

相关要求：按照测量、放线、放材料的步骤施工。

具体安排：用卷尺测量出对应的长度和宽度，用砖头缠绕棉线两圈作为固定，根据测量好的距离拉线。将铺装材料依次摆入测量好的线框内，用橡皮锤敲打铺装材料，使铺装材料都处于一个平面上，一边放材料一边敲打一边用水平尺测量是否水平。

施工记录：工具选择、施工操作人员、具体数据记录。

第四步：木作施工。

相关要求：按照测量、放线、放材料的步骤施工。

具体安排：用卷尺测量出对应的长度和宽度，用砖头缠绕棉线两圈作为固定，根据测量好的距离拉线。在线框的角点挖坑放砖作为木作立柱的摆放点，将提供的木作摆放在正确的位置。

施工记录：工具选择、施工操作人员、具体数据记录。

第五步：水池施工。

相关要求：按照画线、开挖、放薄膜、放鹅卵石的步骤施工。

具体安排：用木桩在地上勾出水池轮廓，开挖，挖 20～30 厘米深，裁剪出合适大小的薄膜铺在水池上，最后把鹅卵石铺在薄膜上，直到把薄膜全部遮挡。

施工记录：工具选择、施工操作人员、具体数据记录。

第六步：植物种植施工。

相关要求：按照植物配置图将植物种植在相应的位置。

具体安排：将植物脱盆，把各种植物摆在与图纸相一致的位置上。

施工记录：工具选择、施工操作人员、具体数据记录。

五、项目总结

1. 个人总结

项目	内容
我的学习目标达成度	
我的知识能力学习收获	
我的科学技术学习收获	
我的劳动教育学习收获	
我的康养文化与生态文明学习收获	

2. 小组总结

（1）哪个同学最专注认真？哪个同学操作技能最熟练？哪个同学最有团队协作精神？
（2）本小组制作的优缺点（知识、技能、协作、意识等方面）有哪些？

3. 教师总结

（1）学生最突出的思政素养发展是什么？
（2）学生最突出的科技、劳动素质发展是什么？
（3）各组的劳动成果是什么？
（4）各组制作的优缺点有哪些？
（5）各组的改进目标是什么？

六、项目总体评价

1. 学习过程评价

姓名：　　　　　　　　　　　　　　　　　　　　　　小组：

评价维度	评价标准			自评	组评	师评
	一级	二级	三级			
参与程度	积极完成各项作业及讨论活动，主动分担任务，在班级中积极交流、发言	按时完成各项作业，在班级中发言较积极	完成作业不积极，分担任务不主动，不积极交流			
合作情况	积极参与小组讨论，有效地完成自己的任务，通过讨论的方式分享观点和想法，发言积极，内容充实	能够参与小组活动，任务基本明确，但没有很好地完成任务，能围绕一个问题进行讨论，发言较规范	对互动不感兴趣，仅进行简短的交谈，任务不明确，不发言或乱发言			
学习情况	独立思考，自主学习，主动发现问题，提出问题，寻求解决问题的方法	能思考，但不会自主学习，能和小组成员合作发现问题，提出问题	不善于思考，不爱学习，不会发现问题，更不会提出问题			
学习态度	按照学习要求主动学习，帮助他人，宣传积极向上的学习思想	能够按照学习时间完成规定课程，与辅导教师及小组成员沟通少	学习积极性不高，畏难心理严重，以消极言论影响他人			
合理化建议	主动关注学习过程中出现的各类问题，并及时与教师沟通，提出改进意见	关心组员提出的问题，能够参与问题的讨论	只顾自己学习，遇到问题直接寻求帮助，无任何建议			
教师签名		总评				

2. 学习成果评价

姓名：　　　　　　　　　　　　　　　　　　　　　　小组：

评价项目	评价内容	自评/分	组评/分	师评/分
学习态度	积极主动参与学习，有进取心，学习兴趣浓厚，求知欲强（20分）			
合作探究	积极参与讨论，能与同学互帮互助，共同学习，相互促进（10分）			
	积极思考问题，能提出创造性解决问题的方法、方案（10分）			

续表

<table>
<tr><th>评价项目</th><th colspan="2">评价内容</th><th>自评/分</th><th>组评/分</th><th>师评/分</th></tr>
<tr><td rowspan="3">操作技能</td><td colspan="2">技能掌握程度（20 分）</td><td></td><td></td><td></td></tr>
<tr><td colspan="2">细致认真程度（20 分）</td><td></td><td></td><td></td></tr>
<tr><td colspan="2">注意事项掌握程度（20 分）</td><td></td><td></td><td></td></tr>
<tr><td>教师签名</td><td></td><td>总评
（自评分占 30%+组评分占 30%+师评分占 40%）</td><td colspan="3"></td></tr>
</table>

3. 评价记录

姓名	文化知识	技能技术	情感价值	其他	备注

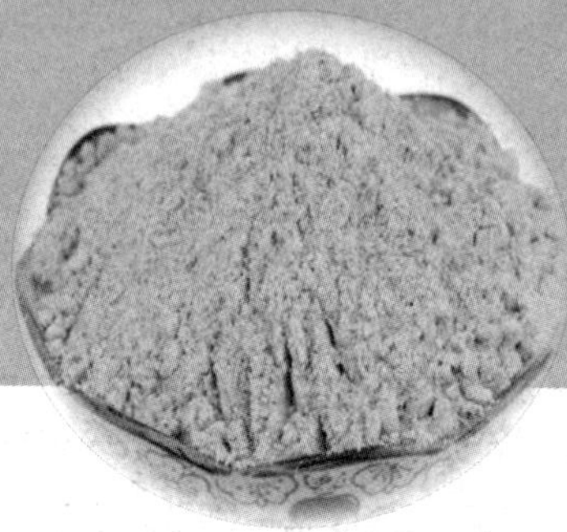

项目二十三
康养文化建构发展：康养犬饲料及日粮配制设计

思政目标

进一步认识康养犬对人类的作用，了解人与动物之间的关系，培养尊重生命、关爱动物、关爱他人的同情心和爱心；理解合理设计康养犬饮食对其健康的重要性，培养责任心；强化学好专业知识和本领、积极贡献于康养犬健康事业，为人类谋福祉的意识；认识人类与动物和谐共生的重要性，增强生态平衡和环境保护的意识。

科技目标

了解我国康养犬饲养历史和康养犬对人类的作用；掌握康养犬日粮营养知识和配制日粮注意事项；掌握康养犬常用饲料的营养特性及科学搭配；掌握康养犬的饲喂原则和科学饲喂方法，养成根据康养犬特点和需求配制个性化日粮的科学思维。

劳动目标

感受劳动的过程，体会劳动的快乐，形成热爱劳动、尊重劳动、尊重劳动人民的劳动观；配置过程中用量精准，操作认真，培养一丝不苟、精益求精的工匠精神；团队完成配置，培养团队协作精神。

一、启动学习

（一）康养犬概述

在现代社会，随着人们生活节奏的加快和老龄化社会的到来，人们越来越关注身心健康、老人日常陪护与疾病康复。康养犬作为一种特殊的工作犬，不仅能够为人类提供情感上的慰藉，还能在康复治疗中发挥重要作用。

1. 康养犬的种类与特点

康养犬并非指某一种特定的犬种，而是泛指那些经过专门训练后，能够帮助人们在身心上进行康复的犬。这些犬包括拉布拉多犬、金毛寻回犬、边境牧羊犬等多个品种，它们的共同特点是温驯、聪明、易于训练且对人类有着极高的亲和力。

2. 康养犬的训练

康养犬的训练通常由专业的训练师进行，训练内容包括但不限于基本服从训练、特定任务训练、社会化训练等。此外，还需要对康养犬进行健康检查和性格评估，确保它们适合从事康养工作。

3. 康养犬的服务对象

康养犬服务的对象十分广泛，包括但不限于老年人、残障人士、慢性病患者、心理健康问题人群、自闭症儿童等。它们能够在医疗设施、教育机构、养老院等多种环境中发挥作用。

4. 选择康养犬的注意事项

选择康养犬时，需要考虑犬的性格、健康状况以及是否适应未来的工作环境。此外，犬的主人也需要接受相关的培训，以便更好地管理和指导康养犬的行为。

康养犬不仅是人类的好朋友，更是健康和幸福的使者。它们的存在显著提高了许多人的生活质量，无论是在身体还是心理上都给予了人们极大的帮助。随着人们对动物辅助疗法认识的深入，康养犬的作用将会越来越受到重视。

思考：康养犬的服务对象有哪些？

（二）我国养犬历史

中国是宠物饲养历史悠久的国家。犬是世界上最早被人类驯化的动物之一，由于其可作为狩猎的助手，且易与人接近和听人驱使，所以很早人和犬的关系就十分密切。

我国的养犬历史非常悠久，有可靠出土的各种文物、文字记载的历史，可追溯到殷商时期，在甲骨文中已经出现了“犬”字，甲骨文中的“犬”字和“豕”字有些相似。当时的犬不仅用于狩猎和食用，而且是同猪、牛、羊等同等重要的祭祀品。

到了西周时期，随着人类文明的进一步发展，有关家犬的记载在文物中出现的次数也逐渐增多。《诗经·小雅·巧言》载有“跃跃毚兔，遇犬获之”，家犬具备猎犬的狩猎能力。《周礼·秋官司寇·叙官》记载“犬人、下士二人、府一人……”，表明在商周时期犬的养殖就已有了一定规模。《礼记·王制》载有“诸侯无故不杀牛，大夫无故不杀羊，士无故不杀犬豕”，可见犬与牛羊的重要程度相似。

春秋战国时期就有了著名的“六畜”（马、牛、羊、猪、狗、鸡）分类，强调六畜与国家富强相挂钩。《吕氏春秋·士容论》载有“齐有善相狗者”，可见那时相犬术已有了很大的发展，《庄子·杂篇·徐无鬼》记载：“狗不以善吠为良，人不以善言为贤”“吾相狗又不若吾相马也”。至秦汉时期，《相六畜》一书问世，至隋唐以后，相犬术虽有进一步的发展，但始终未像相马那样，形成一套比较完善的技术。

秦汉时期，我国的养犬业已有了很大发展，养犬已经不仅仅是为了祭、食、守、猎、贡等几个方面，而且“玩”“陪”已经出现。

魏晋时期，我国广大乡村养犬已有了明确的记载，而且一只好犬可以价值百金。到了南北朝，皇宫内的犬竟上升到与人一样的地位，有的犬被皇帝赐予“郡主”等，并且这一时期开始鼓励品种犬的培育，养犬又有了进一步的发展，这一时期的特点是犬与人的感情更加密切。

明清时期，关于养犬的记载就更多。在这一时期，我国已培育出许多世界名犬品种，如拉萨犬、北京犬等世界名犬，并且在明清时期对犬的生理习性也有了更深入的认识。

说一说： 有关犬的典故，如虎落平阳被犬欺等。

二、项目计划

（1）根据项目需要，自主组建3～6人小组，明确每人的具体分工（表23-1）。

表23-1　人员分工表

角色	姓名	职责
组长		统筹整个制作过程，对各参与者的工作进行分工、调整、督促
日粮配方设计师		负责日粮配方设计工作
日粮原料选择师		根据日粮配方设计方案选定材料
日粮加工师		对日粮原料进行加工调制
日粮分析师		对日粮的适口性、采食量、消化性等方面进行分析评估

（2）制订项目流程与时间计划（表23-2）。

表23-2　项目流程与时间计划表

环节	时间/分	工作	第一责任人	其他参与者
日粮设计	5	根据不同犬种营养需求、原材料特性等设计日粮配方		
材料、器械准备	5	准备日粮原料、加工工具		
日粮加工	60	对日粮原料进行加工制作		
日粮评估	10	对日粮的适口性、采食量进行评估		
作品汇报	10	写作品文案，突出亮点		

思考： 小组分工、项目流程与时间计划是否科学合理？

三、项目知识与技能学习

（一）犬对日粮的一般要求

1. 营养要全面

根据各种饲料的营养成分，针对犬的生长发育情况、生理消化吸收特点以及营养的要求分别取舍、合理搭配。首先应考虑满足犬对蛋白质、脂肪和碳水化合物的需要，然后适当补充维生素和矿物质；在犬日粮的质量及数量上，首先满足质量要求，其次考虑数量。

2. 不能单一配方长期食用

长期给犬饲喂单一的饲料，极易导致犬因长期食用一种食物而胃口变坏甚至拒食。应多准备几种配方，定期调整变换，调剂饲喂。在给犬喂食前，应对饲料进行加工处理，不宜生吃的要加热处理；有些影响犬胃口的，也可经过处理提高食物的适口性和饲料的消化率，使犬的食量增加。

3. 注意饲料中热量的比例

犬日粮中各种营养物质的搭配恰当与否，将直接影响犬的健康。如果犬日粮中碳水化合物过多，将使提供的热量偏高，犬长期食用，其躯体的均匀性将受到影响，甚至还会使犬的食欲降低。

4. 要考虑食物的消化率

犬进食的食物不一定能全部吸收与利用，干型饲料的消化率为 68%左右，而半湿型饲料的消化率为 80%～85%。因此，日粮中的各种营养物质含量应高于犬的营养需要量。

5. 要注意新鲜卫生

为犬准备的各类饲料一定要新鲜且制作之前应清洗干净，如果变质一定不能饲喂给犬。

6. 控盐

对于康养犬来说，过多的盐分是大敌，可造成狗脱毛、长癞及大大增加患皮肤病的风险。

另外，各种饲料在饲喂前要经过一定的加工处理，以增加饲料的适口性，提高犬的食欲，提高饲料的消化率，防止有害物质对犬的伤害。生肉或内脏要用水洗净，切碎煮熟，再混入蔬菜，短时间煮沸，使之成为混合的肉菜汤。蔬菜应充分冲洗，除去泥沙。不能用生肉和生菜喂犬，以防寄生虫病和传染病，但又不宜长时间煮，以免损失大量的维生素。米类不宜多次过水，以充分利用养分。米可做成米饭，面粉可做成馒头，玉米面做成饼或窝窝头，然后与肉菜汤拌喂。骨头可直接喂犬，让其啃食，也可制成骨粉，与其他饲料一起拌饲。

思考：康养犬对日粮的一般要求有哪些？

（二）康养犬饲料类型和典型日粮配方

1. 康养犬饲料类型

康养犬多喂商品型饲料，可从市场上选购。这种饲料是经过科学方法配制而成的全价饲料，适口性好，营养全面，容易消化吸收，使用也非常方便。

康养犬饲料一般分为 3 种类型：干型饲料、半湿型饲料和罐装（湿型）饲料。

干型饲料含水量低，有颗粒状、饼状、粗粉状和膨化饲料。这种饲料不需要冷藏就可以长时间保存，饲喂时要提供充足的饮水。

半湿型饲料含水量为20%～30%，一般将其做成小饼状或粒状，用密封口袋包装。这种饲料本身含有防腐剂，不必冷藏，但开封后不宜久存。

罐装（湿型）饲料含水量为74%～78%，一般将其制成各种犬食罐头。这种饲料营养成分齐全，适口性好，是最受欢迎的犬饲料。

2. 康养犬典型日粮配方

（1）成犬配方1：大米（熟）350克、玉米面（熟）350克、高粱面（熟）100克、豆饼（熟）100克、麦麸100克，另加食盐10克、骨粉20克、鱼粉6克、肉250克、青菜150克。

（2）成犬配方2：肉350克、米250克、面食300克、蔬菜400克、奶渣100克、动物脂肪10克、鱼肝油8克、酵母6克、青菜100克、盐10克、骨粉14克。

（3）仔犬哺乳期补饲配方：瘦肉或内脏500克（绞碎）、鸡蛋3个、玉米粉300克、青菜500克（切碎）、生长素适量、食盐4克，混匀后加水做成窝窝头蒸熟。将赖氨酸5克、蛋氨酸3克、多种维生素适量加入骨肉汤中供仔犬舔食。

（4）幼犬人工乳配方：鸡蛋1个、浓缩骨肉汤300克、婴儿糕粉50克、鲜牛奶200毫升，混合后煮熟，待凉后加赖氨酸1克、蛋氨酸0.6克、食盐适量。

思考：康养犬需要哪些营养？

（三）康养犬常用食材和调制

康养犬是许多人的忠实伴侣，为了保持它们的健康和活力，合适的饮食至关重要。商业犬粮为康养犬提供了均衡的营养，但有时候康养犬主人也喜欢自制犬饲料以丰富它们的饮食或应对特定的健康需求。

1. 基础食材

在开始制作康养犬饲料之前，了解哪些食材对康养犬是安全的至关重要。康养犬可以吃的食材包括以下几种。

（1）瘦肉：鸡肉、牛肉、羊肉等。

（2）鱼类：草鱼、鲤鱼、长吻鮠（江团）、三文鱼、鳕鱼等，但需注意去骨。

（3）蔬菜：胡萝卜、南瓜、西蓝花等。

（4）谷物：糙米、燕麦等。

（5）水果：苹果、香蕉等，均需去核去皮。

避免使用对康养犬健康不利的食材，如洋葱、葡萄及巧克力等。

2. 康养犬所需的营养素的来源

（1）维生素A：蛋、鱼肝油、胡萝卜、牛奶、动物肝脏等。

（2）维生素B_2：绿色蔬菜、肉、酵母片、动物肝脏等。

（3）维生素D：牛奶、鱼肝油等。

（4）维生素E：坚果、谷物等。

（5）维生素H：肉类、酵母片、绿色蔬菜、动物肝脏等。

（6）蛋白质：鱼、肉、蛋、牛奶、奶酪等。

（7）脂肪：动物油、植物油等。

（8）碳水化合物及矿物质：谷物、面包、马铃薯等。

3. 调制步骤

（1）选料：根据康养犬的营养需求和口味偏好选择食材。保证蛋白质来源（肉类或鱼类），添加适量蔬菜和谷物。

（2）准备食材：清洗所有蔬菜和水果，去除皮和种子。将肉切成小块，确保没有骨头。

（3）烹饪肉类：将肉块用水或无盐鸡汤煮至熟透，保留肉汁作为食物的一部分。

（4）蒸煮蔬菜：将蔬菜蒸熟或煮熟，保留少量水分。

（5）准备谷物：将谷物煮熟，可以与肉汁混合增加风味。

（6）混合食材：将熟肉、蔬菜和谷物混合均匀。可以根据需要加入一些对康养犬安全的油，如橄榄油。

（7）调味：若需要，可加入少量肉汁或无盐调料来增加风味。

（8）冷却：让食物冷却到室温，这样对康养犬更安全，也可以防止烫伤。

（9）喂食：按照康养犬的日常食量安排喂食，剩余的食物可以分成小份冷冻保存。

4. 注意事项

（1）确保食物的温度适中，不要过热，以免烫伤康养犬。

（2）避免使用骨头，因为它们可能会刺穿或堵塞康养犬的消化系统。

（3）不要添加糖、洋葱粉、蒜粉等对康养犬健康不利的调味品。

（4）初次尝试新食物时，先从少量开始，观察康养犬的反应。

（5）如果康养犬有特殊的健康状况或饮食限制，应在开始新的饮食前咨询兽医。

康养犬常用饲料调制

应当注意的是，自制犬饲料应该只作为日常饮食的补充，而不是完全替代专用的犬饲料。

思考：康养犬常用食材及加工的步骤有哪些？哪些食材不利于康养犬的健康？

四、项目实施

以成年康养犬配方为参照，分组制备2.5千克不同康养犬日粮。

（一）原料准备

原料包括大米、玉米面、高粱面（图23-1）、豆饼（图23-2）、麦麸（图23-3）、食盐、骨粉（图23-4）、鱼粉（图23-5）、肉（牛肉）、青菜等。

图 23-1　高粱面

图 23-2　豆饼

图 23-3　麦麸

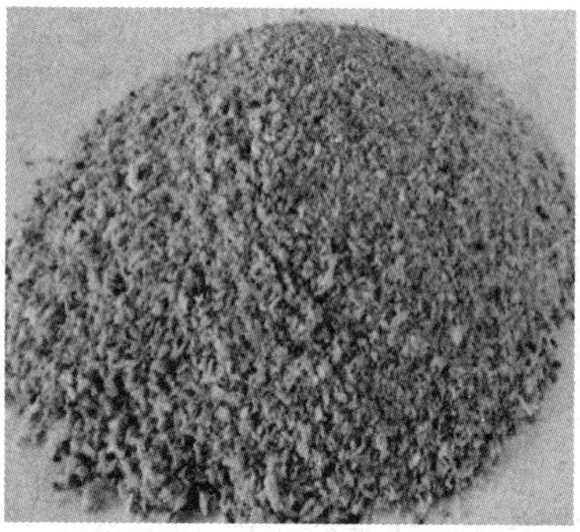

图 23-4　骨粉

图 23-5　鱼粉

（二）原料称量

按配方精准称量各种原料。

（三）原料粉碎

用肉末机将直径超过 1 厘米的原料粉碎至 1 毫米大小。

（四）原料混匀

将粉碎后的原料和不需要粉碎的原料，用搅拌器充分混匀。

（五）原料加工

将混匀后的原料摊平、摆模、固定，放入烤箱用上下 200℃的温度烘烤 1 小时，直至水分烤干。

（六）成品品质判断

成品冷却后从软硬度、气味、糊化程度等方面判断其品质。

（七）试喂

将制作好的成品投喂给康养犬，观察康养犬的采食量、消化情况和粪便情况，观察有无异常情况。

五、项目总结

1. 个人总结

项目	内容
我的学习目标达成度	
我的知识能力学习收获	
我的科学技术学习收获	
我的劳动教育学习收获	
我的关爱动物、康养文化方面的学习收获	

2. 小组总结

（1）哪个同学最专注认真？哪个同学操作技能最熟练？哪个同学最有团队协作精神？
（2）本小组制作的优缺点（知识、技能、协作、意识等方面）有哪些？

3. 教师总结

（1）学生最突出的思政素养发展是什么？
（2）学生最突出的科技、劳动素质发展是什么？
（3）各组的劳动成果是什么？
（4）各组制作的优缺点有哪些？
（5）各组的改进目标是什么？

六、项目总体评价

1. 学习过程评价

姓名：　　　　　　　　　　　　　　　　　　　　　小组：

评价维度	评价标准			自评	组评	师评
	一级	二级	三级			
参与程度	积极完成各项作业及讨论活动，主动分担任务，在班级中积极交流、发言	按时完成各项作业，在班级中发言较积极	完成作业不积极，分担任务不主动，不积极交流			

续表

评价维度	评价标准			自评	组评	师评
	一级	二级	三级			
合作情况	积极参与小组讨论，有效地完成自己的任务，通过讨论的方式分享观点和想法，发言积极，内容充实	能够参与小组活动，任务基本明确，但没有很好地完成任务，能围绕一个问题进行讨论，发言较规范	对互动不感兴趣，仅进行简短的交谈，任务不明确，不发言或乱发言			
学习情况	独立思考，自主学习，主动发现问题，提出问题，寻求解决问题的方法	能思考，但不会自主学习，能和小组成员合作发现问题，提出问题	不善于思考，不爱学习，不会发现问题，更不会提出问题			
学习态度	按照学习要求主动学习，帮助他人，宣传积极向上的学习思想	能够按照学习时间完成规定课程，与辅导教师及小组成员沟通少	学习积极性不高，畏难心理严重，以消极言论影响他人			
合理化建议	主动关注学习过程中出现的各类问题，并及时与教师沟通，提出改进意见	关心组员提出的问题，能够参与问题的讨论	只顾自己学习，遇到问题直接寻求帮助，无任何建议			
教师签名		总评				

2. 学习成果评价

姓名： 小组：

评价项目	评价内容	自评/分	组评/分	师评/分
学习态度	积极主动参与学习，求知欲强，有工匠精神（20分）			
合作探究	积极参与项目小组讨论，能与同学协作施工（10分）			
	积极思考问题，能提出创新性解决方案，熟练掌握操作流程（10分）			
操作技能	制作熟练度（20分）			
	方法应用（20分）			
	成品的适口性（20分）			
教师签名		总评 （自评分占30%+组评分占30%+师评分占40%）		

3. 评价记录

姓名	文化知识	技能技术	情感价值	其他	备注

项目二十四
康养文化建构发展：康养犬皮肤健康防护

思政目标

深刻理解康养犬是人类的好朋友，增强做好康养犬皮肤防护的责任心，培养时间管理能力和关心他人的能力，培养对动物的爱心和人文关怀，懂得尊重动物的生命权，避免虐待和伤害动物，懂得遵守社会公德，树立人与动物和谐共生的理念。

科技目标

学会利用科学知识预防康养犬皮肤病，提升对康养犬皮肤病症状识别的能力，掌握康养犬皮肤洗护液的科学原理和配方知识，形成解决问题的科学思维和系统思维。

劳动目标

感受劳动的过程，体会劳动的快乐，掌握康养犬日常皮肤检查的方法和技能，掌握洗护液的配制技能，学会给康养犬洗澡的技能，树立热爱劳动、尊重劳动、尊重劳动人民的观念；学会团队协作，树立团队协作精神；操作过程中要求一丝不苟、精益求精，树立工匠精神。

一、启动学习

（一）康养犬对人类的作用

1. 情感支持与陪伴

康养犬以其忠诚和亲和力成为人类的好朋友。对于独居者、老年人以及需要特别关照的群体来说，康养犬可以提供宝贵的情感支持。它们的存在能够让人减少孤独感，提升生活质量。

2. 改善人的心理健康

研究表明，与犬共处可以降低人类抑郁和焦虑的水平。康养犬通过其活泼的性格和需要被照顾的特性，能够帮助主人保持积极的生活态度。此外，带康养犬散步或进行其他户外活动也能够鼓励人们更多地接触自然和社会环境，从而有益于心理健康。

3. 促进人的身体健康

拥有一只康养犬意味着主人需要定期进行体力活动，如遛犬、玩耍和训练。这些活动有助于增加身体运动量，维持心血管健康。有研究显示，拥有康养犬的人心脏病发作的风险较低，康复速度也更快。此外，与犬类互动还能够降低血压和稳定心率。

4. 促进人社交能力的提升

康养犬可以作为社交活动的媒介，帮助主人结识新朋友。在公园遛犬时，犬往往会成为陌生人之间交流的话题。同时，参与犬类社区活动也能拓展社交网络。对一些社交能力较弱或有社交障碍的人来说，康养犬可以作为一个温馨的桥梁，帮助他们更容易地与他人建立联系。

5. 提供安全感与保护

康养犬通常经过良好的训练，具有保护领地和主人的本能。它们可以在必要时提供安全感，甚至在某些情况下保护主人免受危险。例如，一些训练有素的犬能够在主人遭遇攻击或健康危机时寻求他人帮助。

6. 促进责任感生成

照顾康养犬需要负责任和有规律的生活方式，这有助于培养人们的责任感、时间管理能力和关心他人的能力。家长可以利用照顾犬类的机会教育孩子要尊重生命，要有同情心。

综上所述，康养犬不仅是人类情感上的忠实伴侣，更在促进身心健康、提升社交能力和培养责任感等方面发挥着积极作用。无论是作为治疗工具还是家庭成员，康养犬都已成为许多人生活中不可或缺的一部分。因此，理解并充分利用康养犬的这些作用，可以为我们的生活带来更多的健康和幸福。

思考：康养犬对人类的作用有哪些？

（二）犬皮肤病的种类

随着人们生活水平的提高，宠物犬进入更多家庭。宠物犬皮肤病问题经常困扰着宠物主人。犬的皮肤病会不会传染人呢？要回答这个问题，首先需要确诊犬得的是哪种皮肤病。临床上常见的犬的皮肤病包括真菌感染、寄生虫感染、细菌感染、过敏、内分泌引起的皮肤病和营养代谢性皮肤病等。

1. 犬真菌性皮肤病

犬真菌性皮肤病的常见病原菌为皮肤癣菌和马拉色菌。皮肤癣菌中常见菌为犬小孢子菌、石膏样小孢子菌、须毛癣菌等。犬皮肤癣菌病也常被称为“狗癣”。犬小孢子菌常可感染人，引起人的头癣等。石膏样小孢子菌、须毛癣菌也有感染人的报道。当犬感染皮肤癣菌时，会出现脱毛、圆斑、瘙痒、皮屑等症状。养犬家庭经常和犬亲密接触，尤其是儿童和免疫力低下人群，容易被犬传染。在确诊犬皮肤病为皮肤癣菌感染后，建议隔离饲养，清理犬用品时需要戴手套。环境中患犬的皮肤碎屑和毛发也可能造成此病的传播。

马拉色菌是常驻在皮肤表面的真菌，属于条件致病菌。此病的发生通常与其他原因导致的马拉色菌异常增殖有关。在闷热的夏季，人皮脂腺、汗腺分泌旺盛时，常发的花斑糠疹和马拉色菌毛囊炎均由马拉色菌属引起。犬发生马拉色菌异常增多时，通常不会感染人。马拉色菌属是成人皮肤最常见的共生真菌。若犬由于马拉色菌产生皮肤症状的同时，犬主人也出现马拉色菌感染的症状，可能要考虑环境或其他原因造成的皮肤微生态紊乱与免疫等方面的因素。

2. 犬寄生虫性皮肤病

常见犬皮肤寄生虫感染为疥螨、蠕形螨、蚤、虱、蜱等，其中大部分可造成人的皮肤症状。需要按时给家里的犬驱虫，在驱虫时注意不同的驱虫药的驱虫谱和使用周期。

3. 犬细菌性皮肤病

常见犬皮肤细菌感染疾病为脓皮病，主要的致病菌为伪中间型葡萄球菌和金黄色葡萄球菌等。施氏葡萄球菌、伪中间型葡萄球菌和耐甲氧西林金黄色葡萄球菌为人畜共患，可从人类传染给犬，也可以从犬传染给人。在清理犬用品时建议戴手套。若犬主人身上有伤口，尤其要注意包扎好伤口，做好隔离。患犬身上的开放性渗出伤口须仔细包扎，避免患犬舔人的面部和伤口，避免与患犬共用毛巾和床单等。浅表和深层脓皮病的病因有时也与体表寄生虫、过敏、内分泌疾病、免疫抑制治疗、创伤等相关。此病也常与其他皮肤病混合感染。

4. 犬过敏性皮肤病

犬皮肤过敏可分为急性过敏反应和慢性过敏反应，严重的情况，可能会造成生命危险。引起犬过敏的原因有很多。外寄生虫感染可能造成犬的过敏，这种情况体表寄生虫可能会感染人。外界接触性过敏或食物过敏造成的皮肤病不会感染人。

5. 犬内分泌性皮肤病

犬内分泌性皮肤病通常不会造成犬的瘙痒。常见疾病有肾上腺皮质功能亢进（库欣综合征）、甲状腺功能减退症等。犬内分泌原因的皮肤病通常不感染人。犬库欣综合征常表现为对称性脱毛和腹部肥胖。犬甲状腺功能减退症的皮肤相关表现有对称性脱毛、色素沉积、皮脂溢出等。

6. 犬营养代谢性皮肤病

犬营养代谢性皮肤病通常不感染人。常见的情况为脂肪酸缺乏或微量元素缺乏所致的皮肤病。

犬的皮肤病种类较多，以上列出的只是临床常发的部分皮肤病，其中一些人畜共患的皮肤病会传染人。犬在发生皮肤病时，外貌受到影响，加之一些犬主人因为顾虑到犬皮肤病会感染人，导致遗弃犬的事件频发。当犬出现皮肤问题时，需要及时带犬到宠物医院就诊，确诊犬皮肤病的病因。犬皮肤病有时是单一原因，有时可能是多种疾病混合感染。犬主人在照顾患有皮肤病的犬时，需要隔离，做好卫生消毒工作，戴手套、勤洗手，这样可有效避免家人感染。犬皮肤病的治愈率相对较高。当犬发生皮肤病时，不要过度担心，及时治疗才是有效手段。

（三）与宠物共处如何避免患上皮肤等疾病

如今，很多家庭养了宠物，如猫、狗、鸟、豚鼠等。宠物的陪伴能减轻老人的孤独感、培养孩子的爱心、缓解职场人士的压力，还能给家庭生活带来快乐。主人也将宠物当成重要的家庭成员，抱在怀里，甚至一起睡觉。但与小动物的密切接触也暗藏隐患，为了老人和孩子的健康，建议做好预防措施，尽量避免被感染。

1. 防病原体感染性疾病

很多小动物身上会携带一些细菌、真菌、病毒或寄生虫等，虽然这些病原体中大部分只在动物身上存在，但还是有一些会感染给人类，导致疾病发生。其中最常见的，就是由真菌导致的皮肤癣菌病。

那么该如何预防呢？一是注意给宠物做好卫生清洁，让其保持良好的健康状态，以减少携带真菌孢子的概率；二是做好宠物生活环境的消毒，及时清理其使用、接触过的物品，尤其是衣服、沙发、毛毯等织物，它们最容易作为真菌的传播媒介，最好定期清洗消毒，并适当放在太阳下暴晒，紫外线有很好的消毒作用。

2. 防感染弓形虫病

猫可以传染弓形虫病，而弓形虫是通过粪便、唾液等途径感染人的，只不过大多数人对弓形虫有先天免疫力，为无症状的带虫者。但是有孕妇的家庭要特别注意，因为孕妇感染弓形虫后，可通过胎盘感染胎儿，导致胎儿患上先天性弓形虫病，影响其生长发育，甚至导致孕妇流产和胎儿严重畸形、死亡等严重后果。

孕妇进行血清弓形虫抗体检查时，如显示免疫功能下降有急性感染，应用乙酰螺旋霉素治疗，并对胎儿进行羊膜穿刺，结果异常应立即终止妊娠；如果显示孕妇既往感染过但目前没有感染，则可以继续妊娠。

在日常生活中，孕妇如果不直接接触猫的粪便，感染机会非常小。所以从预防角度而言，孕妇应与宠物适当保持距离，避免让宠物舔手、舔脸及舔食具等。另外，育龄女性在备孕时建议对宠物进行弓形虫检测，如果宠物没有感染弓形虫，就要注意避免宠物接触外界，尤其禁止其捕食老鼠和鸟，同时不喂宠物吃生肉，勤铲屎，切断弓形虫的传播途径。

3. 防宠物所携螨虫叮咬引发过敏

宠物身上容易携带螨虫，人被螨虫叮咬后会引起皮肤过敏，出现水肿性红斑、小丘疹、丘疱疹、风团等过敏表现，同时伴有瘙痒。过敏性体质的人还可能对螨虫分泌物或动物皮毛过敏，从而引发一系列过敏性疾病，如鼻炎、哮喘、湿疹、荨麻疹等。对于螨虫的预防方法，首要的是定期给宠物除螨，如给宠物外用、口服或注射除螨药物。另外，把人的衣物、被褥及宠物接触过的物品定期放到太阳底下暴晒，必要时可使用有紫外线功能的除螨吸尘器。

4. 防跳蚤等叮咬引发的皮炎

跳蚤在流浪动物身上比较常见，收养者如果清洁消毒工作做得不到位，这些动物身上的跳蚤叮咬人后会造成虫咬皮炎，症状主要为小腿上成片分布绿豆至花生米大小的风团或红色斑丘疹，顶端常有水疱，奇痒无比，搔抓后可能会引发继发性感染。如果没有及时就医或者处理不好，皮疹会陆续发生。

养宠物是件温馨、快乐的事，但想要长久相处，保证双方的身体健康是最重要的。预防疾病要从源头做起，应定期为宠物体检，及时为其接种疫苗并做好体内外驱虫。在日常生活中，要及时清理宠物粪便，保持宠物自身清洁，还要处理好宠物周围的环境卫生，发现宠物有病要及时治疗。宠物主人也要关注个人卫生，清理宠物粪便、抚摸宠物后要及时洗手。如果家庭成员有对宠物皮毛及螨虫严重过敏的，最好远离宠物。只要应对得当，做好科学的预防措施，便可大大降低宠物带来的疾病风险，与宠物和谐共处。

说一说：至少 5 种犬皮肤病名称和其主要致病因素。

二、项目计划

（1）根据项目人员需要，自主组建 3～6 人小组，确定每人的具体分工（表 24-1）。

表 24-1　人员分工表

角色	姓名	职责
组长		统筹协调小组运作
材料准备员		原材料、器械准备、调试
操作员 1		配置洗护液
操作员 2		按操作规程给犬洗澡
操作员 3		按操作规程对犬进行皮毛吹干、梳毛、皮毛检查护理

（2）制订项目流程与时间计划（表 24-2）。

表 24-2　项目流程与时间计划表

环节	时间/分	工作	第一责任人	其他参与者
准备	5	原材料、器械准备、调试		
配置洗护液	30	按操作规程配置洗护液		
洗澡	10	按操作规程给犬洗澡		
吹干、梳毛、皮毛检查	10	按操作规程对犬进行皮毛吹干、梳毛、皮毛检查护理		

思考：小组人员分工、项目流程与时间计划是否科学合理？

三、项目知识与技能学习

（一）康养犬皮肤健康相关知识

1. 犬的皮肤结构

犬的皮肤结构与人类相似，由表皮、真皮和皮下组织组成。表皮是皮肤的最外层，主要起到保护作用；真皮含有大量的血管、神经和毛囊，负责皮肤的营养供应；皮下组织区则是脂肪和结缔组织的储存区。

2. 常见的皮肤问题

犬的皮肤问题有很多种，其中常见的有跳蚤、螨虫、真菌感染、湿疹、皮炎、脱毛等。这些问题可能导致犬瘙痒、红肿、疼痛甚至感染。因此，及时发现并治疗皮肤问题至关重要。

3. 预防措施

为了保持犬的皮肤健康，以下几点预防措施非常重要。

（1）定期给犬洗澡，使用适合犬皮肤的洗护液。洗澡的频率因犬种和生活环境而异，一般建议每两周至一个月洗一次。

（2）定期为犬驱虫，预防跳蚤、螨虫等寄生虫感染。驱虫的频率应听从兽医的建议。

（3）保持犬生活环境的清洁，定期清洗犬的窝、玩具和食具。

（4）保持犬的饮食均衡，避免过敏食物。过敏食物可能导致犬出现皮肤问题。

（5）定期带犬进行户外运动，增强犬的自身免疫力。

4. 发现问题及时就医

如果发现犬出现皮肤问题，如瘙痒、红肿、脱毛等，应及时带犬去兽医诊所就诊。兽医会根据犬的症状和体检结果，制定相应的治疗方案。切勿自行给犬用药，以免延误病情。

总之，康养犬皮肤健康知识对于犬的健康和幸福至关重要。通过了解犬的皮肤结构、预防措施以及发现问题及时就医，我们可以为犬创造一个健康、快乐的生活环境。

说一说：康养犬皮肤的构成、常见的皮肤问题及预防措施。

（二）康养犬洗澡流程与方法

给康养犬定期洗澡是保持其健康和舒适的重要环节。对于专门用于康养治疗的犬，这一过程尤为重要。

1. 准备阶段

（1）选择合适的时间：确保康养犬处于放松状态，不在紧张或激动的情绪中洗澡。

（2）准备工具：梳理用具、宠物专用洗护液、毛巾、防滑垫、吹风机（调至中低温）、梳子、棉球（用于清洁耳朵）。

（3）温度调节：调整水温至温暖适中，避免过热或过冷。

（4）环境准备：确保洗澡区域无滑倒风险，并准备好所有洗澡用品。

2. 洗澡流程

（1）刷毛：用梳子轻轻刷开康养犬的毛发，去除表面的灰尘和杂质。

（2）清洗脚部：用温水清洗康养犬的脚掌，特别注意指缝间的清洁。

（3）温水湿身：从康养犬背部开始，逐渐向后冲洗全身，注意避开眼睛和耳朵。

（4）使用洗护液：按照产品说明适量涂抹宠物专用洗护液，注意避开眼睛和耳朵。

（5）轻柔按摩皮毛：用手轻柔地揉搓康养犬的皮肤和毛发，让洗护液充分起泡。

（6）彻底冲洗：用大量清水彻底冲洗掉洗护液，确保不留下任何残留物。

（7）特殊部位处理：用棉球轻轻清理康养犬的耳朵内外，防止水进入康养犬耳道。

（8）再次梳理：用梳子再次梳理康养犬毛发，防止打结。

（9）擦干：用毛巾尽量吸去康养犬皮毛上多余的水分。

（10）吹干：使用吹风机在中低温下吹干康养犬的毛发，同时轻轻梳理。

3. 注意事项

（1）确保使用的洗护产品为宠物专用，以防皮肤过敏。

（2）避免水流直接冲击到康养犬的面部和耳朵。

（3）洗澡过程中要持续安抚康养犬，使其保持平静。

（4）若康养犬有伤口或皮肤病，应咨询兽医后再决定是否洗澡。

（5）洗澡过程中，要密切注意康养犬的反应。如果它感到不舒服或紧张，可以暂停洗澡，并在它放松后继续进行。

（6）洗澡后，还要用棉棒把康养犬的内耳道擦干，以预防耳道感染。

（7）修剪康养犬的脚底毛、肛门周围毛、眼周毛发，以及定期修剪四肢的指甲，以确保康养犬的卫生和安全。

（8）洗澡后留意康养犬的反应，如有异常应及时联系专业人士。

在给康养犬洗澡的整个过程中，应保持耐心和温柔，以使康养犬感到舒适和安心。

思考：给康养犬洗澡要做哪些准备工作？给康养犬洗澡的流程是怎样的？给康养犬洗澡的注意事项有哪些？

（三）康养犬皮毛洗护液的配制

1. 目的

康养犬洗护液是为了保护犬的皮肤和毛发，预防皮肤病、寄生虫等问题而特制的液体。通过合理的配制，可以为康养犬提供安全、有效的保护。

2. 主要成分与功能

天然植物提取物：具有抗菌、消炎、抗氧化的作用，可以保护康养犬的皮肤和毛发健康。

保湿成分：如甘油、透明质酸等，可以保持康养犬皮肤的水分平衡，防止皮肤干燥。
驱虫剂：如天然草本植物精油等，可以驱除寄生虫，减少皮肤病的发生。

3. 配制方法

（1）准备材料：天然植物提取物、保湿成分、驱虫剂、纯净水、容器、搅拌棒等。
（2）按照一定的比例将天然植物提取物、保湿成分和驱虫剂混合在一起，搅拌均匀。
（3）加入适量的纯净水，继续搅拌至混合均匀。
（4）将配制好的洗护液倒入干净的容器中，密封保存。

4. 使用注意事项

（1）在使用前，先进行小范围皮肤测试，确保康养犬对洗护液无过敏反应。
（2）将洗护液存放在阴凉、干燥的地方，避免阳光直射和高温。
（3）勿将洗护液接触康养犬的眼睛、口鼻等敏感部位。

5. 参考配方比例

天然植物提取物占 30%，保湿成分占 20%，驱虫剂占 10%，纯净水占 40%。以上配方比例仅供参考，具体配方可根据实际情况进行调整。在配制过程中，务必确保所使用的成分对康养犬安全无害，并遵循正确的使用方法。如有需要，建议咨询专业人士或兽医的意见。

说一说：康养犬皮毛洗护液配制方法及使用注意事项。

（四）康养犬日常护理与清洁保养

1. 保持干燥和清洁

每天检查并保持康养犬的皮肤干燥和清洁，避免潮湿环境，因为潮湿容易滋生细菌、真菌等，导致皮肤病。

在下雨、阴天或犬玩水后，及时为康养犬吹（擦）干毛发，特别是在毛发密集的区域，如腋下和腹部，如图 24-1 所示。

图 24-1　康养犬清洁保养——吹干毛发

2. 定期洗澡

如图 24-2 所示，根据康养犬的体型、毛质和体味，确定合适的洗澡频率。通常，康养犬每月洗一次澡即可。

图 24-2　康养犬清洁保养——洗澡

康养犬毛发梳理

3. 梳理毛发

定期梳理康养犬的毛发，这有助于去除死皮细胞、灰尘和污垢，并促进皮肤血液循环。梳理时，注意观察康养犬的皮肤状况，如有无红肿、皮疹或异常脱毛现象。

4. 修剪与整理

定期修剪康养犬的指甲，避免过长划伤皮肤或家具。修剪或整理康养犬的毛发，特别是长毛犬种，以减少打结和毛发缠绕的风险。

5. 保持环境卫生

每天清洁康养犬的生活环境，包括犬窝、犬笼、食具和玩具。使用宠物专用消毒剂，定期对环境进行彻底清洁和消毒，以减少细菌和病毒的传播。

6. 皮肤护理产品

选择适合康养犬皮肤类型的护理产品，如皮肤保湿霜、护毛喷雾等。

避免使用人类护肤品或含有刺激性成分的产品（如肥皂），因为这些可能会破坏康养犬的皮肤屏障。

7. 定期检查

定期检查康养犬的皮肤，注意有无红肿、瘙痒、脱屑、脱毛等异常现象。如果发现异常，应及时咨询兽医，并按照其建议进行治疗。

8. 饮食与营养

提供均衡的饮食，确保康养犬摄入足够的蛋白质、脂肪和维生素，以维持皮肤健康。避免喂食可能引起过敏的食物，如某些谷物、海鲜等。

在进行日常皮肤护理与清洁保养时，应保持温和与耐心，避免过度清洁或使用刺激性产品。同时，密切关注康养犬的皮肤状况，如有任何异常，应及时就医。

思考：如何对康养犬进行日常护理与清洁保养？

（五）康养犬常见皮肤病症状及产生原因

1. 皮肤红肿与瘙痒

识别技巧：观察康养犬是否频繁抓挠、舔舐或磨蹭某个部位。同时，注意皮肤是否出现红肿、红斑或肿胀。

可能原因：过敏、感染等。

2. 脱毛与毛发异常

识别技巧：检查康养犬的毛发是否出现局部或全身脱毛，以及毛发是否变得干燥、易断或失去光泽。

可能原因：内分泌失调、真菌感染、营养不良等。

3. 皮屑与结痂

识别技巧：观察康养犬的皮肤上是否出现大量的皮屑，或者出现结痂、鳞屑等。

可能原因：皮肤干燥、真菌感染等。

4. 皮肤溃疡与渗出物

识别技巧：检查康养犬的皮肤是否出现溃疡、糜烂或有渗出物。注意渗出物的颜色、质地和气味。

可能原因：细菌感染、寄生虫感染、自身免疫性疾病等。

5. 异味与皮肤温度升高

识别技巧：闻一下康养犬的皮肤是否有异味，同时触摸皮肤感受其温度。

可能原因：感染、炎症等。

需要注意的是，不仅要观察康养犬的身体部位，还要检查耳朵、爪子、口腔等容易被忽视的部位。

了解康养犬皮肤病的症状识别技巧，可以及时发现并处理康养犬的皮肤问题，从而保持其健康。

说一说：康养犬常见皮肤病症状及产生原因。

四、项目实施

进行康养犬洗护液的配制，并用洗护液给康养犬洗澡。

1. 洗护液的配制

第一步：准备材料，包括天然植物提取物、保湿成分、驱虫剂、纯净水、容器、搅拌棒等。

第二步：按照一定比例准确计量，将天然植物提取物、保湿成分和驱虫剂混合在一起，搅拌均匀。

第三步：加入适量的纯净水，继续搅拌至混合均匀。

第四步：将配制好的洗护液倒入干净的容器中。

2. 给康养犬洗澡

第一步：准备。

第二步：刷毛。

第三步：清洗脚部。

第四步：温水湿身。

第五步：使用洗护液。

第六步：轻柔按摩皮毛。

第七步：彻底冲洗。

第八步：特殊部位处理。

第九步：再次梳理。

第十步：擦干。

第十一步：吹干。

第十二步：洗护液展示、洗澡后康养犬展示。

五、项目总结

1. 个人总结

项目	内容
我的学习目标达成度	
我的知识能力学习收获	
我的科学技术学习收获	
我的劳动教育学习收获	
我的关爱动物、康养文化方面的学习收获	

2. 小组总结

（1）哪个同学最专注认真？哪个同学操作技能最熟练？哪个同学最有团队协作精神？

（2）本小组制作的优缺点（知识、技能、协作、意识等方面）有哪些？

3. 教师总结

（1）学生最突出的思政素养发展是什么？
（2）学生最突出的科技、劳动素质发展是什么？
（3）各组的劳动成果是什么？
（4）各组制作的优缺点有哪些？
（5）各组的改进目标是什么？

六、项目总体评价

1. 学习过程评价

姓名：　　　　　　　　　　　　　　　　　　　　小组：

评价维度	评价标准			自评	组评	师评
	一级	二级	三级			
参与程度	积极完成各项作业及讨论活动，主动分担任务，在班级中积极交流、发言	按时完成各项作业，在班级中发言较积极	完成作业不积极，分担任务不主动，不积极交流			
合作情况	积极参与小组讨论，有效地完成自己的任务，通过讨论的方式分享观点和想法，发言积极，内容充实	能够参与小组活动，任务基本明确，但没有很好地完成任务，能围绕一个问题进行讨论，发言较规范	对互动不感兴趣，仅进行简短的交谈，任务不明确，不发言或乱发言			
学习情况	独立思考，自主学习，主动发现问题，提出问题，寻求解决问题的方法	能思考，但不会自主学习，能和小组成员合作发现问题，提出问题	不善于思考，不爱学习，不会发现问题，更不会提出问题			
学习态度	按照学习要求主动学习，帮助他人，宣传积极向上的学习思想	能够按照学习时间完成规定课程，与辅导教师及小组成员沟通少	学习积极性不高，畏难心理严重，以消极言论影响他人			
合理化建议	主动关注学习过程中出现的各类问题，并及时与教师沟通，提出改进意见	关心组员提出的问题，能够参与问题的讨论	只顾自己学习，遇到问题直接寻求帮助，无任何建议			
教师签名		总评				

2. 学习成果评价

姓名：　　　　　　　　　　　　　　　　　　　　小组：

评价项目	评价内容	自评/分	组评/分	师评/分
学习态度	积极主动参与学习，有进取心，学习兴趣浓厚，求知欲强（20 分）			
合作探究	积极参与讨论，能与同学互帮互助，共同学习，相互促进（10 分）			
	积极思考问题，能提出创造性解决问题的方法、方案（10 分）			

续表

评价项目	评价内容		自评/分	组评/分	师评/分
操作技能	洗护液配置技能的掌握程度（15 分）				
	给康养犬洗澡技能的掌握程度（15 分）				
	细致认真程度（15 分）				
	给康养犬洗澡的注意事项掌握程度（15 分）				
教师签名		总评 （自评分占 30%+组评分占 30%+师评分占 40%）			

3. 评价记录

姓名	文化知识	技能技术	情感价值	其他	备注

参考文献

陈剑毅，2008．我国桥梁发展史及现存的问题[J]．山西建筑，34（17）：315-316．

崔闻宇，孙欣，刘一霖，等，2017．中药美容香皂的市场调研及产品研制现状[J]．广州化工，45（14）：42-44．

范雨欣，蒋亚莉，郝文芳，2023．艾的药理作用及其应用[J]．中南农业科技，44（12）：233-237．

龚晓田，2023．当代立体漆艺的创作类型及其价值构建[J]．中国生漆，42（4）：34-38．

管郁志，1990．布依族的“糠包舞”[J]．体育文化导刊（2）：77．

胡文兰，2011．石头寨布依族妇女的蜡染人生[D]．北京：中央民族大学．

黄俊杰，2021．海姆立克急救法：急性呼吸道异物堵塞的急救[J]．大健康（9）：77．

寇小汝，2013．餐巾折花基本技法探索[J]．产业与科技论坛（11）：180-181．

黎雪翚，林晓莺，2023．中国明清漆艺之色研究[J]．中国生漆（4）：34-37．

李佳雨，许锡彬，2023．学会海姆立克急救法防患于未然[J]．家庭科技（5）：10-11．

李雪转，2022．现代节水灌溉技术[M]．2 版．郑州：黄河水利出版社．

刘波，2018．中药炮制技术[M]．4 版．北京：人民卫生出版社．

刘方玉，廖启顺，2015．宠物饲养技术[M]．2 版．北京：化学工业出版社．

刘晶晶，2014．中餐宴席中小座位有大学问[J]．中国食品（7）：94-95．

刘忠慧，2015．宠物饲养岗位技能手册[M]．北京：中国农业出版社．

罗龙凤，2022．黔西南风物传说研究[D]．贵阳：贵州民族大学．

骆耀平，2015．茶树栽培学[M]．5 版．北京：中国农业出版社．

秦豪荣，吉俊玲，2008．宠物饲养[M]．北京：中国农业大学出版社．

邵旭东，2016．桥梁工程[M]．北京：人民交通出版社股份有限公司．

汪际，张玥唯，张慧，2016．贵州少数民族民居：以干栏式建筑为例[J]．新课程导学（4）：2．

王朝杰，2019．中国漆艺的历史与现实价值探析[J]．现代职业教育（26）：270-271．

王锦锋，曾柏邨，2012．宠物饲养[M]．北京：中国农业出版社．

王鹏飞，2021．中国洗涤技术发展研究[D]．太原：山西大学．

王岳飞，徐平，2013．茶文化与茶健康[M]．北京：旅游教育出版社．

夏加泽，1987．有趣的布依族“糠包”[J]．贵州民族研究（3）：111．

夏梦，2017．试论贵州地区传统苗族银饰的现代再设计[J]．戏剧之家（6）：187-187．

徐熠，2021．桃胶的食用及药用价值[J]．湖南中医杂志，37（10）：140．

杨蓓，2016．少数民族银饰文化的符号学意义：以苗、彝族银饰为例[J]．中华文化论坛，2（2）：107-110．

张春风，2019．生命的拥抱：海姆立克急救法[J]．食品与健康（8）：26．

张晶，2024．新时代高职院校劳动教育融入专业课程的途径探索与实践：以“漆工艺品设计与制作”课程为例[J]．科技风（4）：22-24．

张俊，王高峰，张小年，2020．生药学[M]．广州：世界图书出版广东有限公司．

张芮，2013．中国农业水利工程历史与生态文明建设研究[M]．北京：中国水利水电出版社．

朱梅，2022．高标准农田建设技术与节水灌溉工程[M]．合肥：安徽科学技术出版社．

左国辉，2020．茶源密码[M]．北京：团结出版社．